Berger/Steger

Auf dem Weg zur Europäischen Unternehmensführung

Ein Lesebuch für Manager und Europäer

Auf dem Weg zur Europäischen Unternehmensführung

Ein Lesebuch für Manager und Europäer

herausgegeben von

Roland Berger
Roland Berger & Partner
München

und

Prof. Dr. Ulrich Steger
Institut für Ökologie und Unternehmensführung,
Oestrich-Winkel, und IMD, Lausanne

Verlag C. H. Beck München

Die Deutsche Bibliothek - CIP-Einheitsaufnahme

Auf dem Weg zur Europäischen Unternehmensführung : ein Lesebuch für Manager und Europäer / hrsg. von Roland Berger und Ulrich Steger. - München : Beck, 1998
ISBN 3-406-41930-5

ISBN 3 406 41930 5

Satz und Druck: Freiburger Graphische Betriebe
Gedruckt auf säurefreiem, alterungsbeständigem Papier
(hergestellt aus chlorfrei gebleichtem Zellstoff)

Vorwort

„Sind Sie verrückt? In den Unternehmen bleibt kein Stein auf dem anderen. Und Sie suchen nach langfristigen europäischen Gemeinsamkeiten im Management?!" So das eindeutige Urteil eines US-amerikanischen Senior Executive, als wir ihm vom Vorhaben dieses Buches erzählten (und zugleich bestätigte er damit das Stereotyp der „hands-on"-Mentalität der nordamerikanischen Manager). Andere waren etwas resignativ: „Ich glaube nicht, daß sich der Siegeszug des amerikanischen Management-Stils aufhalten läßt, auch wenn ich dies persönlich nicht sehr begrüße", so ein Vorstandsmitglied aus Schweden. Er räumte ein, daß der „Siegeszug" ja schon nach dem zweiten Weltkrieg begann, als mit dem Marshall-Plan auch Scharen von amerikanischen Management-Professoren und -Beratern nach Europa gesandt wurden, aber daß es doch immer noch signifikante Unterschiede zwischen den USA und anderen Ländern gibt[1]. Schließlich die Neugierigen bis Begeisterten: „In Europa frage ich mich, was ich als Schweizer mit den Norwegern und Portugiesen gemeinsam habe", so ein mittelständischer Unternehmer mit weltweiten Aktivitäten, „aber nach jedem Besuch in den USA glaube ich wieder an eine europäische Identität. Und wenn wir noch keine haben sollten, dann müssen wir sie schaffen."

Noch pluralistischer fielen die Antworten aus, wenn wir bei den verschiedensten Gelegenheiten in unseren Diskussionen erkunden wollten, was denn nun eine „europäische Unternehmensführung" sei. Die Meinungen reichten von zum Teil fast schon identischen Vorstellungen bis zur Deklaration der eigenen Praxis als „europäisch" (eine Versuchung, der offensichtlich Deutsche und Franzosen am schwersten widerstehen können ...). Diese informellen Erkundungen zum Thema waren nicht nur spannend und lehrreich, sie sensibilisierten uns auch für zwei Gefahren: Die eine besteht darin, den Eindruck zu erwecken, wir wüßten schon, was eine „europäische Unternehmensführung" sei. Diese entwickelt sich nicht dadurch, daß Berater und Professoren eine solche deklamatorisch synthetisieren, sondern aus Anforderungen, Notwendigkeiten, Veränderungen, aber auch aus

[1] Ausführlich geschildert im Werk des US-Historikers *Robert Locke,* The Collapse of the American Management Mystique, Oxford, New York 1996

Werten, Erfahrungen und Ideen. Deshalb ist – zweitens – die Diskussion über verschiedene landeskulturell geprägte Management-Stile und Führungs-Konzepte nicht unter dem Etikett von „gut“ oder „schlecht“ zu führen. Solche Management-Paradigmen haben sich aus zahlreichen historisch relevanten Erfahrungen und Anforderungen entwickelt und bewährt, sie unterliegen Veränderungen und werden von firmenkulturellen und branchenspezifischen Faktoren überlagert.

Darum strebt dieses Buch eine Bestandsaufnahme und Erörterung von Perspektiven zu der Frage an, wie sich die langsame Formierung Europas auf die Führung von und in Unternehmen auswirkt. Der europäische Integrationsprozeß schafft für „inländische“ wie multinationale Unternehmen neue Rahmenbedingungen und Organisationsstrukturen. Die de-facto (nicht de-jure) Auflösung von auf nationale Märkte begrenzten Tochterunternehmen mit ihren zum Teil starken und eigenständigen Unternehmenskulturen und die Schaffung europäischer „multinationals“ ist nur eines von vielen möglichen Beispielen dafür. Darüber wollen wir Transparenz schaffen.

Ein solcher Prozeß hat vielfältige und manchmal auch widersprüchliche Facetten. Aus diesem Grunde haben wir Forscher und Beobachter aus verschiedenen Disziplinen gebeten, einzelne Aspekte näher zu analysieren und künftige Entwicklungsperspektiven aufzuzeigen. Daraus – so hoffen wir – entsteht ein Mosaik, das klarer erkennen läßt, wie sich Unternehmen dem europäischen Integrationsprozeß anpassen – und ihn zugleich weitertreiben. Das Unternehmen heute ist wohl die gesellschaftliche Institution, die schon am weitestgehenden europäisch vernetzt ist – dadurch entsteht auch ein Druck, die politischen und rechtlichen Rahmenbedingungen weiterzuentwickeln (etwa im Hinblick auf eine „Europa AG“). Aber zugleich wird klar, daß wir einen dynamischen Prozeß beobachten. Deshalb ist dieses Buch eher ein „Werkstattbericht“ denn eine abschließende Dokumentation des Status quo.

Dieses Buch richtet sich nicht nur an Manager multinationaler Unternehmen – und solcher, die es werden wollen –, sondern darüber hinaus an Europa-Interessierte – und solche, die es sein sollten (wie z.B. öffentliche Entscheidungsträger). Deshalb haben sich auch die Autoren um eine Sprache bemüht, die für beide Gruppen verständlich ist. Sie finden hier einen Überblick über neuere Entwicklungen in Unternehmen und ihrem Umfeld in einer integrativen Sicht, unter der Perspektive der europäischen Integration.

Dabei ist sicher auch die Frage zu beantworten, warum in einem

Buch über europäische Unternehmensführung nur deutschsprachige Autoren zu finden sind. Die Antwort ist allein in dem zu finden, was im neu-deutschen „Komplexitätshandhabung" heißt: Die Einbeziehung von verschiedenen europäischen Autoren hätte – unabhängig von überwindbaren Sprachbarrieren – eine höhere Abstraktionsebene erfordert, um die differenzierten nationalen Sichtweisen unter dem Thema Unternehmensführung zusammenzuführen. Der „Wald" wäre noch zu erkennen gewesen, uns kam es aber darauf an, daß zudem auch einzelne „Bäume" – etwa Unternehmensfunktionen – zu sehen sind. Deshalb muß eine europäische Debatte über Unternehmensführung aus verschiedenen nationalen Perspektiven einem nächsten Buch vorbehalten bleiben.

An dieser Stelle sei den Mitarbeitern gedankt, ohne deren Engagement es schwierig gewesen wäre, dieses Buch in angemessener Zeit fertigzustellen. Die Konzeption des Buches entstand in Zusammenarbeit mit Herrn Dr. Karl Ahlander, der seine europäische Erfahrung einbrachte, und Frau Dipl.-Betriebswirtin Silke Raab-Brock, die darüber hinaus sämtliche Managementaufgaben – von der Autorenakquise bis hin zur Lektorierung der Beiträge – übernahm. Herr Bernhard S. Maier betreute das Buchprojekt von Verlagsseite.

München und Lausanne/Oestrich-Winkel
im Oktober 1997

Roland Berger
Ulrich Steger

Literatur

Roland Berger & Partner (1993), Auf der Suche nach Europas Stärken, Landsberg/Lech 1993

Locke, R. (1996), The Collapse of the American Management Mystique, Oxford, New York 1995

Steger, U. (Hrsg.) (1993), Der Niedergang des amerikanischen Management-Paradigmas und die europäische Antwort, Düsseldorf u.a. 1993

Inhaltsverzeichnis

Kapitel 1
Auf dem langen Weg zur Europäischen Unternehmensführung

Von *Roland Berger* und *Ulrich Steger*

1 Kernfragen für den europäischen Manager

Europa ist ein Kontinent der Widersprüche, und eben dies ist seine Stärke. In Europa entstand die moderne Welt mit den Erscheinungsformen, die die Basis des heutigen Wohlstandes darstellen:

- gesetzlich geschützte Eigentumsrechte,
- privatwirtschaftliche Unternehmensformen,
- moderne Bank- und Finanzmärkte,
- technologische Innovationen,
- pluralistischer Wettbewerb.

Europa hat aber die Quelle seiner Stärken langsam verloren, und verkrustete Strukturen behindern die Innovationskraft und Wachstumsfähigkeit:

- die USA mit ihrem großen Binnenmarkt haben die globalen Märkte mit ihrer auf Massenproduktion ausgerichteten Industrie längst dominiert;
- die asiatischen Länder haben sich durch exportorientiertes Wachstum und große demographische Dynamik zu ernsthaften globalen Playern entwickelt;

- Europa ist jedoch weiterhin fragmentiert, mit stagnierenden oder langsam wachsenden Volkswirtschaften, hauptsächlich wegen einer konservierenden, auf alte Strukturen fokussierten Politik, die gekennzeichnet ist durch
- ein Festhalten an alten, undynamischen Industriezweigen, die durch Subventionen aufrechterhalten werden (allen voran die Landwirtschaft und der Bergbau), und
- Regulierungen, die die schnelle Entfaltung der Wirtschaftskraft behindern und oft auf neuen Märkten europäische Unternehmen uneinholbar ins Hintertreffen geraten lassen, ein fatales Manko auf schnellebigen, globalen Märkten (z. B. Gentechnologie oder Computerchips).

Europa versucht mit einem großen politischen Veränderungsprogramm, seine Wettbewerbsfähigkeit wiederzuerlangen. Auf europäischer Ebene wird mit der Geschwindigkeit eines Kathedralenbaus eine neue politische Basis für ein europäisches Comeback gelegt:

- Durch Integration und Assoziierungsabkommen soll der EU-Markt auf 400 bis 450 Mio. Einwohner erweitert werden;
- die Märkte sollen homogenisiert werden (Wegfall der Handelshindernisse, Binnenmarkt, Vereinheitlichung der Gesetzgebung und Regulierungen).

Das Tempo dieses Prozesses steigert sich langsam. Die geplante Währungsunion, die EU-Osterweiterung und der Druck der Globalisierung sind dabei beschleunigende Faktoren.

Der europäische Unternehmer muß sich der europäischen Integration stellen, aber nicht nur, weil diese nicht aufzuhalten ist, sondern vielmehr, weil Europa immer noch seine ursprüngliche Wirtschaftsdynamik und -kraft entfalten kann. Hierzu müssen europäische Top-Manager Antworten auf folgende Kernfragen finden:

(1) Wie kann die europäische Heterogenität und Diversität wieder als Quelle für innovationsgetriebenes Wachstum genutzt werden?

Europa hat eine Tradition der Innovation, die aus der Vielfalt seiner Kulturen, Traditionen und Lebensbedingungen kommt. Europas Unternehmer müssen Wege finden, diese Pluralität zusammenzuführen, um den Wettbewerb der Ideen innerhalb des Unternehmens als Brutstätte der Kreativität zu nutzen.

(2) Wie soll die Unternehmensstruktur (Organisation, „corporate government" und Unternehmenskultur) an ein zusammenwachsendes Europa angepaßt werden?

In Europa entstehen bereits neue Unternehmen, die es schaffen, sich von der ethnozentrischen Kultur des Stammhauses wegzubewegen und neue Organisationsformen und -arten der unternehmensinternen Arbeitsteilung zu finden (ABB, Airbus, SKF oder P&O Nedlloyd). Mit neuer Informationstechnologie stehen neue Wege offen, europäische Unternehmensformen effektiv einzusetzen.

So wie das Telefon einst die Voraussetzung für die großen Hauptverwaltungen in Wolkenkratzern war, bieten die jüngsten technologischen Fortschritte neue Möglichkeiten, sich in Europa zu organisieren. Die intelligente Kombination von IT-Lösungen und organisatorischen Strukturen und Abläufen wird das zukünftige europäische Unternehmen prägen.

(3) Wie können europäische Stärken effektiv eingesetzt werden, um den globalen Markt verstärkt zu besetzen?

Die in Europa geforderte Flexibilität beim Eingehen auf die Bedürfnisse von Nischenmärkten stellt einen noch nicht ausreichend genutzten Wettbewerbsvorteil im globalen Markt dar.

Die pluralen europäischen Gesellschaften sind das Spiegelbild der fragmentierten globalen Märkte von morgen. Demgegenüber ist die japanische Gesellschaft noch immer eine kulturell homogene Produzenten-Gesellschaft und auch Nordamerika hat das Zeitalter des standardisierten „Massenkonsums" noch immer nicht verlassen. Dagegen mußten sich europäische Unternehmen nicht nur auf verschiedenen nationalen Märkten bewegen, auch die Vielfalt von Konsummustern innerhalb der Gesellschaften war größer. Daraus ergab sich ein Spannungsverhältnis von Standardisierung, um die Kostenvorteile der Massenproduktion zu nutzen, und Differenzierung, um den regionalen wie sozialen Verschiedenheiten gerecht zu werden. Genau dies ist aber auch die sich entwickelnde Struktur von globalen Märkten, die sich einerseits weltweit in den Nachfrage- und Angebotsstrukturen homogenisieren, andererseits immer weiter zergliedern, fragmentieren. Der Weltmarkt wird zur Aggregation von Marktnischen – und nicht nur europäische Großunternehmen in ihren Produktlinien, sondern gerade der Mittelstand besteht aus „Experten für Marktnischen".

Diese Hervorhebung potentieller europäischer Stärken für die Bewältigung der Zukunft bedeutet nicht, die Stärken anderer Kulturkreise zu ignorieren, etwa den amerikanischen „entrepreneurial spirit" oder die japanische Fähigkeit zur präzisen Massenproduktion. Darüber hinaus bedeuten Potentiale noch nicht, daß sie auch umgesetzt werden. Aber gerade weil der „Europessimismus" gegenwärtig (wieder) Hochkonjunktur hat, scheint es uns wichtig, als Ergebnis unserer Überlegungen und Diskussionen diese drei Faktoren für die Zukunftsfähigkeit einer sich entwickelnden europäischen Unternehmensführung hervorzuheben, wie sie in Rahmenbedingungen, Kontexten, Inhalten, Potentialen, aber auch Problemen im folgenden ausführlicher diskutiert werden.

2 Die Baustelle „Europa"

Das Bild vom Schaffen des „europäischen Hauses" legt eine Baustelle nahe. Aber eine, in der beim Fundamt die freigelegten römischen Wälle erhalten und der denkmalgeschützte Teil restauriert werden muß, nur ökologische Baumaterialien verwendet werden, das zerstrittene Architektenteam nach unterschiedlichen Plänen arbeitet, ein babylonisches Sprachengewirr bei den Bauarbeiten herrscht, unterschiedliche Maße verwendet werden und alles nicht viel kosten darf. Auch ohne zahlreiche weitere, leicht mögliche Analogien ist klar: Europa ist eine komplizierte Baustelle. Aber vielleicht hat das Chaos auch seine positiven Seiten (bekanntlich ist Chaos ja eine Struktur höherer Ordnung, deren Gesetzmäßigkeiten zu erkennen wir nur nicht in der Lage sind), denn irgendwie wurde trotz Krisen, Rückschlägen, Verdrossenheit und Widerständen irgendwo immer weiter gebaut. Jedes „Grand Design" wäre schon längst an der Verzweiflung über die 100.000 Details gescheitert, jeder „Motor" der Integration, der auf der Dominanz einer Nation oder Interessengruppe beruhte, von der Resistenz der Nichtbeteiligten stillgelegt worden.

So ist Europa in 50 Jahren ein stattliches Bauwerk mit Schönheitsfehlern geworden, ein Beispiel, daß aus historischen Katastrophen Lehren gezogen werden. Es ist unprätentiös, aber bietet handfeste Vorteile für (fast) alle, die darin wohnen und arbeiten. Selbst wenn es nicht geliebt wird – aufgeben möchte es kaum einer. Nirgendwo auf der Welt und in der Geschichte hat eine so große Zahl von Nationen so lange, so gleichberechtigt und so intensiv kooperiert. Europa ringt dabei noch um seine Identität: Es ist keine Weltmacht, es wird auf absehbare Zeit wohl kein richtiger Staat werden, und niemand weiß genau, wo es eigentlich anfängt und aufhört. Aber trotzdem hat es Gewicht und damit Verantwortung.

Was, so mag der Leser fragen, hat dies alles mit Unternehmensführung zu tun?

Zuerst: Unternehmen schweben nicht im luftleeren Raum. Als gewinnorientierte Organisationen sind sie nicht nur über Märkte auf der Absatz- und Beschaffungsseite mit ihrem Umfeld verbunden, sondern auch auf vielfältige Weise von rechtlichen, politischen, sozialen Bedingungen und Trends abhängig und beeinflussen auch diese wieder. Die Schwierigkeiten, in Osteuropa Marktwirtschaften aufzubauen, verdeutlichen, welches Geflecht an Institutionen, Rechtsfiguren, Informationen und Verhalten vorhanden sein muß, damit Märkte funktionieren.

Zum zweiten: Der europäische Integrationsprozeß begann als politische Initiative mit der Ökonomie (genauer: der ökonomischen Nachkriegsbasis, Kohle und Stahl). Und die ökonomische Seite ist trotz der vertraglichen Ergänzung durch die politische Dimension der Europäischen Union seit 1987 dominant geblieben. Daran wird sich trotz aller Koordinationsbemühungen wenig ändern, es wird auf absehbare Zeit wohl keine gemeinsame Außen-, Verteidigungs- oder Gesellschaftspolitik geben.

In Marktwirtschaften sind aber Unternehmen die zentralen Akteure, auch wenn der Kunde „König“ ist. Und auf solche Veränderungen wie die Schaffung zunächst einer Zollunion und dann eines Binnenmarktes reagieren Unternehmen nicht nur, sondern sie antizipieren Entwicklungen, agieren dementsprechend und treiben damit den Trend wieder voran. Sie sind – so paradox dies klingen mag – Treibende und Getriebene der europäischen Integration zugleich. Und im Vergleich zu anderen Organisationen – wie Kirchen, Kammern und Verbände oder Vereine – sind sie vermutlich die europäischsten oder zumindest die europäisch verflochtensten.

Zugegeben: Der europäische Integrationsprozeß ist nicht die einzige Veränderung, mit denen sich Unternehmen auseinanderzusetzen haben. Parallel zur Schaffung des Binnenmarktes nimmt auch die weltwirtschaftliche Verflechtung zu. Das Schlagwort der Globalisierung bezeichnet dabei jenen Prozeß, in dem ein – gemessen am Wachstum des Weltbruttosozialproduktes – doppelt so schnell wachsender Welthandel durch Direktinvestitionen mit einer in den letzten fünf Jahren vier mal so hohen Wachstumsrate ergänzt wird. Aus wenigen hierarchisch strukturierten, multinationalen Konzernen mit Tochtergesellschaften werden zahllose transnationale, föderal organisierte Netzwerke, die ihre Aktivitäten nach Effizienzkriterien über den Erdball verteilen. Aber bei aller Bedeutung etwa der rasch wachsenden asiatischen Schwellenländer oder der USA: noch immer gehen ca. 60 % aller deutschen Direktinvestitionen in die europäischen Nachbarländer. Trotzdem wird sowohl die europäische Wirtschaft als auch die Politik stärker im globalen Kontext gesehen werden müssen.

Ein zweiter Veränderungsfaktor ist die rapide technologische Entwicklung. Für die Unternehmensführung und -organisation selbst ist sicher der Fortschritt in den Informations- und Kommunikationstechnologien die bedeutendste Entwicklung, ohne die heute die weltweiten Aktivitäten ebenso wenig denkbar wären wie etwa die Prozeßoptimierung in der Logistik. Aber auch die Marktdynamik wird durch technologische Entwicklungen vorangetrieben – von Werkstoffen bis zur Gentechnologie. Gab es früher identifizierbare Schlüsseltechnologien – Nuklearenergie, Computer, Luft- und Raumfahrt – so sind heute alle Branchen von technologischen Innovationen erfaßt, weil oft durch das „Zusammenwachsen" verschiedener, an sich bekannter Techniken geradezu revolutionäre Qualitäts- und Leistungssprünge entstehen (man denke etwa an das Zusammenspiel von Sensorik, Laser, neuen Werkstoffen und Mikromechanik im Werkzeugmaschinenbau). Wie einleitend bemerkt, halten wir die Breite der technologischen Basis mit vielfältigen Verknüpfungen, aber auch konkurrierenden institutionellen wie konzeptionellen Ansätzen quer durch Europa für eine Stärke, auch wenn das Risiko einer „Verzettelung" oder Fokussierung auf Imitation nicht zu übersehen ist. Aber per saldo ist Vielfalt mit Dynamik besser als zentrale Steuerung.

Ein dritter Veränderungsfaktor für Unternehmen sind die gesellschaftlichen Veränderungen vom vielbeschworenen Wertewandel (präziser: Verschiebung von Wertprioritäten) bis zu sozialen Trends (z.B. die zunehmende Zahl an Hochschulabsolventen) oder demographischen Entwicklungen (z.B. die Verschiebung im Altersaufbau). Auch Entwicklungen wie die gestiegene Bedeutung des Umweltschutzes oder die Berufstätigkeit von Frauen sind dazuzurechnen.

Insgesamt erklären diese teils regelrecht galoppierenden und zudem gleichzeitig ablaufenden Trends – Europäisierung bei gleichzeitiger Globalisierung, Technologieschub und sozialer Wandel –, warum es Gründe für die Annahme gibt, daß wir uns heute in einer turbulenteren Übergangsphase befinden als in den Nachkriegsdekaden zuvor. Nicht daß dabei Unternehmensführung heute per se schwieriger geworden wäre – schon gar nicht verglichen mit Krisen oder gar Kriegszeiten –, sondern die Probleme sind komplexer, d.h. die Bandbreite der Möglichkeiten und Erscheinungsformen, die auf scheinbar geringe Unterschiede in Ausgangsbedingungen und Veränderungsfaktoren zurückzuführen sind, ist größer geworden; Ursache-Wirkungs-Beziehungen sind nicht mehr eindeutig identifizierbar, die Risiken sind weniger transparent, damit ungewisser und der Zusammenhang von Entscheidung und Ergebnis unbestimmter geworden.

Dies ist der Hintergrund, vor dem in diesem Buch der Zusammenhang zwischen Europa und Unternehmensführung diskutiert wird. Dabei verstehen wir unter Unternehmensführung alle nicht oder schwer delegierbaren Grundentscheidungen über

- Ziele und Mission der Unternehmung,
- die dazu angewandte Strategie (einschließlich Raumdimension),
- die Festlegung von Kernkompetenzen und Tätigkeitsfeldern (Aktivitätsportfolio),
- die strategischen Technologie- und Organisationsoptionen sowie
- Personalführungsgrundsätze.

Zentrale Ausgangsprämisse ist dabei, daß Unternehmensführung auch (landes-)kulturell geprägt ist. Wie noch später im einzelnen zu diskutieren sein wird, ist dies nicht die einzige und auch nicht unumstrittene Einflußgröße. Aber, wie Abb. 1.1 zeigt, liegen die Manage-

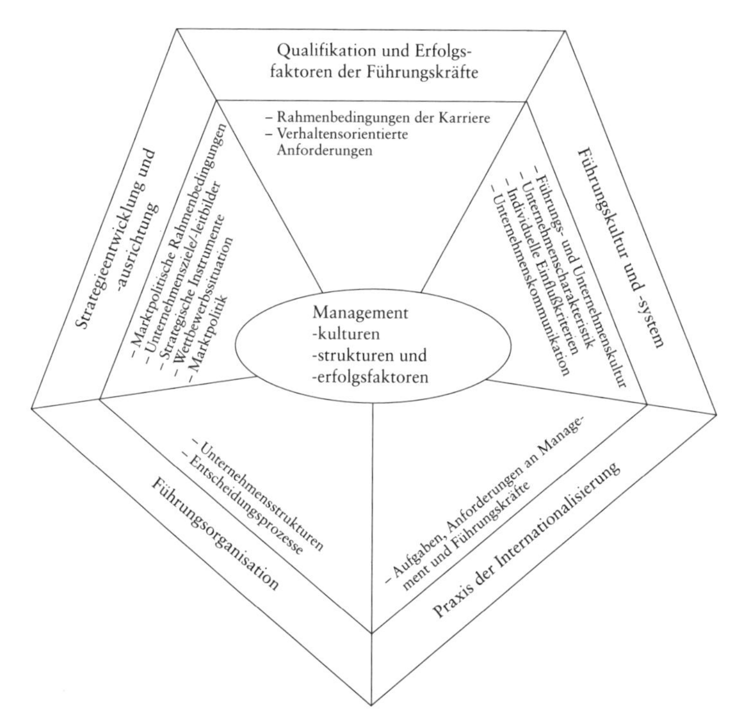

Abb. 1.1: Einflußfaktoren der Unternehmensführung
Quelle: Roland Berger, Auf der Suche nach Europas Stärken, 1993, S. 32

mentkulturen, die dadurch geformten Strukturen und Erfolgsfaktoren im Schnittpunkt des Aktivitätenbündels, das die Unternehmensführung ausmacht, und nach unseren Beobachtungen lassen sich hier durchaus signifikante Unterschiede feststellen. Nun ist zugegebenermaßen der Einfluß einer Landes- wie Unternehmenskultur schwer zu messen – und eine ganze Bibliothek an Forschungsarbeiten hat sich daran versucht, hierfür Konzepte zu entwickeln. Aber sichtbar sind ja nur die Artefakte – etwa die pompösen Büros der Directeurs Généraux in Paris verglichen mit den funktionalen Ausstattungen ihrer Kollegen in Stockholm. Nur schwer zu erfassen sind Leitbilder, Werthaltungen, soziale Bindungen und andere Faktoren mehr, die auch unternehmerische Entscheidungen beeinflussen und die nicht nur von Land zu Land, sondern auch mit Branchenzugehörigkeit und Lebensalter der Unternehmen variieren. Aber gerade diese Diversität – und die Fähigkeit, damit umzugehen – machen ja die oben erläuterte Fruchtbarkeit des europäischen „Innovationsbodens“ aus.

Um aber diese Vielfalt zu fassen, ist man pragmatisch dazu übergegangen, den Wandel einer Kultur im Zeitablauf zu beobachten, denn Veränderungen lassen sich leichter identifizieren als die Vielschichtigkeit des gesamten Komplexes einer Unternehmens- wie Landeskultur mit all ihren Wechselbeziehungen. Theoretisch mag dies unbefriedigend sein, aber es ist der einzige gangbare Weg.

Deshalb sind wir hier diesem Weg auch unter dem spezifischen Interesse gefolgt, wie sich der ökonomisch geprägte europäische Integrationsprozeß auf die Unternehmensführung ausgewirkt hat. Insbesondere interessierte uns, ob sich mit dem Binnenmarkt auch so etwas wie ein „Muster“ einer europäischen Unternehmensführung herausbildet oder herausbilden wird und welche die Argumente dafür und dagegen sind.

Bevor wir uns den Ergebnissen unserer Kollegen und einem sehr vorläufigen Fazit der eben gestellten Frage zuwenden, noch ein Wort der Vorsicht.

Einige Modewellen haben kulturell geprägte Konzepte der Unternehmensführung zu Erfolgsrezepten hochstilisiert, die sich universell anwenden ließen. Ende der 80er Jahre waren es die Japaner, die angeblich die Welt dominieren würden, weil ihre Art der Unternehmensführung am erfolgreichsten sei. Nur wenige der Autoren lassen sich heute noch gern an ihre damaligen Thesen erinnern. Es gab dann am Anfang der 90er Jahre, in der Euphorie von Binnenmarkt und Ostöffnung, ein kurzes Zwischenhoch für die Europäer, und gegenwärtig sind wir wieder einmal bei den USA als dem Mekka aller Managementweisheit.

Unsere Einschätzung ist vielleicht bescheidener, aber dafür konstanter. Natürlich kann und soll man von anderen lernen (dies ist die simple Idee des Benchmarking), aber dies gilt sinnvollerweise nur auf der Ebene einzelner Prozesse und unter Beachtung der Voraussetzungen, unter denen sie erfolgreich sind.

Der Zusammenhang zwischen Landeskultur und Unternehmenserfolg ist dagegen wohl schwierig nachzuweisen – es sei denn auf der Betrachtungsebene eines Historikers und Soziologen über einen sehr langen Zeitraum (wie es *Max Weber* meisterlich verstand). Denn die Landeskultur ist nur einer der Faktoren, die die Unternehmensführung beeinflussen, und man muß sich fragen, ob denn eigentlich ein Unternehmen diesen Kulturaspekt ignorieren kann – in China wie Brasilien oder der Europäischen Union. Selbst wenn man einzelne Aspekte für kontraproduktiv halten mag, sie sind ein „fact of life and doing business“. Und sie beeinflussen die Rahmenbedingungen, unter denen Unternehmen agieren müssen: von der Wirtschafts- und Finanzpolitik bis zu Eckpunkten der Unternehmensverfassung. Daher bringt es auch wenig, einem Kulturimperialismus zu folgen. Wenn z. B. aus empirischen Studien ersichtlich wird, daß die unternehmensinternen Integrationsmechanismen in verschiedenen Ländern unterschiedlich sind, so zeigt dies nur, daß sich die Unternehmen den jeweiligen Gegebenheiten angepaßt haben, nicht daß der eine oder andere Mechanismus vorteilhafter wäre. Denn der egalitäre Führungsstil mag in einem Kulturkreis reüssieren, in einem anderen könnte er heute noch kontraproduktiv sein. Deshalb bekennen wir uns als „Relativisten“:

Das, was für Europa gut sein kann, ist nicht notwendigerweise gut für den Rest der Welt. Gäbe es einen kulturinvarianten Zaubertrick für erfolgreiche Unternehmensführung, so müßte er mittlerweile erfunden worden sein – was dann leider ein Manager-, Berater- und Professorenleben relativ öde machte.

3 Verbindungslinien zwischen den einzelnen Kapiteln

3.1 Die Rahmenbedingungen

Im folgenden sollen die einzelnen Kapitel nicht im Sinne eines „abstract“ zusammengefaßt werden, sondern es sollen Verbindungslinien aufgezeigt werden und aus Sicht der weiterführenden Perspektiven und offenen Fragen einige Ergebnisse besonders hervorgehoben werden.

Im ersten Teil geht es um die Rahmenbedingungen und langfristigen Trends in wichtigen Umfeldbereichen für die Unternehmen und darum, wie sich diese Traditionen in unterschiedlichen Managementkulturen und Schwerpunkten der Unternehmensführung (neudeutsch „Paradigma") niedergeschlagen haben. *Walter/Zürn* untersuchen dabei das weitere Schicksal des Nationalstaates im europäischen wie Globalisierungskontext. Seit Beginn der Industrialisierung hat der Nationalstaat stets die Voraussetzungen geschaffen, die Wirtschaften und wirtschaftliche Entwicklung erst möglich machten. Durch die Globalisierung wird diese Rolle aber in Frage gestellt, weil die frühere Einheit von Beteiligten, Wirkungen und „Regelungsunterworfenheit" (so der juristische Ausdruck) immer mehr auseinanderfällt. Dies gilt nicht nur für den ökonomischen Bereich, sondern auch für Umweltprobleme, Kriminalität, Kommunikationsvernetzung usw. Aber es wäre verfrüht, dies als Ende der Staatlichkeit zu interpretieren, eher handelt es sich um Denationalisierungsprozesse. Und daraus entwickelt sich eine Transformation, nicht zwangsläufig ein Abbau von Staatlichkeit. Die europäische Union ist ja das beste Beispiel, wie Nationalstaaten durch eine strategische Allianz (so die britische Version) oder durch Joint Ventures (so die deutsche Intention) bis hin zum „merger" der politischen Union (noch in weiter Ferne) versuchen, die verlorene Handlungsfähigkeit wiederzugewinnen.

Darum sollte auch in den Unternehmen dieser Transformationsprozeß des demokratischen Verfassungsstaates verstanden werden. Denn er ist nicht ohne Risiken und Friktionen, wie die gegenwärtige „Politikverdrossenheit" oder das Aufkommen rechtspopulistischer, protektionistisch orientierter Parteien in vielen Ländern Europas zeigt. Daher ist es wichtig, die Veränderungen in den einzelnen Staatsfunktionen zu verstehen, unabhängig davon, wie diese Trends im einzelnen zu beurteilen sind:

- Was die „Sicherheitsfunktion" betrifft, so sind Kriege zumindest in Westeuropa extrem unwahrscheinlich geworden. Aber der Zustand in benachbarten Regionen Westeuropas – und das frühere Jugoslawien ist nur ein Beispiel – läßt die Forderung nach einer eigenen europäischen Sicherheitspolitik wachsen. Hinzu kommt, daß „nichtstaatliche" Bedrohungen erkennbar wurden – organisierte Kriminalität, Terrorismus, die für einen Rechtsstaat neue Herausforderungen bringen, ohne daß für die Grundlagen unseres Rechtssystems in Europa realisierbare Alternativen sichtbar wären.

- Bei der „Effizienzfunktion“, der Sicherstellung eines wohlfahrtssteigernden Wirtschaftsprozesses, gibt es dagegen erhebliche Einbußen an staatlicher Handlungskompetenz. Dies gilt einmal für die makroökonomische Steuerungsfunktion (von Wechselkursen bis zum Management von Wachstum und Vollbeschäftigung mittels wirtschaftspolitischer Instrumente). Auch im ordnungspolitischen Bereich sind Erosionen festzustellen (etwa der Schutz geistigen Eigentums in globalen Kommunikationsnetzen), so daß hier Erfolge nur noch durch internationale Vereinbarungen möglich sind, die aber zwischen den Staaten verhandelt werden müssen.
- In der „Redistributionsfunktion“, die sich in Deutschland etwa in der Sozialstaatsklausel des Grundgesetzes ausdrückt, ist ebenfalls ein deutlicher Verlust an Handlungsautonomie festzustellen. So ist etwa seit Beginn der 80er Jahre die Einkommensverteilung in fast allen europäischen Ländern ungleichmäßiger geworden, aber selbst wenn die Regierungen wollten, könnten sie unter dem Druck von Standortwettbewerb, Migrationssog und demographischer Entwicklung kaum gegensteuern. Die hohe Arbeitslosigkeit und das flache Wachstum stellen die Sozialsysteme Europas vor drastische Anpassungserfordernisse.
- Dies hat letztlich Auswirkungen auf die „Legitimationsfunktion“, denn in der Demokratie sollen Entscheidungsträger für die Ergebnisse ihrer Handlungen verantwortlich sein und gemacht werden. Aber wie und wem soll Verantwortung für Entscheidungen auf der Ebene der Europäischen Union oder – noch extremer – in den etwa 300 internationalen Organisationen zugeordnet werden? Hier wird deutlich, daß der Abbau nationaler Kompetenzen und demokratischer Instanzen auf der supranationalen Ebene zeitlich wie institutionell de-synchron verlaufen und ein „demokratisches Defizit“ – vermutlich für mehrere Dekaden – entsteht.

Zum Nationalstaat gibt es aber auf absehbare Zeit keine Alternative. Selbst in der EU – dem wohl global am weitesten integrierten Staatenbund – gibt es keine Plausibilität für die Annahme, daß die Nationalstaaten sich auflösen werden. Es gibt keine Institution, die sich als Substitut für den Staat anbieten würde. Daher ist die Wahrscheinlichkeit groß, daß sich seine Rolle und die Aufgabenwahrnehmung erheblich ändern werden, nicht aber seine Auflösung ansteht. Im liberalen Sinne ist der Staat Schiedsrichter und Wächter von Regeln, nach dem Zweiten Weltkrieg entwickelte er sich aber zum interventionistischen Wohlfahrtsstaat mit „command and control“. Dieses Modell ist heute in der Krise. Ein Ausweg für das pluralistische Demokratiemodell besteht darin, daß die staatlichen Institutionen heute mehr zu „Mitspielern", zum „verhandelnden Staat" werden, der mehr die gesellschaftliche Selbststeuerung organisiert, damit Kontexte schafft und auf die Gestaltung der (teil-autonomen) Netzwerke Einfluß nimmt. Dabei muß er sich mit neuen gesellschaftlichen Kräften – im UNO-Jargon etwas hilflos „Nongovernmental Organisations" (NGOs) genannt – auseinandersetzen, die sich formieren (auch global) und da nicht nur als neue Mitspieler auftreten, sondern auch als Spielregeln verändernde Instanzen: die weltweit vernetzte Umweltbewegung ist nur ein Beispiel von vielen. Er muß auch beachten, daß Kapital und Wissen heute in der ent-grenzten Welt der Globalisierung mehr „exit"-Optionen haben.

Aber nicht nur von der supranationalen Ebene her erodiert der Nationalstaat, sondern auch von (zum Teil grenzüberschreitenden) Regionen her, wie auch das praktische Beispiel von *Scholz* zeigt. Sie sind zum Teil homogener in ihrer Interessenlage, weisen eine dichtere Verflechtung und oft auch historische Gemeinsamkeiten auf. Sie können wegen der Überschaubarkeit eher auf informelle Abstimmungen vertrauen und sehen die Erfolge wie Mißerfolge der Zusammenarbeit sehr viel rascher. Da sie wichtige Faktoren im Standortwettbewerb beeinflussen können – Infrastruktur, Bildungswesen, Behördenverhalten –, ist es für sie attraktiv, eine von der Zentralregierung relativ unabhängige Strategie zu verwirklichen. Die Gefahr dabei ist, daß sich die Wettbewerbsverzerrungen im Binnenmarkt durch weitere Subventionen erhöhen können. Aber es wäre unangebracht, diesen auch identitätsstiftenden Trend zur Regionalisierung zu ignorieren, selbst wenn damit die politische Landkarte noch unüberschaubarer wird.

Die europäischen Unternehmen müssen sich – wie sich aus dem Beitrag von *Meller* ablesen läßt – ohnehin auf eine lange Phase politischer „Unübersichtlichkeit" einstellen. Natürlich hat der Binnenmarkt zu einer Liberalisierung oder auch Harmonisierung von Bestimmungen geführt – aber wohl nur wenige Unternehmen haben den Eindruck, daß sich insgesamt die Zahl der zu zu beachtenden Regulierungen merkbar verringert hat. Ein Beispiel – von vielen möglichen – ist, daß die Umsatzsteuer zwar europäisch weitgehend harmonisiert wurde, sich dafür aber die grenzüberschreitenden Verrechnungen sehr verkompliziert haben. Dies schmälert nicht den Wert eines gemeinsamen Binnenmarktes – vor allem durch die heilsamen Wirkungen eines intensivierten Wettbewerbes –, aber es zeigt, wie weit wir noch vom Ideal der „drei großen Freiheiten" für Waren, Kapital und Arbeit entfernt sind.

Der Einblick, den *Meller* davon gibt, wie europäische Politik gemacht wird, ist dabei die praktische Anwendung der generellen Erörterungen von *Walter/Zürn*. Die europäische Politik ist ein schwer überschaubares Geflecht fließend zu definierender Zuständigkeiten, wechselnder Koalitionsbildungen – mit oder gegen die eigene Regierung, andere Industriebranchen und eigene Wettbewerber – und zeitaufwendiger Verfahren, die in der Regel mehrere „Runden" durchlaufen. Überspitzt formuliert: Gleicht die nationale Politik oft einer klaren Schlachtordnung für erkennbare Kriegsziele auf einem klar abgegrenzten Schlachtfeld (etwa Regierung und Wirtschaftsverbände gegen Opposition und Gewerkschaften), so ähnelt die europäische Politik oft gelegentlich mehr einem Guerillakrieg à la Afghanistan. Verbündete wechseln, Kriegsziele verändern sich, und das unübersichtliche Schlachtfeld ist überall. Kein Wunder, daß es einfacher ist, etwas zu verhindern als positiv zu gestalten. Es profitieren zahllose (Anwalts-)Büros – *Meller* schätzt, daß sich ihre Zahl in den letzten 5 Jahren verzehnfacht hat –, die sich diesen politischen Spielen widmen.

Trotzdem: Entscheidende Weichen für die Wettbewerbsfähigkeit der europäischen Wirtschaft werden heute in Brüssel gestellt, schätzungsweise etwa 60 % der für Unternehmen relevanten Gesetze. Dies gilt für so zentrale Fragen wie z. B., ob die im Maastricht-Vertrag vorgesehene Industriepolitik eher zur Marktöffnung oder zur -abschottung führt und ob Deregulierung oder Re-regulierung die aktuelle Politik darstellt. Hier gibt es durchaus unterschiedliche Philosophien in den einzelnen Ländern – und viele Sünden im Einzelfall (auch die Bundesrepublik kann beim Protektionismus nicht den ersten Stein werfen ...). Es geht weiter über Fragen der Wettbewerbspolitik, die rechtlichen Rahmensetzungen (über die am Beispiel der Europa AG noch im folgenden zu sprechen sein wird) und – wohl existenzentscheidend –, ob und wie es gelingt, das europäische Sozialmodell in seinen verschiedenen nationalen Varianten an die Anforderungen des 21. Jahrhunderts anzupassen (siehe Beitrag *Flecker/Schulten*).

Deshalb wird viel davon abhängen, ob Unternehmen bereit sind, über den Tellerrand hinauszuschauen. Nicht, daß Unternehmen Politik ersetzen könnten oder selbst „politische" Organisationen werden sollten – dies ist in einer Marktwirtschaft und einer demokratischen Gesellschaft nicht die Aufgabe der Unternehmen. Aber viel steht in den nächsten Jahren an Allgemeininteresse auf dem Spiel, wo auch europäische Unternehmen gefordert sind:

- In der Abwehr protektionistischer Tendenzen, denn die Versuchung, sich kurzfristig Erleichterung von den Anpassungszwängen und Leistungsanforderungen im globalen Wettbewerb zu verschaffen, wird mit weiter steigender Arbeitslosigkeit wachsen;
- gegen viele Widerstände in der Verwirklichung der Währungsunion als „Krönung" des Binnenmarktes und in den sich daraus ergebenden Chancen, in einer instabilen Finanzwelt die Wechselkursrisiken zu vermindern und nicht-wertschaffende Transaktionskosten zu senken sowie Transparenz im Binnenmarkt und im Regierungshandeln zu schaffen
- und schließlich mit der Erweiterung der Europäischen Union auch das „europäische Haus" wetterfest zu machen.

3.2 Corporate Governance

Aber: gibt es „europäische Unternehmen" überhaupt? Zugegeben, der Begriff ist zumindest rechtlich nicht korrekt. Wie der Beitrag von *Gerum* zeigt, müßte man von „national verfaßten Unternehmen, die (auch) in Europa tätig sind", sprechen. Denn als Musterbeispiel für das, was oben sehr pointiert über die europäische Politik gesagt wurde, können die Versuche gelten, eine einheitliche „Europa AG" zu schaffen. Seit Beginn der 70er Jahre wurden wiederholte Versuche mit den verschiedensten Kompromißvorschlägen gestartet, hier zu einer Einigung zu kommen – bislang ohne durchschlagenden Erfolg.

Dabei verfolgte die Kommission eine „Doppelstrategie": auf der einen Seite den Weg der Rechtsangleichung, wo einige Erfolge bei der Harmonisierung der Bestimmungen von Gründung, Kapitalausstattung und -beschaffung sowie von Publizität erzielt wurden, auf der anderen Seite die Schaffung von Einheitsrecht (Statut der „Europa AG"), wo selbst solche bescheidenen Erfolge der EU-Kommission oder den jeweiligen Präsidentschaften versagt geblieben sind. Zwei zentrale Probleme können dabei nach *Gerums* Analyse identifiziert werden. Zum einen gibt es in den Unternehmensverfassungen (Corporate Governance) in Europa – wieder in vielen Varianten und Wahlmöglichkeiten – sowohl das „Trennungsmodell" nach deutschem Muster (Aufsichtsrat als Kontrollorgan, Vorstand als Exekutivorgan) als auch das „Vereinigungsmodell" nach britischem Muster (der Board mit Non-Executive und Executive Mitgliedern, die eine ungeteilte Gesamtverantwortung gegenüber den Aktionären haben). Rein numerisch überwiegt zwar auch in Europa das Board-Modell, aber die Zahl der Anhänger einer Trennung von Exekutive und Kontrolle bei Corporate Governance-Systemen ist offenbar um vieles größer – jedenfalls in Wissenschaft und Politik. Nicht nur in Europa, sondern auch in den USA geht die Richtung der Diskussion um die Unternehmensverfassung eher zum „Trennungsmodell". Zum anderen stellen die sehr unterschiedlichen, historisch geprägten Regelungen der Mitbestimmung in Europa (siehe auch Beitrag *Flecker/Schulten*) ein Hemmnis für die Rechtsangleichung dar. In europäischen Unternehmen finden sich nahezu alle Sozialtechniken, die in den Beziehungsmustern zwischen Management/Kapitaleignern und Mitarbeitern angewandt werden, wobei sicherlich die deutschen Regelungen den höchsten Institutionalisierungsgrad der Mitarbeiterbeteiligung am Entscheidungsprozeß im Unternehmen aufweisen. Die dadurch bedingte Mitverantwortung von Arbeitnehmervertretern wird aber selbst innerhalb der europäischen Gewerkschaften kontrovers gesehen – je nach politischer Grundausrichtung werden solche Kooperationen auch abgelehnt. Britische und südeuropäische Gewerkschaften vertreten z. B. eher „Gegenmacht"-Strategien.

Angesichts dieser institutionellen wie konzeptionellen Unterschiede war die Einigung über „Euro-Betriebsräte" schon schwierig genug und hatte – bislang – keine Auswirkungen auf die seit 1995 erneut aktivierten Versuche, eine einheitliche europäische Unternehmensverfassung auch rechtlich verbindlich zu gestalten.

Unabhängig von rechtlichen Gegebenheiten ist aber zu fragen, ob nicht die starke europäische Verflechtung zu Angleichungen in der praktischen Handhabung der Corporate Governance führt. Nach *Gerums* Beobachtungen gibt es hier durchaus eine Tendenz zur Konvergenz. Zum einen differenziert sich im Board nach angelsächsischem Muster die Arbeitsteilung zwischen Executive- and Non-Executive Mitgliedern, so daß sich die Praxis in Richtung auf ein „Trennungsmodell" entwickelt. Dabei werden die professionellen Vollzeit-Manager nach einer empirischen Untersuchung von *Gerum* dominanter, die Aufsichtsräte eher Berater als Kontrolleure. In etwa zwei Dritteln der Aufsichtsräte – so seine These – stellt die faktische Machtdominanz des Managements die Kontrollogik des Aktienrechts auf den Kopf. Die international wieder aufgelebte Diskussion über „Managerherrschaft" (übrigens seit den dreißiger Jahren ein Thema) und die Rolle von Aufsichtsräten hat hier eine Ursache.

3.3 Die Sozial- und Kulturdimension

Aber das „Schneckentempo" von Angleichungen – so die Analyse von *Flecker/Schulten* – gilt nicht nur für die Unternehmensverfassung, sondern auch für die Sozialdimension, obwohl diese in den EU-Verträgen nun auch verankert ist. Wenn die europäischen Managementmodelle sich in etwas von den US-amerikanischen unterschieden haben, dann in den Sozialbeziehungen zu den Mitarbeitern (mit Ausnahme Großbritanniens, das dann – wenigstens bis vor kurzem – auch konsequent der Sozialunion ferngeblieben ist). Es handelte sich nicht nur um ein Modell für die Beziehungen von Unternehmen und Mitarbeitern, sondern auch um ein Gesellschaftsmodell, welches nun aber durch das zunehmende Auseinanderfallen von ökonomischen Räumen und politischen Regulierungen bei hohem Wettbewerbs- und damit Veränderungsdruck auf dem Prüfstand steht.

An sich müßte der Globalisierungsdruck zu beschleunigter Harmonisierung führen, was aber durch die unterschiedliche ökonomische Leistungsfähigkeit, verschiedene Traditionen und auch unterschiedliche wirtschaftspolitische Strategien der EU-Mitglieder verhindert wird. So verfolgt Großbritannien, wo allerdings die Arbeits- und Sozialbeziehungen schon immer weniger verrechtlicht waren, eine konsequente Politik der Deregulierung, um für Auslandsinvestitionen – nicht ohne Erfolg – attraktiv zu sein und damit verlorengegangene Wettbewerbsfähigkeit zurückzuerobern. Eine solche Politik wäre in Frankreich undenkbar. Nordeuropäische Gewerkschaften und Sozialpolitiker wiederum fürchten, daß ihre Sozialsysteme auf die niedrigen Niveaus süd- und zukünftig osteuropäischer Länder abgesenkt werden könnten. Diese fürchten wiederum, daß ihre Wirtschaften ein höheres Niveau an Sozialkosten nicht verkraften könnten usw. Eine wirkliche europäische Sozialunion ließe sich also nur bei Angleichung der wirtschaftlichen Leistungsfähigkeit und im Zuge einer vertieften politischen Integration verwirklichen, aber diese ist zur Zeit nicht in Sicht.

Trotzdem sind einige deutliche Trends zu beobachten. Es ist unstrittig, daß die alten Konfliktregelungsmechanismen unter den heutigen Bedingungen eines raschen Strukturwandels nicht mehr leistungsfähig sind. Gerade die Währungsunion wird eine neue Lohn-Preis-Flexibilität erzwingen. Betroffen sind davon jene Länder, die als „neo-korporatistisch" zu bezeichnen sind (eher in Nord- und Mitteleuropa zu finden) oder die – wie die südeuropäischen Länder – traditionell einen hohen Staatseinfluß auf die Wirtschaft aufweisen. *Flecker/Schulten* identifizieren diese Trends auf drei Ebenen:

- Auf der staatlichen Ebene zeigt – zum Teil sehr langsam und mit gegenläufigen Entwicklungen in einzelnen Bereichen – der Privatisierungs- und Deregulierungsdruck durch Binnenmarkt und Globalisierung seine Wirkung, auch weil viele öffentliche oder quasiöffentliche Monopole technologisch nicht zu halten sind (etwa im gesamten Telekommunikations-Bereich) oder weil sie (etwa im Strombereich) schlicht zu teuer geworden sind.

- Auf der Ebene der Tarifvertragsbeziehungen ist eine deutliche Tendenz zur Dezentralisierung festzustellen (insbesondere dort, wo früher für große Sektoren ausschließlich national verhandelt wurde), womit auch eine größere Flexibilisierung erkennbar wird. Die Tarifvertragssysteme entwickeln sich damit komplementär zur Dezentralisierung in den Unternehmen.
- Auf der Betriebsebene wird nach neuen Strukturen gesucht, weil mit der Verteilung von Kompetenzen auf Einheiten in verschiedenen Ländern, etwa in Matrix-Organisationen, die traditionellen Ansprechpartner fehlen. Auf der anderen Seite lassen sich hier am leichtesten Modernisierungs- und Produktivitätskoalitionen bilden, um im (auch unternehmensintern) weltweiten Wettbewerb Arbeitsplätze zu sichern.

Umrahmt – aber wenig beeinflußt – wird dies durch den seit 1987 geführten sozialen Dialog auf europäischer Ebene. Denn weder die Gewerkschaften und schon gar nicht die Arbeitgeber wollen aus den oben genannten Gründen ernsthaft europäische Tarifverträge. Und „autonome Vereinbarungen“ zwischen den Tarifparteien, mit denen Kommissionsvorschläge anstelle gesetzlicher Maßnahmen umgesetzt werden können, bleiben wohl auch künftig die Ausnahme (wie etwa die Vereinbarung über den Elternurlaub).

Vielleicht – so mutmaßen *Flecker/Schulten* mit gutem Grund – sind wir bei alledem in einer Phase der Angleichung, nur durch die bessere Kenntnis werden uns die Unterschiede bewußter. In jedem Fall gilt: Die Neugestaltung der Arbeits- und Sozialbeziehungen in einer Weise, die den Bedingungen des globalen Wettbewerbs wie den europäischen Traditionen entspricht, entscheidet als ein zentraler Faktor nicht nur über die wirtschaftliche Zukunft Europas, sondern auch darüber, ob sich künftig überhaupt eine von anderen Kulturkreisen unterscheidbare europäische Unternehmensführung herausbilden wird.

Dies ist keineswegs unumstritten, wie die Aufarbeitung dieses Aspektes bei *Macharzina/Oesterle/Wolf* zeigt. So argumentieren manche Autoren, daß die große Bedeutung multinationaler Unternehmen, der Zwang, „best practice“ global rasch umzusetzen, und die Wichtigkeit globaler Technologien zu einer quasi klinisch-erprobten, kulturfreien Unternehmensführung führten. *Macharzina et al.* lehnen diese These ab. Wir möchten dem mit einer Ergänzung zustimmen: Auf einer sehr abstrakten oder historischen Betrachtungsebene mag die These von „kulturfreier" Unternehmensführung sogar richtig sein. Die institutionellen Arrangements von Unternehmen, wie wir sie heute als marktbezogene Organisationen kennen, sind eine „Erfindung" der europäischen Industrialisierung und weisen insofern Gemeinsamkeiten gegenüber römischen Latifundien oder kommunistischen Planwirtschaftsbetrieben auf. Aber vergleicht man heutige Unternehmen in Marktwirtschaften miteinander, so existieren (landes-)kulturelle Unterschiede, so wie es Unterschiede in der Größe, der angewandten Technologie, den bearbeiteten Märkten usw gibt. Jedoch läßt sich – wie gelegentliche Modewellen suggerieren – kein simpler Zusammenhang zwischen der landesspezifischen Kulturprägung, den dadurch beeinflußten Makrobedingungen und dem wirtschaftlichen Erfolg einzelner Unternehmen herleiten.

Wichtiger erscheint daher die Frage, wie bestimmte Elemente der Landeskultur Unternehmen beeinflussen, welche Werte und Einstellungen Wahrnehmungen prägen und damit Entscheidungen beeinflussen. Nach der bekannten Untersuchung von *Hofstede* sind dies etwa Faktoren wie:

- Machtdistanz, die z. B. die Beziehungen von Vorgesetzten zu Mitarbeitern prägt,
- Individualismus, der z.B. die Loyalität zum Unternehmen beeinflußt,
- Maskulinität, die nach diesem Konzept den relativen Stellenwert finanzieller Ziele bestimmt, oder
- die Unsicherheitsvermeidung, die in der Bereitschaft zum Wagen des Neuen, der Haltung zur Veränderung wirkt.

Wie kann aber das europäische „Potpourri" von Managementstilen für praktische Zwecke geordnet werden? *Macharzina/Oesterle/Wolf* kommen mittels einer Cluster-Analyse zu einer interessanten Dreiteilung: „nordisch", „romanisch" und „anglo-germanisch" (letzteres steht im Widerspruch zu der Einschätzung anderer Autoren, die eher die Nähe Großbritanniens zu den USA sehen und eine eigenständige Kulturprägung des Managements im deutschsprachigen Raum sehen. Aber bei den gewählten Kriterien ist das anglo-germanische Cluster plausibel).

Für Strategie, Organistionsstrukturen und Koordinierungsysteme ergaben sich interessante Gemeinsamkeiten, wobei natürlich die Varianz innerhalb der Cluster nicht ignoriert werden darf:

- Die „nordische" Variante der Unternehmensführung tendiert zu einer Strategie der Qualitätsführerschaft und transnationalen, wenig hierarchischen Netzwerkstrukturen, damit großer Delegation von Aufgaben und Verantwortung basierend auf Offenheit und Vertrauen.
- Das „anglo-germanische" Cluster weist eine Tendenz zur Produktdifferenzierung auf und zeigt oft eine ethnozentrische Grundhaltung. Dabei sind auf der operativen Ebene die Unterschiede zwischen „anglo" und „germanisch" am größten: Die Deutschen ziehen klar strukturierte Organisationen vor, die Briten schriftlich fixierte Entscheidungsregeln. Beide bevorzugen personenorientierte Koordinierungssysteme, wie z.B. den Transfer von Führungskräften zu Tochtergesellschaften im Ausland.
- Im „romanischen" Kulturkreis ist die Unternehmensführung noch mehr auf den Heimatmarkt (aus Unsicherheitsvermeidung) und auf standardisierte Produkte orientiert. Die Organisationsstrukturen sind noch relativ hierarchisch und durch die Trennung von Planung und Durchführung bürokratisch mit technokratischen Koordinationssystemen.

Aber auch diese traditionellen Muster stehen unter Veränderungsdruck. Welche Europäisierungstendenzen sich dabei ergeben, wird dabei vermutlich zunächst weniger in der kulturgeprägten Dimension des Managements sichtbar, sondern eher in den Einzelfunktionen, deren Analyse der zweite Teil des Buches gewidmet ist. Denn wie einleitend schon erläutert, ist die Kulturprägung der Unternehmensführung ein Konstrukt aus mehreren Dimensionen, und es ist plausibel, daß sich – quasi von „unten nach oben" – Veränderungen in den einzelnen Faktoren ergeben, ohne daß schon eine Veränderung in der „Gestalt" des Managementstils erkennbar wäre. Strategie, Organisations- und Personalarbeit, Marketing und Kompetenzbildung (die Anwendung von Produkt- und Prozeßinnovationen) sind die Bereiche, von denen wir annahmen, daß sich hier die größten Veränderungen aus der europäischen Integration ergeben, die die Zukunftsfähigkeit der europäischen Unternehmensführung bestimmen.

3.4 Die Zukunftsfähigkeit von Strategie, Kompetenzen und Organisationen

Die Strategieformulierung in den Unternehmen hat ohnehin seit Ende der 80er Jahre eine Umwälzung erfahren. In der „guten alten Zeit" gab es eine langfristige Unternehmensstrategie, die mittels einer nur im Dekadenabstand veränderten Organisationsstruktur umgesetzt wurde: „structure follows strategy". In den turbulenten Märkten von heute reicht die Anpassungsgeschwindigkeit dieses Strategie-Organisationsmusters nicht aus. Zudem waren die Friktionen (sprich: Kosten) an den Schnittstellen der hochspezialisierten Organisationseinheiten viel zu hoch.

Deshalb hat eine grundlegende Neuorientierung im Denken stattgefunden: von Strukturen zu Prozessen. Wie kann die gesamte Wertschöpfungskette des Unternehmens und darüber hinaus in vor- und nachgelagerten Stufen optimiert werden? Welche Kernkompetenzen kann das Unternehmen einbringen, um Wert zu schaffen und sich im Wettbewerb zu differenzieren? Darauf richtet sich der strategische Fokus der Unternehmen – nicht nur in Europa – heute und wohl auch in der Zukunft.

Ausgehend davon zeigt der Beitrag von *Zentes,* daß europäische Unternehmen im Anpassungsprozeß nationalspezifische Defizite aufweisen, so etwa der Nachholbedarf an Delegation von Verantwortung und Schaffung von Freiräumen in romanischen (hier: französischen) Unternehmen. Dies ist – im Umkehrschluß – nicht nur eine Bestätigung der These landeskultureller Prägungen in der Unternehmensführung, sondern auch eine Augenblicksaufnahme des Angleichungsprozesses. Wenn Manager in den verschiedenen Ländern ihre kulturell geprägten Defizite erkennen und daran arbeiten, sie zu beseitigen, wird am Ende eine homogenere Vernetzung von Strukturbedingungen, Kompetenz und Aktionsmustern stehen.

Ein zweiter Veränderungsfaktor in der strategischen Ausrichtung liegt in der Beobachtung des marktlichen und sozialen Umfelds und in der Reaktion darauf. Die konventionelle produktbezogene Marktforschung wird dabei mehr und mehr durch ein breiter angelegtes Trendmonitoring abgelöst oder zumindest ergänzt. Auf diese Weise kann die Veränderungsdynamik von Märkten und wiederum deren Umfeld so antizipiert werden, daß dem Unternehmen meist „böse" Überraschungen erspart bleiben.

Das zentrale Problem jeder Strategie bleibt aber die Implementierung. Es mangelt nicht an Konzepten – wie ein Blick auf die explosionsartig gewachsene Managementliteratur zeigt –, und meistens ist auch das gewählte Konzept nicht die Ursache für Mißerfolg (wie *Zentes* am Beispiel einer Untersuchung über weiche und harte Flopfaktoren zeigt). Falsche Marktbearbeitung, fehlende Kundenorientierung, Führungs- und Personalmanagementfehler führen die Hitliste der (zugegebenen) Flops an. Gefragt ist also der „konzeptionelle Macher", der es versteht, robuste erste Lösungen (Prototyping-Ansatz) rasch zu implementieren und diese unter laufendem Betrieb dann weiter zu optimieren. Die Mobilisierung und Vernetzung des Mitarbeiter-Know-hows ist dafür ein kritischer Erfolgsfaktor, und nicht nur deshalb ist die Sozialkompetenz der Führungskräfte der kritische Engpaßfaktor im Implementierungsprozeß. Liegt hier ein entscheidendes Erfolgspotential europäischer Unternehmensführung?

Nur – so die zentrale Schlußfolgerung von *Scholz* – wenn endlich unternehmensintern ernsthaft eine Umsetzung von eurostrategischer Personal- und Organisationsentwicklung beginnt. Die wünschenswerte Komplementarität von soziopolitischen Trends der europäischen Integration und ihrer Umsetzung in personelle und organisatorische Maßnahmen in den Unternehmen unterliegt keineswegs einem Automatismus, sondern erfordert eine Reihe von schwierigen Abwägungen und Entscheidungen.

- Soll das Unternehmen sich den landesspezifischen Unterschieden und damit den Werten der Mitarbeiter nur anpassen?
- Soll es nur Regeln für den Umgang mit Unterschieden festlegen oder aktiv eine Kulturtransferstrategie betreiben?
- Wenn ja: Soll die Kultur des „Stammlandes" transferiert, ein Modell der friedlichen Koexistenz verschiedener Landeskulturen angestrebt (denen sich dann die Mitarbeiter einer Landesorganisation gleich welcher Nationalität anzupassen haben) oder eine „Mischkultur" entwickelt werden?

In jedem Fall sieht sich die Personal- wie Organisationsentwicklung vor unterschiedliche Schwerpunkte und Aufgaben gestellt, und es bestehen begründete Zweifel, ob hier nicht statt eines professionellen Entscheidungs- und Umsetzungsprozesses ein sehr diffuses „muddling-through" weitgehend die Praxis in den Unternehmen prägt.

Noch schwieriger wird es, wenn man – in dynamischer Perspektive – fragt, wohin denn der europäische Integrationsprozeß führen wird: eher hin zu einer Kulturkonvergenz, oder bleiben – unabhängig von oberflächlichen Anpassungen – große, eventuell sogar noch zunehmende Kulturdivergenzen. Die Diskussion darüber zeigt – offenbar je nach der zeitweiligen Europaeuphorie oder -skepsis – unterschiedliche Trends.

Eher unseren Erfahrungen und Beobachtungen entspricht das Konzept des „Kulturkorridors", das *Scholz* – keineswegs nur als Kompromiß – anbietet: Ausgehend von einer Basismenge gemeinsamer Grundannahmen zwischen verschiedenen Kulturen läßt sich aufgrund von Interpretationsspielräumen die Menge gemeinsamer Werte, Normen und Standards festlegen, was auf der sichtbaren

Ebene der Artefakte und Symbole zu einer relativ großen Menge an Übereinstimmung führt. Somit bleiben Unterschiede, aber ihre Bandbreite wird abschätzbarer, so daß sich die Unternehmensführung wie die Personalarbeit daran orientieren können. Ziel der Personal- und Organisationsentwicklung ist dann nicht die Schaffung eines „uniformen" Euro-Managers, sondern eher die Entwicklung einer Führungskraft, die die Kernkompetenzen des Unternehmens beherrscht und repräsentiert, die Fähigkeit hat, sich im Kulturkorridor zu bewegen und zu operieren, aber in die Euro-Region seiner Arbeitsaufgabe auch „eintauchen" kann (regionaler Fit). Dieses Anforderungsprofil erklärt, warum *Zentes* und *Scholz* übereinstimmend die hohe Bedeutung der Sozialkompetenz im Anforderungsprofil der Manager betonen. Fähigkeiten wie Flexibilität, Umgang mit Ambiguität und Komplexität, ohne die Ziele aus den Augen zu verlieren, sind um vieles schwerer zu erlernen als Fachwissen. Vor allem geht es nicht um ein „entweder – oder", sondern um die möglichst optimale Kombination von Fach-, Führungs- und interkulturellen Sozialkompetenzen. Dies gilt nicht nur für die einzelne Person, sondern auch für die Zusammenstellung von Teams, Projektgruppen etc., denn zwischen den geforderten Fähigkeiten und der Unternehmensorganisation besteht ja bekanntlich nicht nur ein enger Zusammenhang, sondern auch der stärkste Ausdruck von Kulturprägung.

Was für die interne Perspektive (Personal und Organisation) gilt, trifft auch für die außengerichtete Perspektive (Marketing und Vertrieb) zu: Es reicht nicht aus, nur das Prädikat „europäisch" voranzustellen und ansonsten „business as usual" zu betreiben. *Azimont/Seidel* leiten die veränderten, neuen Anforderungen aus einem historischen Rückblick ab, wie Märkte entstanden sind und welche Business-Systeme sich korrespondierend dazu entwickelt haben. Das „mass-marketing" wurde in den USA möglich, als eine egalitäre, fast traditionslose Pionierkultur mit dem Ausbau des Eisenbahn- und Telegrafennetzes zusammentraf. Auch wenn sich das „mass-" zum „micro-marketing" entwickelt hat – mit verschiedenen Segmentierungsstufen dazwischen –, so sind doch noch die politischen, ökonomischen und kulturellen Prägungen aus der Phase der Marktentstehung erkennbar, ebenso wie der historische Rückblick lehrt, daß sich Phasen außerordentlicher Dynamik und Innovationstätigkeit mit Zeiten ruhigerer Entwicklung abgelöst haben. Europäische Märkte haben dagegen nie diese Homogenität aufgewiesen, auch nicht in einem Lande, weil sich die sozialen Unterschiede stärker in Konsummustern widerspiegelten und auch in einem Nationalstaat historisch gewachsene regionale Differenzierungen blieben, die sich erst jetzt einebnen.

Der Prozeß des Zusammenwachsens Europas ist dagegen ohne historisches Beispiel, auch wenn dies die Europäer selbst über das tägliche politische Gezanke in Brüssel oft nicht sehen. Aber gerade deswegen kann nicht davon ausgegangen werden, daß das Zusammenwachsen der Märkte harmonisch erfolgt, denn hier treffen reife Märkte und historisch ausgeprägte Business-Systeme aufeinander. Damit nimmt der Wettbewerb rasch Züge einer Systemkonkurrenz an. Ein typisches Beispiel ist der Handel in Südeuropa, wo die noch dominierenden traditionellen Handelssysteme rapide von Großbetriebsformen verdrängt werden. Aber auch diese sind zu einem „Elefantenrennen" gegeneinander angetreten. Durch den enormen Wettbewerbsdruck benötigen und schaffen die Ketten den europäischen Markt, gehen darüber hinaus in außereuropäische Regionen und forcieren damit – zunächst – eine Standardisierung des Sortiments, was zur „Uniformierung der europäischen Verbraucher" und ihres Verhaltens beiträgt.

Die unbekannte Größe in diesem risikoreichen Spiel ist – wie immer – der Kunde. Der „Eurokonsument" ist ein notwendiges Konstrukt, aber auch eine Fiktion. Nationale Orientierungen sind im Konsum immer klar erkennbar, aber – nicht überraschend – die Gemeinsamkeiten zwischen Regionen in verschiedenen Ländern (etwa den traditionellen Montanregionen) sind oft größer als deren Affinität zum nationalen Durchschnitt. Deshalb sind die Europäisierungsstrategien im Handel nicht immer vom Erfolg gekrönt, teilweise wird in bestehenden Sortimenten die regionale Differenzierung wieder stärker (eine Kaffeeaktion macht eben in friesischen Teehochburgen wenig Sinn ...). Dies zehrt natürlich an den Größenvorteilen und verkompliziert die Distributionslogistik erheblich. In diesem Knäuel von Vereinheitlichungstendenzen einerseits und fortbestehenden oder durch den sozialen Wandel neu entstehenden Verschiedenheiten erhält das marktschaffende Angebotsmarketing einen höheren Stellenwert als das marktabschöpfende Nachfragemarketing. Zu deutsch: Die Unternehmen müssen sich etwas einfallen lassen, um die hohen, zum Teil konfliktären Ansprüche der Kunden (hohe Qualität und Convenience vs. niedriger Preis, Hedonismus vs. Umweltbewußtsein) im Wettbewerb der (Handels-)Systeme zu erfüllen, was sehr schnell die Frage aufwirft, ob der bisherige Kampf zwischen Industrie und Handel um die Macht im Vertriebskanal nicht zugunsten einer Kooperation aufgegeben werden sollte. Dies führt zurück zum Thema der Prozeßoptimierung über die gesamte und nicht nur den unternehmensbezogenen Teil der Wertschöpfungskette und zu den Kompetenzen, die einzelne Partner dazu spezifisch einbringen können, um

Zukunftsmärkte und -technologien zu gestalten, die für ein Europa auf dem Weltmarkt wettbewerbs- und verteidigungsfähig sind. Denn um diese Fähigkeiten wird es gehen, wenn über Europas Zukunft in der globalen Wirtschaft entschieden wird.

Bisher – so die Analyse von *Gerybadze* – wurde der Fokus in Europa zu ausgiebig auf tradierte Formen der Effizienzsteigerung gerichtet und war – gerade in der öffentlichen Forschungs- und Technologieförderung – zu sehr daran interessiert, „Lücken" gegenüber den USA und Japan zu schließen. Nicht daß dies per se unsinnig wäre, aber wenn Europa seine Wachstumsschwäche und die damit verbundenen hohen Arbeitslosenzahlen überwinden will, muß der Schwerpunkt mehr auf Industrie und Dienstleistungsbereiche mit hoher Wachstumsdynamik und zum Teil revolutionären Technologien gelegt werden.

Diese Bereiche existieren in Europa durchaus: etwa Gesundheit, Werkstoffe, Verkehr, Umwelt oder Teile der Informationstechnologien. Aber es sind ganz andere Arenen als die traditionellen Märkte, in denen sich europäische Unternehmen behaupten müssen. Es gilt zu identifizieren:

- Wo sind in Europa lead-Märkte für Innovationen?
- Welche Erfolgsfaktoren und kritischen Leistungsbereiche sind von der Angebots- und Nachfrageseite wo vorhanden oder können am raschesten entwickelt werden?
- Wie können standortverteilte Kompetenzen zu global wettbewerbsfähigen Leistungsverbünden in Europa aufgebaut und gehalten werden?

Die europäische Fähigkeit, mit Diversität umzugehen, erleichtert es dabei, Netzwerke und strategische Allianzen zu bilden und Kompetenzzentren zu Leistungsverbünden zusammenzuführen. Aber erst aus der Interaktion der folgenden Faktoren ergibt sich eine „Innovationsspirale nach oben", die ökonomisch tragfähig ist:

- Größe und Differenzierungsgrad von Märkten (im ersteren haben die USA, im zweiten Europa einen Vorteil) mit
- förderliche Regulierungsprozesse für Innovationen (was in Europa sicher nicht immer erfüllt ist) und eine komplementäre Infrastruktur,
- eine hochkompetente F&E-Landschaft und Ausbildungssysteme und
- leistungsfähige Zuliefer- und Produktionssysteme.

Dann kann es gelingen, bei den wirklich neuen Produkten und Dienstleistungen das dominante Design zu prägen, auf den lead-Märkten zu erproben, rasch zu optimieren und dieses Know-how weltweit auf Sekundäranwendungsmärkte zu übertragen. Eine solche rapide Innovationsstrategie ist vergleichbar mit manchen Sportarten: Man bekommt die Herausforderung nicht geboten, man muß sie bewußt suchen und die Risiken kennen. Aber ohne eine hinreichende Europäisierung der Kompetenzen für Zukunftsmärkte und neue Geschäftsprozesse wird Europa zum großen Sekundäranwendungsmarkt, was, schlicht gesprochen, die ökonomische wie politische Zweitklassigkeit bedeutet.

4 Fazit und Perspektiven: Gibt es das Potential einer erfolgreichen Europäischen Unternehmensführung für die Zukunft?

Die Antwort auf diese Frage ist – wen wundert es? – auch bei den hier vertretenen Autoren nicht einheitlich. Mit vernünftigen Argumenten kann eine Reihe verschiedener, aber begründeter Ansichten vorgetragen werden. Aber drei Kriterien sind vielleicht doch als vorläufige Antwort aus diesen Diskussionen zu „destillieren".

Zunächst und vornehmlich wird die Frage einer europäischen Unternehmensführung davon abhängen, wie es mit Europa allgemein politisch wie ökonomisch weitergeht. Dabei ist ein best-case-Szenario auszuschließen: Alle Beteiligten vergessen ihre Historie und nationalen Interessen und bauen ganz rational ein „Super-Europa". Auch ein worst-case-Szenario ist hoffentlich auszuschließen: ein Rückfall in alte Nationalstaatlichkeit mit massivem Protektionismus. Zwischen diesen Extrempunkten läßt sich ein ganzes Bündel möglicher Entwicklungslinien mit unterschiedlichsten Realisierungsgeschwindigkeiten denken.

Zwei Varianten seien herausgegriffen: In der ersten Variante führt die Ost- und Süderweiterung der EU zu einer Differenzierung des europäischen Einigungsprozesses (in Expertenkreisen unter dem Stichwort „variable Geometrie" diskutiert). Ein „Kerneuropa", das sicher Frankreich, die Benelux-Staaten und Deutschland sowie Österreich umfaßt, würde nicht nur eine Währungsunion bilden, sondern auch die weitere politische Integration vorantreiben. Dies würde langfristig zur Angleichung von Rechts- und Sozialsystemen sowie zu einer neuen kulturellen Identität führen, die die alten Nationalkulturen überlagert, aber nicht verdrängt. In diesem Szenario würden sich auch starke Gemeinsamkeiten in der Unternehmensführung herausbilden, die nicht nur auf den harmonisierten Rahmenbedingungen beruhen, sondern auch auf den intensiven Interaktionen und Kooperationen zwischen den Unternehmen in diesem Raum und den sich dadurch herausbildenden Kulturmerkmalen. Gerade Grenzregionen könnten sich dabei als die neuen Kulturträger entwickeln.

In einer anderen Variante stagniert die europäische Einigung, weil die Erweiterung auf etwa 25 Mitglieder die Interessen so heterogen gemacht hat, daß der Schwerpunkt der politischen Aktivitäten nur darin besteht, die Neumitglieder an den Binnenmarkt heranzuführen. Zugleich schlägt der Globalisierungsdruck von erfolgreichen Nationen – USA wie asiatische Länder – auch längerfristig auf die europäischen Nationen durch. Kurz: Globalisierung, nicht die europäische Einigung, dominiert das Schicksal der Unternehmen. In diesem Fall wäre es unwahrscheinlich, daß sich eine identifizierbare europäische Unternehmensführung herausbildete. Vermutlich gäbe es einen globalen „Investor-Kapitalismus" mit geringfügigen nationalen Färbungen. Die dominante Ökonomie gäbe die Spielregeln vor, an die sich auch die Unternehmen mit dem historisch zufälligen Sitz in Europa anpassen müßten. Die nationalen Rahmenbedingungen verlören weiter an Bedeutung und würden auch nicht durch ein europäisches „Haus" ersetzt.

Das zweite Kriterium bildet die europäische Sozialdimension, sicher (zumindest in Kontinentaleuropa) das wichtigste Unterscheidungsmerkmal etwa zu den USA oder dem ganz anderen japanischen Modell der Unternehmensführung. Auch hier sind wieder zwischen Extrempunkten „Kapitalismus pur" und Status quo verschiedene Varianten denkbar. Im besseren Fall gewännen die Werte, die das europäische Sozialmodell geprägt haben, wieder an Attraktivität. Es gelänge, die kulturellen europäischen Werte von „Freiheit, Gleichheit, Brüderlichkeit" (in ihrer heutigen Interpretation) kreativ mit innovativen Modellen der sozialen Sicherung, der Arbeitsorganisation, der Konsensbildung usw. zu verknüpfen. Im Ergebnis würde so über Modernisierungskoalitionen ein rasches Produktivitätswachstum erreicht und die zur Zeit zahllosen Barrieren im Dienstleistungssektor beseitigt. Bei sinkender Arbeitslosigkeit wird wieder eine bessere Balance zwischen Wettbewerbsfähigkeit und sozialer Absicherung, Strukturwandel und Anpassungen in der Qualifikationsstruktur, Arbeitszufriedenheit und Effizienz gefunden. Dies würde – wieder – auf andere Länder ausstrahlen.

Im schlechteren Fall würden die traditionellen Strukturen (nicht Werte!) verteidigt, und nur wenn es unter dem ökonomischen Druck unvermeidbar würde, erfolgte eine Anpassung des Status quo. Die zahlreichen rigiden binnenprotektionistischen Barrieren würden jedoch die Entstehung neuer Strukturen, Arbeitsplätze und Sozialmodelle verhindern. Da jeder versuchte, seinen Besitzstand zu wahren, wäre die Gesellschaft erstarrt und bürokratisiert. Europa würde zum „kranken Mann" der Weltwirtschaft, eine Rolle, wie sie Großbritannien Ende der 70er Jahre spielte ...

Im letzteren Fall dürfte sich kein Modell einer europäischen Unternehmensführung entwickeln, das attraktiv und konkurrenzfähig gegenüber anderen wäre. Eher würden die Unternehmen sich in andere Länder flüchten, um ihr Überleben zu sichern. Sie würden sich eher diesen Kulturen anpassen und auch für deren interne Verbreitung sorgen. Umgekehrt könnte ein re-vitalisiertes, neues Sozialmodell auch gerade für die hohen Wertschöpfungen der technologischen Erstanwendungsinnovationen attraktiv sein, weil es dem Lebensgefühl von Hochqualifizierten eher entsprechen könnte. Ein als europäisch bezeichneter Stil der Unternehmensführung wäre dann ein „Starperformer" im Wettbewerb der unterschiedlichen (Unternehmens-)Kulturen. Wahrscheinlich wäre sie – im Gegensatz zum „Investor"-Modell – mehr manager- als mitarbeiterzentriert und eher auf Balancierung verschiedener Kunden- wie Gesellschaftsansprüche orientiert.

Ein drittes Kriterium ist der Umgang mit Diversität. Ein unbestrittener Vorteil der Europäer liegt in der historisch tradierten Fähigkeit, mit Diversität umzugehen. Während, pointiert formuliert, Japaner als kulturell homogene Inselnation damit Schwierigkeiten haben – ein ernsthaftes Hemmnis in der Globalisierung vieler japanischer Unternehmen –, tendieren Amerikaner dazu, Diversität zu homogenisieren, was der Grundidee des „melting pot" entspricht, ohne die es in den USA auch nie zur Entwicklung einer Nation gekommen wäre. Führt man sich aber vor Augen, welche die künftigen Anforderungen auf hochdynamischen, technologieintensiven, aber kulturell noch immer diversifizierten Märkten sind, so wird es darauf ankommen, Diversität zu integrieren. Oder, mehr bildlich gesprochen: Aus der kulturellen Addition muß eine Multiplikation (neudeutsch: leverage) der kulturellen Fähigkeiten werden, so daß die Gesamtkompetenz und Entwicklungsfähigkeit einer Organisation zur Hochleistungsform gesteigert wird; einige der Anforderungen dafür werden insbesondere in den Beiträgen von *Scholz* und *Gerybadze* beschrieben.

Dies gilt jedenfalls unter der plausiblen Voraussetzung, daß das künftige globale Dorf nicht eine homogene „McWorld" ist, sondern ein pluralistisches und dynamisches Gebilde aus verschiedensten auch konfliktären Werten, Lebensstilen und Verhaltensweisen, jener eigentümlichen Mischung globaler und lokaler Kulturelemente, die Märkte und Konsummuster wie Führungsstile prägen („glocal") und wo manche Elemente dominanter sind als andere, so daß nur ein Reichtum an Verhaltensweisen (was mehr ist als Flexibilität) und eine Sensibilität für die jeweils einzigartige Kombination der Kulturelemente eine hinreichende Sicherheit bietet, im konkreten Fall angemessen zu entscheiden, zu reagieren oder zu verhandeln.

Teil A
Rahmenbedingungen, Trends und Querschnittfragen

Kapitel 2
Über die These von der Erosion des Nationalstaates

von *Gregor Walter* und *Michael Zürn*

1 Einleitung

„Schneller, als wir gedacht haben, wird sich erweisen, daß der traditionelle Nationalstaat überholt ist." Eine überraschend deutliche Formulierung, wenn man bedenkt, daß sie nicht der sozialwissenschaftlichen Debatte entstammt, die in den letzten Jahren um den Begriff der „Globalisierung" entstanden ist, sondern daß *Edzard Schmidt-Jortzig* – immerhin Justizminister eines großen Nationalstaates – diesen Ausdruck im Kontext eines Interviews zur Entwicklung und Kontrolle des Computer-Kommunikationsnetzes „Internet" gebrauchte (Der Spiegel, Nr. 11/1996, S. 104). Diese These von der Erosion des Nationalstaates ist allerdings keineswegs unumstritten. Einige Autoren halten die Rede von der Globalisierung für einen Modetrend und verweisen darauf, daß die weltwirtschaftlichen Interdependenzen vor dem Ersten Weltkrieg genauso ausgeprägt waren und die Konsolidierung des Nationalstaates als dominante politische Organisationsform seitdem vorangeschritten ist (vgl. v.a. *Krasner* 1994, *Thomson, Krasner* 1989). Andere hingegen machen die Globalisierung für alle politischen Übel unserer Zeit verantwortlich und sehen im Staat kaum mehr als ein Vollzugsorgan weltwirtschaftlicher Imperative. Es wird argumentiert, daß Globalisierung die Regierungsfähigkeit des Staates unterhöhlt und mithin sowohl die demokratischen als auch die sozialpolitischen Grundfesten des modernen Staates westlicher Prägung zerstört (vgl. u.a. *Narr, Schubert* 1994, *Hirsch* 1995) und damit auch das internationale System grundlegend verändert (vgl. u.a. *Camilleri, Falk* 1992 und *Rosenau* 1990).

Im folgenden wird argumentiert, daß gesellschaftliche Denationalisierungsprozesse (ein Begriff, der die realen Verhältnisse besser beschreibt als der Begriff der Globalisierung) einerseits tatsächlich einen ernstzunehmenden Angriff auf die grundlegenden Funktionen des demokratischen Wohlfahrtsstaates darstellen, andererseits aber die Adaptionsfähigkeit politischer Steuerungsmechanismen im allgemeinen und des Nationalstaates im besonderen nicht unterschätzt werden darf. Im Ergebnis läßt sich angemessenerweise von einer Transformation der Staatlichkeit sprechen, keinesfalls aber von ihrer ersatzlosen Erosion. Was die Implikationen der entstehenden politischen Mehrebenenordnung letztlich sein werden, läßt sich heute jedoch in seriöser Weise noch kaum abschätzen.

Zum Zwecke dieser Argumentation werden wir im nächsten Abschnitt den Begriff der Globalisierung genauer fassen und das damit verbundene Grundproblem sowie Ausmaß und Intensität der empirischen Prozesse skizzieren. Danach wird aufgezeigt, worin die spezifischen Probleme entsprechender Entwicklungen für staatliches Handeln liegen. Schließlich sollen die politischen Arrangements diskutiert werden, die vor dem Hintergrund der Problemlagen erwachsen und im Ergebnis zu einer Transformation der Staatlichkeit führen.

2 Gesellschaftliche Denationalisierung als Herausforderung des Nationalstaates

2.1 Der Prozeß der Denationalisierung

Es läßt sich grundsätzlich formulieren, daß die Effektivität politischer Regelungen generell von der Erfüllung der sogenannten **Kongruenzbedingung** abhängt. Schon die Dreielementenlehre des Völkerrechts geht bei den Definitionselementen „Volk", „Gebiet" und „Staatsgewalt" davon aus, daß diese in einem entsprechenden Zusammengehörigkeitsverhältnis stehen müssen, damit von einem Staat überhaupt gesprochen werden kann. Nach dieser Vorstellung erstreckt sich die Staatsgewalt dabei auf das Gebiet bzw. auf das in diesem Gebiet lebende Volk. Daran anknüpfend kann man formulieren, daß der Raum, in dem sich gesellschaftliche Austauschbeziehungen verdichtet haben – das Staatsgebiet oder Regionen innerhalb eines Staatsgebietes – nicht viel größer sein darf als der, der durch politische Regelungen – durch die Staatsgewalt – erfaßt wird. Falls diese Bedingung nicht zutrifft, geht eine unabdingbare Voraussetzung der Steuerungsfähigkeit und Legitimation eines Staates verloren. Allgemeiner formuliert: Nur wenn der Kreis der Regelungsadressaten einigermaßen mit dem Raum des zu regelnden Handlungszusammenhangs übereinstimmt, kann eine Regelung effektiv sein, d.h. zur Zielerreichung beitragen. In dem Maße nun, in dem sich die Gebiete gesellschaftlicher Austauschbeziehungen über das Gebiet des Nationalstaates hinaus ausdehnen, entsteht das Problem der Inkongruenz des Gebietes gesellschaftlicher Interaktion und der Reichweite nationalstaatlicher Regelungen. Als Folge ergibt sich eine Schwächung staatlicher Steuerungsfähigkeit sowie das Problem der Legitimation von Politiken, an deren Formulierung manche Betroffene keinerlei Mitwirkungsmöglichkeit haben.

Damit die Kongruenzbedingung nationalstaatlichen Regierens verletzt und mithin das von uns konstatierte Ausgangsproblem hervorgerufen wird, muß nicht notwendigerweise eine Globalisierung der verdichteten Handlungszusammenhänge stattfinden. In der Tat ist vieles, was in der Literatur als Globalisierungsphänomen bezeichnet wird, zunächst nur eine Intensivierung der Austauschbeziehungen innerhalb der OECD-Welt, wie z.B. ein Blick auf die Direktinvestitionsströme deutlich zeigt. Direktinvestitionsflüsse können zwar potentiell echte Globalität erlangen, sie sind aber realiter noch weit davon entfernt, den gesamten Erdball in einer vergleichbaren Dichte zu erfassen. Sie sind noch stärker auf die drei großen Wirtschaftsmächte – die USA, die EU und Japan – konzentriert, als es der Welthandel schon ist (vgl. *Hirst, Thompson* 1996, S. 68–69). Eine hohe Kapitalmobilität ist aber auch dann für die politische Steuerung eines Wohlfahrtsstaates ein Problem, wenn das Kapital de facto nur eine begrenzte Auswahl an internationalen Standorten hat, die sich im wesentlichen innerhalb und an den Rändern der OECD-Welt befinden. Das Grundproblem der Auflösung der Kongurenzbedingung wird also bereits durch die **Denationalisierung von gesellschaftlichen Handlungszusammenhängen** hervorgerufen und erfordert nicht deren tatsächliche Globalisierung.

2.2 Ausmaß und Umfang der Denationalisierung

Die im folgenden kurz skizzierten empirischen Befunde basieren auf einer umfangreichen Datenerhebung im Rahmen eines Forschungsprojektes zur Denationalisierung (vgl. *Beisheim* et al. 1996), das sich vor allem mit den Ländern der G-7 beschäftigte. Die Daten erlauben es, ein differenziertes Bild der tatsächlichen Entwicklung zu zeichnen.

Im Wirtschaftsbereich ist die Diskussion von Globalisierungs- bzw. Denationalisierungsphänomenen sicherlich am prominentesten. Gesellschaftliche Denationalisierung kann hier zunächst bedeuten, daß Güter, Dienstleistungen und Kapital zunehmend grenzüberschreitend ausgetauscht werden. In der Tat weist die Entwicklung der Handelsströme ein dauerhaftes Wachstum auf, das in den siebziger und achtziger Jahren besonders intensiv war. Ebenso läßt sich auch ein Bedeutungszuwachs des internationalen Kapitalverkehrs überwiegend für die achtziger Jahre konstatieren.

Über solche Austauschphänomene hinaus ist zu berücksichtigen, daß Güter z.T. nicht mehr „national" hergestellt und dann „international" gehandelt werden, sondern bereits bei der Produktion transnationale Ketten durchlaufen und somit „grenzüberschreitend" hergestellt werden. Deutlich wird das an dem seit den 70er Jahren deutlich steigenden Anteil der importierten Halbfertigwaren. Aber nicht nur die Produkte, auch die Unternehmen weisen zunehmend Denationalisierungstendenzen auf. So erlebten sowohl die Direktinvestitionen als auch die Entwicklung strategischer Allianzen – die Verquickung transnationaler Unternehmen untereinander – einen deutlichen Schub ab der zweiten Hälfte der 80er Jahre.

Ähnlich gelagert ist auch die Entwicklung der Finanzmärkte, die sich in einem atemberaubenden Tempo globalisiert haben und längst der staatlichen Kontrolle entglitten sind. Abb. 2.1 illustriert diesen Prozeß anhand der Entwicklung des Marktvolumens der geographisch kaum mehr eindeutig lokalisierbaren Eurogeldmärkte.

Insgesamt läßt sich festhalten, daß kontinuierliche Wachstumsraten beim Handel seit Mitte der 80er Jahre von einem Schub in den Bereichen Direktinvestitionen, strategische Allianzen und globale Finanzmärkte begleitet werden.

Noch in den 70er Jahren dieses Jahrhunderts ist Umweltverschmutzung als lokales oder in seltenen Fällen als Problem zwischen höchstens zwei oder drei Anrainerstaaten angesehen worden. Die Luftverschmutzung, die Verschmutzung einiger größerer Seen und die Flußverschmutzung standen damals im Mittelpunkt der Umweltpoli-

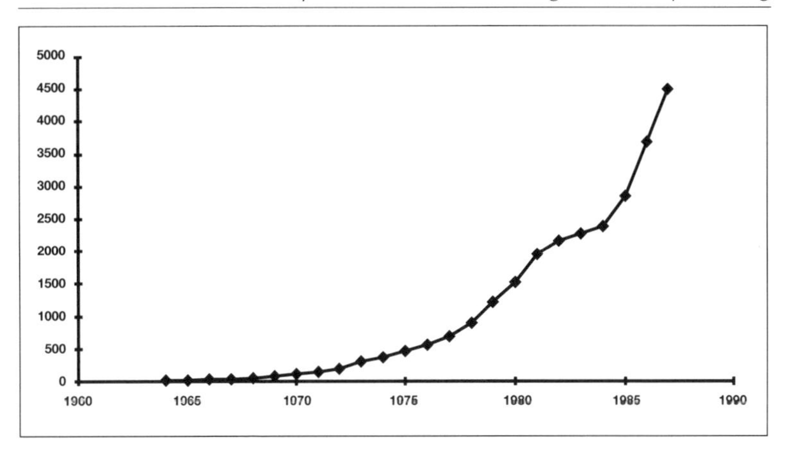

Abb. 2.1: Entwicklung des Marktvolumens der Eurogeldmärkte (Angaben in Milliarden US-Dollar)

tik. Entsprechend läßt sich hinsichtlich grenzüberschreitender Schadstoffe in Luft und Wasser ein Wachstumstrend nur bis zum Ende der 70er Jahre feststellen. Nachdem inzwischen einige dieser Umweltprobleme gelindert werden konnten, sind heute die wichtigen umweltpolitischen Probleme durchweg globaler Natur: Sowohl der anthropogene Klimawandel als auch die Zerstörung der stratosphärischen Ozonschicht sind Umweltprobleme, die erst ab Mitte der 80er Jahre auf die Tagesordnung der Politik kamen. Dabei zeichnen sich beide Phänomene ähnlich wie die „grenzüberschreitende Produktion" im Wirtschaftsbereich dadurch aus, daß sie ihre Entstehung keinem Austausch verdanken, sondern von nahezu allen Staaten der Erde gemeinsam hervorgerufen werden. Ein Blick auf Abb. 2.2 macht deutlich, daß sich die atmosphärische Konzentration der chemischen Substanzen, die für die Entstehung dieser Probleme hauptsächlich verantwortlich sind (CO_2 bzw. FCKWs), seit den 60er bzw. 70er Jahren kontinuierlich erhöht hat und daß es bis heute nicht gelungen ist, zu einer Umkehrung der Entwicklung zu gelangen.

Im Kommunikationsbereich ist seit dem Ende des Zweiten Weltkrieges bei Post- und Telefonverkehr ein kontinuierliches Wachstum der internationalen Informationsströme zu beobachten. Dabei fällt dieses Wachstum so deutlich aus, daß sich auch der Anteil der internationalen an der gesamten Kommunikation permanent erhöht hat. In den 80er Jahren führte die Entwicklung der neuen Informations- und Kommunikationstechnologien zu einem weiteren Wachstum der transnationalen Kommunikation. Dies schlug sich zunächst in einer

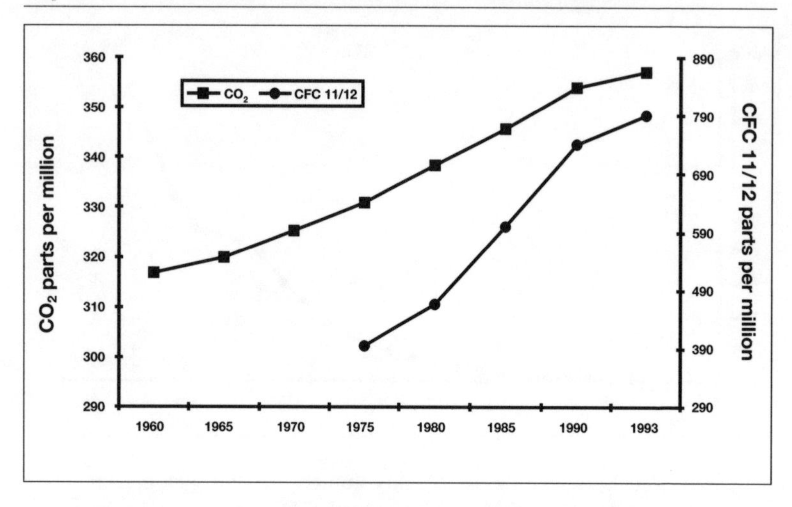

Abb. 2.2: Entwicklung des Kohlendioxid (CO_2)- und FCKW (CFC)-Gehalts der Atmosphäre

Beschleunigung sowohl des absoluten als auch des relativen Wachstums der internationalen Telekommunikation nieder. Seit Beginn der 90er Jahre kommt in Form der elektronischen Netzwerke in diesem Bereich aber eine wahrhaft schubartige Entwicklung hinzu. Computer, mit denen über das internationale Computer-Kommunikationsnetz „Internet" inzwischen vermutlich 60 bis 90 Millionen Teilnehmer rund um den Globus in Sekundenschnelle kommunizieren bzw. Daten abrufen können, sind an den meisten Universitäten bereits eine Selbstverständlichkeit und gewinnen immer mehr Verbreitung im privaten und kommerziellen Bereich. Abb. 2.3 illustriert diese exponentielle Entwicklung des „Internet" in den 90er Jahren. Dabei darf nicht übersehen werden, daß zur Schätzung der Zahl der Nutzer des Netzes die Anzahl der sogenannten „Hosts" – der Rechner mit quasi eigener „Hausnummer" im Netz – üblicherweise mit einem Wert zwischen 7 und 10 multipliziert wird. Neben der Entwicklung der Computernetzwerke sind auch die Einführung grenzüberschreitend empfangbarer Satellitenprogramme und die Etablierung quasi globaler Fernsehkanäle wie „CNN" weitere Manifestationen der sprunghaften Entwicklung der transnationalen Kommunikationsmöglichkeiten.

Die Entwicklung der permanenten Zuwanderung erfährt in den 60er und 80er Jahren ein beschleunigtes Wachstum, wobei beispielsweise in Deutschland der jüngste Zuwachs der Arbeitsmigration noch nicht

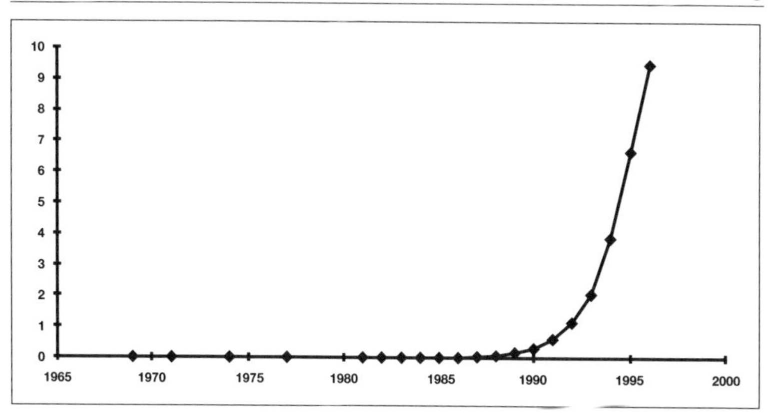

Abb. 2.3: Entwicklung der Anzahl der Internet-Hosts weltweit (Angaben in Millionen)

das Ausmaß der 60er Jahre erreicht hat. Die temporäre Migration von Flüchtlingen wuchs gegen Ende der achtziger Jahre, als in den Ländern der G-7 die Zahl der Asylanträge und der aufgenommenen Flüchtlinge schubartig zunahm. Wie Abb. 2.4 illustriert, macht sich damit die weltweite Flüchtlingsexplosion seit Mitte der 70er Jahre in zunehmenden Maße auch in den Ländern der OECD bemerkbar. Zwar ist zu konzedieren, daß sich die Industrienationen mit entsprechend restriktiven Politiken gegen Flüchtlinge abschotten können. Es ist allerdings zu fragen, wie lange und zu welchen Kosten dies möglich sein wird.

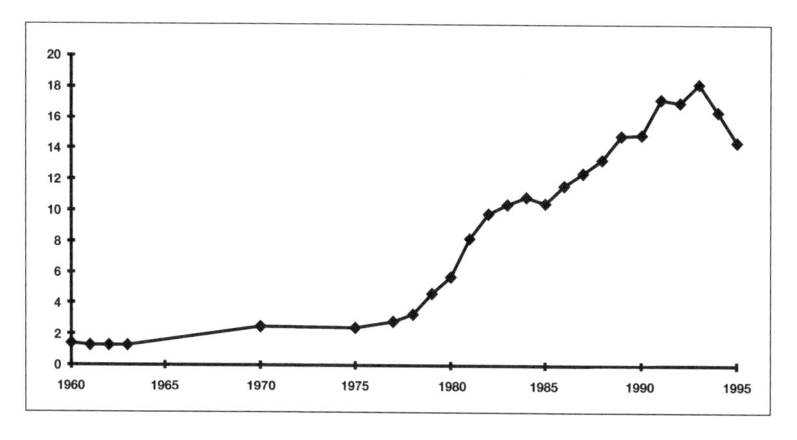

Abb. 2.4: Entwicklung der weltweiten Zahl der Flüchtlinge (Angaben in Millionen)

In der Summe ergibt sich ein Bild, wonach viele internationale Austauschströme seit dem Ende des Zweiten Weltkriegs kontinuierlich angewachsen sind, wobei sich dieses Wachstum in den 70er Jahren beschleunigt hat. Während diese Wachstumsraten ab Mitte der 80er abflachten, sind in fast allen Sachbereichen ab Mitte der 80er Jahre neue und besonders intensive Denationalisierungstendenzen aufgetreten. Unterhalb des Aggregationsniveaus der Sachbereiche lassen sich dabei bei einigen Phänomenen besonders starke Denationalisierungstendenzen ausmachen. Zu nennen sind insbesondere die globalen Umweltveränderungen, die globalen Finanzmärkte und die Direktinvestitionen sowie die Entwicklung des Datenverkehrs über elektronische Netzwerke. Die Herausforderung der gesellschaftlichen Denationalisierung zu Ende des 20. Jahrhunderts ist zweifelsohne von noch nie dagewesener Quantität und von neuer Qualität. Sie unterscheidet sich von der sehr hohen Interdependenz, die vorwiegend im Bereich des Handels vor dem Ersten Weltkrieg bestand, insbesondere durch die Breite der von ihr betroffenen Sachbereiche und durch den Umstand, daß bestimmte Phänomene oder Objekte der Denationalisierung nicht mehr zwischen den Akteuren ausgetauscht, sondern – wie einige der o.g. Phänomene – von ihnen gemeinsam hervorgerufen bzw. grenzüberschreitend produziert werden.

3 Die Konsequenzen der Denationalisierung

Politik kann als das Geschäft des Regierens aufgefaßt werden, also als die Regelung problematischer gesellschaftlicher Beziehungen und der ihnen zugrundeliegenden Konfliktlagen mittels verläßlicher und dauerhafter Institutionen im günstigsten Fall bzw. mittels unvermittelter Gewalt- und Machtanwendung im ungünstigsten Fall. Problematisch sind gesellschaftliche Beziehungen immer dann, wenn das unkoordinierte, nur auf kurzfristigen Eigeninteressen beruhende Handeln der Akteure dazu führen kann, daß am Ende Ergebnisse stehen, die von keinem der Beteiligten gewünscht werden. Normalerweise ist das Regieren die Aufgabe des Staates. Der Staat soll dabei die gesellschaftlichen Beziehungen in einem Land nach Möglichkeit so regeln, daß erstens äußere und innere Sicherheit gegeben sind (**Sicherheitsfunktion**), daß zweitens andere Gemeinschaftsgüter wie etwa eine einheitliche Währung oder ein standardisiertes Ausbildungssystem bereitgestellt werden, um ein effizientes, wohlfahrtserzeugendes Wirtschaften zu ermöglichen (**Effizienzfunktion**), daß drittens die gesellschaftlichen Ungleichheiten kein gemeinschaftssprengendes Ausmaß annehmen (**Redistributionsfunktion**), und daß schließlich viertens die Verfahren, mittels derer Politiken formuliert werden, so organisiert sind, daß sie für die Betroffenen zustimmungsfähig sind (**Legitimationsfunktion**).

Der demokratische Verfassungsstaat westlicher Prägung war seit dem Ende des Zweiten Weltkriegs im großen und ganzen in der Lage, diese Sicherheits-, Effizienz-, Redistributions- und Legitimationsfunktionen zu erfüllen. Es gab zwischen 1945 und 1989 kaum Kriegserfahrungen innerhalb der OECD-Welt, die innere Ordnung galt als gesichert, und es gab ein langanhaltendes und zu ungekannter Prosperität führendes Wirtschaftswachstum, von dem unmittelbar oder mittelbar durch die Intervention des Wohlfahrtsstaates breite Bevölkerungschichten profitierten. Ergebnisse und Verfahren dieser Politik erlangten zudem ein hohes Maß an Legitimation durch fest etablierte demokratische Verfahrensweisen in den parlamentarischen Systemen westlicher Prägung. Es sind nun aber genau diese Leistungen, die durch die gesellschaftliche Denationalisierung herausgefordert werden.

3.1 Konsequenzen für die Sicherheitsfunktion des Staates

Welche Auswirkungen haben die genannten Prozesse der gesellschaftlichen Denationalisierung auf die Fähigkeit des Nationalstaates, mit Bedrohungen und Risiken umzugehen (vgl. hierzu ausführlicher *Zangl/Zürn* 1996)? Der Staat hat traditionellerweise zum einen im liberalen Sinne die physische Unversehrtheit der Individuen (sowie der verschiedenen Gruppen von Individuen) auf seinem Territorium, zum anderen im realistischen Sinne seine eigene physische Unversehrtheit, d. h. die Unversehrtheit von Staatsvolk, Staatsterritorium und staatlicher Herrschaft zu garantieren. Staat und Individuum (bzw. Gruppen von Individuen) sind jedoch nicht nur Objekte der Unsicherheit, sondern können zugleich auch Subjekt – also Quelle – der Beeinträchtigung von Sicherheit sein. Die Funktion des Staates, Sicherheit zu erzeugen, bezieht sich somit auf vier spezifische Teilbereiche der **Sicherheitsfunktion**:

(1) die **Verteidigungsaufgabe**, d. h. die Sicherung des Staates vor Bedrohungen durch andere Staaten und generell vor dem Kriegsrisiko;
(2) die **Rechtsstaatsaufgabe**, d. h. die Sicherung der Individuen vor der Bedrohung durch staatliche Übergriffe;
(3) die **Herrschaftsfunktion**, d. h. die Sicherung des Staates gegenüber terroristischen Bedrohungen, und
(4) die **Schutzfunktion**, d. h. die Sicherung der Individuen vor dem Risiko der Schädigung durch die Handlungen anderer gesellschaftlicher Akteure.

ad 1) Aufgrund der vielfältigen transnationalen Handlungszusammenhänge ist ein Krieg zwischen Nationalstaaten unwahrscheinlich geworden. Ein dichtes Netz von internationalen Institutionen ist entstanden, die zur Bearbeitung von Konflikten und gemeinsamen Problemen errichtet worden sind und dort, wo sie sich verdichten, den Frieden stabilisiert haben. Die hohe Transparenz zwischen den Gesellschaften und das Vorhandensein starker transnationaler Interessen erschweren eine nationale Mobilisierung zusätzlich, zumal Regierungen in einem Kontext hoher ökonomischer Interdependenz ihre internationalen Ziele mit militärischen Mitteln ohnehin nicht mehr erreichen können. So kann es dann auch nicht überraschen, daß noch nie in der Geschichte der modernen Staatenwelt die Gewißheit, daß kein Angriff oder gar eine Eroberung durch einen Nachbarstaat bevorsteht, so hoch war wie in jedem beliebigen OECD-Staat heute. Weltweit ist die Anzahl zwischenstaatlicher Kriege seit den 70er Jahren rückläufig. Sowohl 1993 als auch 1994 weisen die Kriegsstatistiken keinen einzigen der 43 aktuellen Kriege als **zwischenstaatlichen** Krieg aus (*Gantzel/Schwinghammer* 1995; *SIPRI* 1995). Dementsprechend haben sich auch die Verteidigungsanstrengungen der Staaten in der OECD-Welt in einer Weise verringert, die vor wenigen Jahren von Analytikern der Rüstungsdynamik noch für unmöglich gehalten wurde. Mit anderen Worten: Der Nationalstaat erfüllt seine **Verteidigungsfunktion** effektiver denn je.

ad 2) Auch die rechtsstaatliche Leistungsbilanz des Nationalstaates hat sich aufgrund der intensivierten Wirtschafts- und Kommunikationsbeziehungen verbessert. Die **Rechtsstaatsfunktion** eines Staates ist erfüllt, wenn ein hohes Maß an Gewißheit darüber besteht, daß die bürgerlichen Freiheitsrechte gewährleistet sind. Ein starkes Indiz für die gute Erfüllung der Rechtsstaatsfunktion durch die Staaten der OECD-Welt stellt die weitgehend gesicherte Verwirklichung der Menschenrechte in dieser Weltregion dar. Aber auch über die OECD-Welt hinaus hat sich gemäß dem Human Rights Guide die Verwirklichung der Menschenrechte verbessert. Wurden die Menschenrechte in allen Staaten der Welt 1986 im Durchschnitt nur zu 55 Prozent respektiert, so wurde 1991 immerhin ein Durchschnitt von 62 Prozent erreicht: „(an) improvement (...) unparalleled in history“ (*Humana* 1992: xi).

ad 3) Ganz anders stellt sich die Entwicklung der Leistungsbilanz des Nationalstaates bei der **Herrschaftsfunktion** dar. Die Zunahme politisch motivierter Gewalttaten zum einen und die Zunahme der Anzahl und Stärke regionaler Autonomie- und Seperationsbewegungen zum anderen (vgl. *Beisheim* et al. 1996, Abschnitt 2.T) deuten darauf hin, daß die Erfüllung der Herrschaftsfunktion durch die Nationalstaaten in der OECD-Welt in den vergangenen 20 bis 30 Jahren gelitten hat. Es spricht manches dafür, daß der gesellschaftliche Denationalisierungsschub der letzten zwei bis drei Jahrzehnte seinen Teil zur Bedrohung der Herrschaftsfunktion beigetragen hat. Mit der wirtschaftlichen Denationalisierung verringert sich die Bedeutung nationaler Märkte für kleine, aber ökonomisch erfolgreiche Regionen. Für diese Regionen besteht somit ein ökonomischer Anreiz, nach mehr Unabhängigkeit zu streben, um im globalen Wettbewerb der Standorte eine eigenständige, von nationalen Vorgaben befreite Politik betreiben zu können und um nationalen Redistributionspflichten zu entgehen. Ein Teil der gegenwärtigen Autonomie- und Separationsbewegungen in der OECD-Welt hat in dieser, den wertwirtschaftlichen Verflechtungen geschuldeten Konstellation seine Grundlage: die Lombardei in Italien, Flandern in Belgien und Katalonien in Spanien sind nur die bekanntesten Beispiele des „Besitzstandnationalismus" (*Senghaas* 1994, S. 78).

ad 4) Auch die Erfüllung der staatlichen **Schutzfunktion** hat infolge der gesellschaftlichen Denationalisierung abgenommen. Zum einen: Obwohl in einzelnen Ländern in den letzten Jahren leicht gegenläufige Entwicklungen zu beobachten sind, fühlen sich in der OECD-Welt immer mehr Menschen durch die Kriminalität bedroht. In der Bundesrepublik beispielsweise hat sich in den letzten 20 Jahren keine politische Zielformulierung so sehr verändert wie der Wunsch, durch eine starke Polizei geschützt zu werden (vgl. *IPOS* 1995). Zumindest teilweise wird diese Wahrnehmung durch die Kriminalstatistiken bestätigt. Zum anderen fühlen sich in der OECD-Welt immer mehr Individuen durch Risiken, die sich aufgrund der Schädigung der natürlichen Lebensgrundlagen des Menschen einstellen, in ihrer Sicherheit beeinträchtigt. Diese Risiken übersetzen sich seit Mitte der 80er Jahre auch in ein verstärktes Umweltbewußtsein. Zwar ist im Zuge der wirtschaftlichen Rezession die Bedeutung des politischen Themas „Umwelt" wieder etwas zurückgegangen, das Thema ist aber unter den Sicherheitsthemen bei den Bundesbürgern inzwischen zusammen mit der Verbrechensproblematik das wichtigste, wenn wir einmal von dem schwer einzuordnenden Thema „Asyl/Ausländer" absehen. Die abnehmende Fähigkeit des Nationalstaates, seine Schutzfunktion auszufüllen, läßt sich gleichfalls zumindest in Teilen auf Denationalisierungsprozesse zurückführen. Die entscheidenden Schlagworte hierbei lauten „internationale organisierte Kriminalität" sowie „globale Umweltprobleme" wie Ozonloch oder Treibhauseffekt.

Das Fazit kann nun lauten, daß der Nationalstaat heute seine Sicherheitsfunktion mit Blick auf die staatlich verursachten Bedrohungen und Risiken, also seine Verteidigungs- und Rechtsstaatsfunktion besser, mit Blick auf die gesellschaftlich verursachten Bedrohungen und Risiken, also seine Herrschafts- und Schutzfunktion, aber schlechter als früher erfüllt.

3.2 Konsequenzen für die Effizienzfunktion des Staates

Neben der Garantie der physischen Unversehrtheit seiner Bürger und seiner selbst kommt dem Staat in den marktwirtschaftlichen Systemen des Westens traditionellerweise auch die Aufgabe zu, die Voraussetzungen dafür zu schaffen, daß ein wohlfahrtserzeugendes Wirtschaften möglich wird. Theoretisch gesprochen, soll der Staat durch die Gewährleistung öffentlicher Güter die Transaktionskosten für die ökonomischen Akteure soweit senken, daß effiziente Allokation durch die Marktprozesse überhaupt stattfinden kann. Im Sinne dieser **Effizienzfunktion** ist es dabei zunächst ebenso Aufgabe des Staates, ein homogenes Wirtschaftsgebiet mit einheitlicher Währung, standardisierten Maßen und Gewichten und einem gemeinsamen Ausbildungssystem bereitzustellen wie die Etablierung und Garantie von Eigentumsrechten und deren Gewährleistung im Rahmen eines Rechtssystems. Neben diese rein **ordnungspolitischen Aufgaben** trat spätestens seit den 70er Jahren zunehmend die Vorstellung, der Staat habe auch die Verantwortung, auf dem Wege der **makroökonomischen Steuerung** auf ein gleichmäßiges Wachstum hinzuwirken und Strukturanpassungsprozesse zu fördern. Dies dient zwar nicht der grundsätzlichen Ermöglichung ökonomischen Handelns, wohl aber der Abfederung von Krisen und damit der Risikominderung für die Akteure.

Schon bei den zuerst genannten **ordnungspolitischen Aufgaben** ergeben sich aufgrund der Denationalisierungsprozesse teilweise neuartige Probleme (vgl. *Cerny* 1996). Überall dort, wo wirtschaftliche Transaktionen zunehmend Grenzen überschreiten, stellt sich das Problem, daß Gemeinschaftsgüter, die im nationalen Rahmen bereitgestellt werden, im internationalen Bereich nicht ohne weiteres als gewährleistet angesehen werden können. Ein Beispiel für diesen Zusammenhang bilden die Diskussionen, die um die Garantie von geistigen Eigentumsrechten im internationalen Handel geführt wurden. Je intensiver sich der internationale Handel entwickelte, desto bedeutsamer wurde, daß jeder Staat alleine nicht in der Lage war, Copyright- und Patentschutz jenseits seiner Grenzen zu gewährleisten.

Daß es für die Staaten schwierig sein kann, die ganz grundsätzlichen Voraussetzungen zum Funktionieren von Märkten unverändert bereitzustellen, macht zudem ein Blick auf das neue Computer-Kommunikationsmedium „Internet“ deutlich, das aller Voraussicht nach zu einem der am stärksten expandierenden Märkte aufsteigen dürfte (vgl. Abschnitt 2.2). Die typischen Probleme des internationalen Privatrechts würden sich bei einem Wachstum der Geschäftsabschlüsse im „Cyberspace“ Internet erheblich verschärfen, da der „virtuelle Charakter“ des Vertragsschlusses, d.h. seine fehlende örtliche Bindung, es möglich macht, nationale Rechtssysteme zu unterlaufen. Schon die Authentizität der Vertragsparteien ist im Internet nur schwierig zu verifizieren. Auch die Etablierung eines einheitlichen sicheren Zahlungsmittels – klassischerweise Teil der staatlichen Effizienzfunktion – stellt bisher noch eine erhebliche Barriere für die Nutzung des Internet als globalen Marktplatz dar.

Trotz der genannten neuen Probleme ist die Sachlage bei den ordnungspolitischen Funktionen keinesfalls dramatisch. Zum einen erscheint es vergleichsweise einfach, die ordungspolitische Leistung mittels internationaler Vereinbarungen zu gewährleisten. Beispielsweise kam es 1994 beim erfolgreichen Abschluß der Uruguay-Runde der GATT-Verhandlungen zur Festlegung internationaler Regeln im Bereich der sog. Trade Related Aspects of Intellectual Property Rights (TRIPS) und damit zur Lösung des ersten der beiden genannten Probleme. Zum zweiten darf nicht übersehen werden, daß aufgrund der durch die Denationalisierung angestoßenen Veränderungsprozesse viele Ineffizienzen veralteter nationaler Regelungen beiseite geschafft werden. Das Internet-Beispiel verweist nämlich gleichzeitig auf die enormen Effizienzgewinne, die durch die Denationalisierung erreicht werden können. Die Effizienzfunktion im engeren Sinne scheint also langfristig nicht gefährdet zu sein.

Bei der Effizienzfunktion im weiteren Sinne, also den **ökonomischen Steuerungseingriffen,** ergibt sich ein anderes Bild. Beispielhaft kann dies am Mittel der Nachfragesteuerung durch Staatsausgabenexpansion illustriert werden. Galt z.B. „deficit spending“ noch in den 70er Jahren als Markstein moderner Wirtschaftspolitik, wird der Sinn entsprechender Maßnahmen heute nicht nur von konservativer und liberaler Seite bezweifelt. Vor dem Hintergrund der Denationalisierung übersetzt sich das induzierte Nachfragewachstum aufgrund des verstärkten internationalen Handels in immer geringerem Maße in binnenstaatliche Wachstumsimpulse, während die gesamtwirtschaftlichen Kosten dieses Vorgehens steigen, da die inflatorischen

„Nebenwirkungen" dieser Politik den eigenen, seinerseits wachsenden Exportsektor schwächen. Auch die zinspolitischen Maßnahmen makroökonomischer Globalsteuerung sind in ihrer Effektivität nachhaltig geschwächt. So führen in Zeiten erhöhter Kapitalmobilität beispielsweise Zinssenkungen keineswegs notwendigerweise zu Wachstumsimpulsen, sondern können sich schlicht in Kapitalabwanderung übersetzen. Neben Modifikationen von Staatsausgaben und Zinssätzen gehören auch währungspolitische Maßnahmen zum „Standardrepertoire" staatlichen Handelns im Dienste gesamtwirtschaftlicher Steuerung. Vergegenwärtigt man sich allerdings, daß im Kontext der enormen Expansion der internationalen Finanzmärkte mittlerweile die gesamten Devisenreserven der Zentralbanken zusammengenommen noch unter dem Umsatz der internationalen Devisenmärkte an zwei Tagen liegen (vgl. *Walter* 1991, S. 198), wird deutlich, daß die Effektivität staatlicher Interventionen auf den Devisenmärkten deutlich verringert wurde.

Insgesamt ist davon auszugehen, daß sowohl bei einem nur ordnungspolitischen Verständnis der staatlichen Effizienzfunktion, insbesondere aber auch bei einer zusätzlichen Betrachtung der Möglichkeiten staatlicher Wirtschaftslenkung davon auszugehen ist, daß Denationalisierungsprozesse die Fähigkeit des Staates zur Erfüllung dieser Funktion nachhaltig beeinträchtigt haben.

3.3 Konsequenzen für die Redistributionsfunktion des Staates

Eine weitere wichtige Funktion des Staates besteht in den marktwirtschaftlichen Systemen der OECD-Welt darin, **Redistributionen** so vorzunehmen, daß die durch den Marktprozeß erzeugten Ungleichheiten kein Ausmaß annehmen, das die politische Gemeinschaft der Staatsbürger nachhaltig unterminieren oder gar gänzlich zerstören könnte. Dabei darf nicht übersehen werden, daß man hinsichtlich des zur Gewährleistung der Gemeinschaft notwendigen Maßes und der Methode der Redistribution sehr unterschiedlicher Auffassung sein kann. Dies gilt nicht nur für die Vertreter unterschiedlicher politischer Lager, sondern spiegelt sich auch in den Unterschieden zwischen den Redistributionssystemen verschiedener Staaten wieder. Gleichwohl gehört die Gewährleistung einer materiellen Grundversorgung aller Menschen zu den unbestrittenen Aufgaben des demokratischen Wohlfahrtsstaates moderner Prägung. Deren Erfüllung ist durch gesellschaftliche Denationalisierungsentwicklungen im ökonomischen Bereich allerdings erschwert worden.

- Zum einen hat sich durch die gestiegene Bedeutung des Welthandels die internationale Konkurrenz erheblich verschärft. Diese Konkurrenz ruft in den jeweiligen Volkswirtschaften Strukturveränderungen hervor, die mit erheblichen „Reibungsverlusten“ z. B. in Form steigender Arbeitslosigkeit einhergehen. So hat das Auftreten großer Produzenten aus Südostasien und einigen anderen Schwellenländern den relativen Weltmarktanteil der industriellen Produktion im Kern der OECD-Welt zurückgehen lassen. Daß in der Folge Nachfrage und Preis für industrielle Arbeit in den betroffenen OECD-Ländern sinken, kann nicht verwundern. Die Situation wird dabei durch eine Erhöhung des Angebots an Arbeitskräften in Folge der Zunahme der Arbeitsmigration – ihrerseits ein Denationalisierungsphänomen – weiter verschärft. Augenscheinlichstes Ergebnis dieser Entwicklung sind die hohen Arbeitslosenraten im Kern der OECD-Welt. Von Bedeutung ist auch die Entstehung der weitgehend entterritorialisierten Finanzmärkte, die Möglichkeiten zur Erwirtschaftung spekulativer Gewinne in bisher kaum gekannter Höhe bieten, ohne daß diese mit Einkommenszuwächsen für breitere Bevölkerungskreise einhergingen. In der Tat läßt sich feststellen, daß in den letzten zehn bis fünfzehn Jahren die Einkommensverteilung in fast allen OECD-Ländern ungleicher geworden ist (vgl. The Economist 1993).
- Zum anderen herrscht neben der wachsenden Einkommensungleichheit ein weiteres Problem darin, daß genau in dem Moment, in dem Denationalisierungsprozesse Ungleichheiten verschärfen und somit gemäß dem o.g. im Sinne der Redistribution vermehrte staatliche Eingriffe notwendig machen würden, die nationalstaatlichen Redistributionssysteme ihrerseits verstärkt unter Druck geraten. Der Druck auf die Redistributionssysteme ist in der öffentlichen Diskussion in Form der allgegenwärtigen „Standort-Debatten“ äußerst präsent. Üblicherweise wird der kausale Zusammenhang dabei über die Erhöhung der Kapitalmobilität, die sich empirisch z. B. in den Steigerungen der Direktinvestitionen niederschlägt, hergestellt. Je mobiler das Kapital ist, desto wahrscheinlicher wird es, daß Investitionen im internationalen Raum dorthin wandern, wo redistributive Eingriffe am wenigsten zu erwarten sind. Es entwickelt sich damit zwischen den Staaten in zunehmendem Maße ein Standort-Wettbewerb, der hinsichtlich der institutionalisierten Redistributionssysteme bei der Unterstützung der Bedürftigen Züge eines „race to the bottom“ annehmen kann.

Ökonomische Denationalisierungsprozesse führen also zu einer Erhöhung der Einkommensungleichheit und somit zu verstärkten Umverteilungsforderungen an den Staat. Gleichzeitig aber schwächt die ökonomische Denationalisierung die staatlichen Institutionen der Redistribution.

3.4 Konsequenzen für die Legitimationsfunktion des Staates

Neben den o.g. Aufgaben hat der Staat auch die Funktion, Entscheidungen so herbeizuführen, daß die dadurch formulierten Politiken auch bei denjenigen Mitgliedern der Gesellschaft Akzeptanz erfahren, die inhaltlich gegen die Festsetzungen der jeweiligen Regelungen waren. Dies kann nur dann geschehen, wenn der Weg der Entscheidungsfindung, also der politische Prozeß, als **legitim** empfunden wird. Innerhalb der OECD-Welt gelten dafür die „Spielregeln" eines demokratischen politischen Prozesses, der beispielsweise über das Mehrheitsprinzip eben jene Akzeptanz auch bei der im konkreten Fall unterlegenen Minderheit fordert. Ebenso wie die Effektivität staatlichen Regierens allgemein an die Erfüllung der Kongruenzbedingung gebunden ist (vgl. Abschnitt 2.1), gilt auch, daß bestimmte Bedingungen erfüllt sein müssen, damit Regieren im demokratischen Sinne als legitim gelten kann (vgl. ausführlicher *Zürn* 1996). Im vorliegenden Kontext sind dabei zwei Bedingungen von besonderer Bedeutung:

- Damit Entscheidungsfindungsprozesse als demokratisch gelten können, sollten erstens die am Entscheidungsfindungsprozeß Beteiligten eine gewisse gemeinsame Identität aufweisen. Diese eine politische Gemeinschaft erst konstituierende **Identitätsbedingung** ist dann gegeben, wenn sich Identitäten ausbilden, die sich auf den sozialen Handlungszusammenhang als Ganzes beziehen und wenn die gemeinschaftlichen Interessen in einer Kommunikationsgemeinschaft diskursiv ermittelt werden. Erst wenn diese Bedingung erfüllt ist, wird ein öffentlicher Diskurs – unabdingbares Merkmal eines demokratischen Prozesses – als Suche nach dem politisch richtigen Weg möglich. Diese Bedingung ist nicht nur Bestandteil kommunitaristischer Gemeinschaftvorstellungen, sondern läßt sich auch in der liberalen Demokratietheorie wiederfinden (vgl. z.B. *Dahl* 1989, S. 109–114). Aufgrund der Identitätsbedingung sollten politische Entscheidungen damit im Rahmen politischer Gemeinschaften getroffen werden, die sich durch eine gemeinsame Identität auszeichnen.
- Mindestens von ebenso großer Bedeutung ist darüber hinaus die Erfüllung einer zweiten Bedingung. Um Ab- oder Wiederwahl von Exekutive und Legislative, also einen der zentralen Mechanismen

demokratischer Kontrolle sinnvoll zu machen, müssen bestimmte politische Entscheidungen möglichst eindeutig bestimmten politischen Akteuren (Ministern, Parlamentariern, Fraktionen o.ä.) zuzuordnen sein. Im Sinne einer **Zuordnungsbedingung** muß es möglich sein, nachzuvollziehen, wer beispielsweise bei der Verabschiedung eines Gesetzes für diese Regelung gestimmt hat. Selbst wenn man konzediert, daß sich die liberal-demokratischen Systeme der OECD-Welt nie durch perfekte Transparenz im Sinne der Zuordnungsbedingungen ausgezeichnet haben, läßt sich festhalten, daß jede weitere Verletzung dieser Bedingung demokratische Kontrolle weiter erschwert und potentiell unmöglich machen kann. Aufgrund der Zuordnungsbedingung sollten politische Entscheidungen also zweitens so getroffen werden, daß nachvollziehbar bleibt, wer die Verantwortung für die jeweilige Entscheidung trägt.

Worin die Brisanz der genannten zwei Bedingungen im Kontext der gesellschaftlichen Denationalisierung liegen kann, wird deutlich, wenn man den Blick auf die Reaktionsweise der Staaten auf den Verlust an Steuerungsfähigkeit im Sinne der o.g. drei Funktionen richtet. Da die rasant fortschreitende Denationalisierung gesellschaftlicher Handlungszusammenhänge (vgl. Abschnitt 2.2) dazu führt, daß das **nationale** Regieren immer weniger zur Behebung von wirtschaftlichen, ökologischen und sozialen Fehlentwicklungen beitragen kann, liegt es nahe, auf diesen Prozeß mit der Ausweitung der Reichweite von Regelungen über den Nationalstaat hinaus zu reagieren. Ein derartiges Regieren jenseits des Nationalstaates („governance without government", vgl. *Rosenau, Czempiel* 1992) erfordert die Ausweitung des Regierens über nationale Grenzen hinaus, meist durch die Harmonisierung verschiedener nationaler Politiken. Die Form, mittels derer sich dieses Regieren jenseits des Nationalstaates materialisiert, ist im allgemeinen die **internationaler Institutionen**, seien es problemfeldspezifische internationale Regelwerke (wie z.B. das Ozonregime) oder regionale Organisationen mit umfassenderen Zuständigkeiten (wie z.B. die EU). Dank solcher Institutionen kann es den Nationalstaaten gelingen, gewünschte Zustände herbeizuführen, die sie im Alleingang unmöglich erreichen könnten. Es liegt z.B. nicht in der Handlungsfähigkeit der Regierung Australiens, die Hautkrebsrate der australischen Bevölkerung wieder auf ein geringeres Maß zu reduzieren. Möglich ist dies nur durch internationale Institutionen, die ein weltweites Verbot der ozonschichtzerstörenden FCKW-Gase beinhalten. Internationale Institutionen erlauben es also Staaten, ihre Politik zu koordinieren und so auf die Inkongruenz von nationaler Regelungsreichweite und zunehmend globalisierten gesellschaftlichen Austauschbeziehungen zu reagieren.

In der Tat existieren heute allein über 300 formale internationale Organisationen. Allerdings führt das Regieren auf dem Wege solcher internationaler Institutionen zu einer systematischen Verletzung der o.g. Bedingungen und damit zu einem eklatanten Demokratiedefizit, da diese Institutionen die Voraussetzungen der demokratischen Legitimation der in ihnen getroffenen Entscheidungen nicht erfüllen. Insbesondere beruhen internationale Institutionen nicht auf einer identifizierbaren politischen Gemeinschaft mit klar definierbaren Außengrenzen, womit die Identitätsbedingung systematisch verletzt wird. Selbst im Zusammenhang mit der am weitestgehend integrierten internationalen Institution, der Europäischen Union, muß festgehalten werden, daß es eine **politische** Gemeinschaft, die sich in europaweiten öffentlichen Diskursen, europaweiten Parteien und einer europäischen Öffentlichkeit äußern würde, nicht gibt (vgl. *Kielmannsegg* 1992). Darüber hinaus verletzen Verhandlungen in internationalen Gremien den Grundsatz der Zuordnungsfähigkeit (Zuordnungsbedingung) bestimmter Sachentscheidungen zu den verantwortlichen Amtsträgern, da sie eine mangelnde Transparenz aufweisen und komplizierte Kompromisse zwischen verschiedenen nationalen Interessen darstellen.

Es läßt sich damit festhalten, daß die Bildung internationaler Institutionen als Antwort auf die Prozesse der gesellschaftlichen Denationalisierung durch die Verletzung von Identitäts- und Zuordnungsbedingung systematisch zu Defiziten bei der Erfüllung der Legitimationsfunktion des Staates führt.

4 Die Zukunft der politischen Organisation

Die politischen Auswirkungen der gesellschaftlichen Denationalisierungsprozesse können mit dem Begriff der „ungleichzeitigen Denationalisierung“ erfaßt werden, da sich denationalisierte politische Institutionen, die einer demokratischen Kontrolle unterliegen, deutlich langsamer ausbilden, als der gesellschaftliche Denationalisierungsprozeß vonstatten geht (vgl. *Zürn* 1992, 1995). Das Argument läßt sich in drei Schritten zusammenfassen:

(1) In den Bereichen Wirtschaft, Ökologie, Kultur und Sicherheit hat sich der Prozeß der Globalisierung seit Mitte der 70er Jahre dieses Jahrhunderts schubartig beschleunigt. Als Resultat sinkt die

Effektivität von nationalen Politiken, d.h. angestrebte Ziele wie die Belebung der Volkswirtschaft oder die Senkung der Hautkrebsrate (aufgrund einer beschädigten Ozonschicht) können nicht mehr durch nationale Politiken erreicht werden.

(2) Um die politische Steuerungsfähigkeit zurückzugewinnen, errichten Nationalstaaten Institutionen des Regierens jenseits des Nationalstaates in Form von internationalen Regimen und internationalen Organisationen. Die Analyse internationaler Regime zeigt jedoch, daß dies ein mühsamer und zeitraubender Prozeß ist. Die Selbstorganisation der Staaten kann mithin nicht verhindern, daß in der Summe der Prozeß der Globalisierung in den letzten zwei bis drei Jahrzehnten zu einem Netto-Regelungsabbau geführt hat, zumal viele internationale Regelungen eher marktschaffend (d.h. nationale Interventionen in freie Austauschprozesse verhindernd) als marktkorrigierend (d.h. die unerwünschten Nebenwirkungen freier Austauschprozesse korrigierend) sind (*Scharpf* 1995, *Streeck* 1996).

(3) Da internationale Institutionen in Zahl und Bedeutung dennoch rapide zunehmen, diese aber oft nur mangelhaft demokratisch legitimiert sind, hinkt die demokratische Kontrolle dieser Institutionen ihrer Ausbildung weit hinterher.

Es verbietet sich allerdings, daraus überzogene Schlußfolgerungen hinsichtlich der Zukunft des Nationalstaates in der OECD-Welt zu ziehen. Aus den konstatierten Veränderungen in der nationalstaatlichen Funktionserfüllung sollte vorschnell das Ende des Nationalstaates weder abgeleitet noch gewünscht werden. Es ist erstens nicht die Denationalisierung schlechthin, sondern die Denationalisierung im Kontext demokratischer Wohlfahrtsstaaten, die dazu geführt hat, daß manche Auswirkungen der Globalisierung – wie etwa die Bereitstellung der Verteidigungs- und der Rechtsstaatsfunktion in der OECD-Welt auf einem außerordentlich hohen Niveau – als positiv einzustufen sind. Daß wir diese Sicherheiten heute als selbstverständlich ansehen, sollte daher nicht zu dem Schluß führen, daß der Staat in diesen Fragen überflüssig geworden ist. Es ist zweitens nicht zu erkennen, welche Institution an Stelle des Nationalstaates die Herrschafts-, die Schutz-, die Redistributions- und die Legitimationsfunktion besser erfüllen könnte. Eine sinkende Funktionserfüllung einer Institution kann aber nur dann als Vorzeichen ihres Absterbens gedeutet werden, wenn konkurrierende Institutionen in Sicht sind, die eine bessere Funktionserfüllung versprechen (vgl. *Spruyt* 1994). Es ist kaum vorstellbar, daß der Terrorismus, das Organisierte Verbrechen, die Risiken globaler Umweltschädigungen oder die sozialen

Ungleichheiten ohne Hilfe der Nationalstaaten ausgeräumt werden können. Daraus folgt: Der Nationalstaat wird nicht nur bleiben, es gibt auch gute Gründe, sein Bleiben zu begrüßen. Vieles deutet jedoch darauf hin, daß sich der Nationalstaat in einer Phase der grundlegenden Transformation befindet (*Scharpf* 1993; *Kohler-Koch* 1993; *Grande* 1994).

Eine aufgeklärte Debatte über die Transformation des Nationalstaates kann nicht dichotomisch – Auflösung oder Fortbestand, Stärkung oder Schwächung – geführt werden. Vielmehr müssen unterschiedliche Dimensionen der Staatlichkeit auseinandergehalten werden (vgl. hierzu auch *Knill* 1995). Nur eine differenzierte Betrachtung dieser Dimensionen kann uns Hinweise über die politischen Organisationsformen der Zukunft geben. Die folgenden Überlegungen mögen dieses abschließend deutlich machen.

- Im Zuge der gesellschaftlichen Denationalisierung verbessert sich die „Exit-Option" von wirtschaftlichen Unternehmen deutlich. „Gute Argumente", die sich via Mehrheitsentscheidungen gegen unmittelbare wirtschaftliche Interessen durchsetzen konnten, sind zum Scheitern verurteilt, wenn die Unternehmen als Folge einer Entscheidung abwandern. Äußerst anfällig sind Unternehmen aber gegen Konsumentenboykotte, die dank der neuen Medien durch Umwelt-, Menschenrechts- oder andere politische Gruppen leichter als zuvor organisiert werden können. Insofern zeichnet sich die neue Staatlichkeit durch eine Verschiebung zugunsten von „exit" und zuungunsten von „voice" als primärem Einflußmechanismus der gesellschaftlichen Akteure aus. Neue politische Organisationen werden mithin „marktförmiger" und weniger „diskursiv" sein, als es der demokratische Nationalstaat in seiner Blütezeit war.
- Die Nationalstaaten können zwar angesichts der gesellschaftlichen Denationalisierung entscheidende Funktionen nicht mehr erfüllen. In Zusammenarbeit sind Staaten aber nach wie vor in der Lage, wichtige Steuerungsleistungen zu erbringen. Insofern hängen Freiheit, Sicherheit, Wohlfahrt und soziale Integration in einer sich globalisierenden Welt letztlich davon ab, ob sich internationale Institutionen entwickeln lassen, die den global verursachten Problemlagen gewachsen sind. Internationale Regelungen legen dann die Rahmenbedingungen fest, die durch entweder nationale oder subnationale politische Einheiten umgesetzt werden. Politik findet mithin zunehmend in einem Mehrebenensystem statt, in dem die einzelnen Ebenen nicht mehr ohne die anderen funktionieren können (vgl. v.a. *Jachtenfuchs, Kohler-Koch* 1996). Mit anderen Wor-

ten: Die verschiedenen politischen Systeme verbinden sich zu einem, ohne daß die spezifischen Merkmale der Nationalstaaten wie das Steuerprivileg und das Gewaltmonopol deshalb außer Kraft gesetzt werden.

- Schon aufgrund der Notwendigkeit der internationalen Abstimmung verliert der typische Steuerungsmodus des Nationalstaates – die hierarchische Setzung – an Bedeutung. Der Nationalstaat wird zum „verhandelnden Staat", und Mechanismen der „gesellschaftlichen Selbststeuerung" werden zentral (vgl. hierzu *Mayntz, Scharpf* 1995, *Mayntz* 1996).
- Mit dem Steuerungsmodus verändern sich auch die Inhalte und die Mittel der politischen Steuerung. Nicht mehr durch Drohungen abgestützte Verbote oder durch finanzielle Mittel direkt angestrebte Ziele werden erfolgreiche politische Steuerung kennzeichnen. Vielmehr werden kontextsteuernde Maßnahmen und die Gestaltung der verhandelnden Netzwerke sich zu zentralen Mitteln politischer Steuerung entwickeln. Politik wird zunehmend regulativ und konstitutiv sein, sie wird weniger distributiv und redistributiv sein.
- Obwohl der einzelne Nationalstaat als Ganzes an Steuerungsfähigkeit und Autonomie einbüßt, geht das nicht notwendigerweise auf Kosten der politischen Klasse. Aufgrund der hohen Komplexität und der mangelnden Transparenz der nationalen und international verwobenen Netzwerke der politischen Steuerung wird deren Kontrolle durch eine demokratische Öffentlichkeit zunehmend schwieriger. Politische Partizipation erfolgt mithin weniger durch die im öffentlichen Diskurs installierte Kontrolle der politischen Entscheidungsträger, sondern in Form der Organisation von handlungsrelevanten Gruppen, die in den politischen Entscheidungsprozeß eingebunden sind. Wie die Selektion der gesellschaftlichen Gruppen, die an bestimmten Verhandlungs- und Entscheidungsnetzwerken mitwirken sollen, demokratisch und konstitutionell abgesichert werden kann, ist eines der wichtigsten Probleme der modernen politischen Organisation.

Wie genau die politischen Organisationen der Zukunft aussehen werden und in welchem Arrangement sie in einer Mehrebenenordnung zusammenwirken werden, ist heute nicht genau vorherzusagen. Die gänzliche Verabschiedung des Nationalstaates durch den deutschen Justizminister scheint jedoch etwas voreilig.

Literatur

Beisheim, M., Dreher, S., Walter, G., Zürn, M. (1996), Daten zur gesellschaftlichen Denationalisierung und ihren politischen Folgen, Universität Bremen, unveröff. Manuskript 1996

Camilleri, J. A., Falk, J. (1992), The End of Sovereignty? The Politics of a Shrinking and Fragmenting World, London 1992

Cerny, P. G. (1996), What Next for the State, in: *Kofman, E., Youngs, G.* (Hrsg.), Globalization: Theory and Practice, London 1996, S. 123–137

Dahl, R. A. (1989), Democracy and its Critics, New Haven, Conn. 1989

The Economist (1993), Rich Man, Poor Man, 24.07.1993, S. 71

Gantzel, K.-J., Schwinghammer, T. (1995), Die Kriege nach dem Zweiten Weltkrieg bis 1992. Daten und Tendenzen, Münster 1995

Grande, E. (1994), Vom Nationalstaat zur europäischen Politikverflechtung. Expansion und Transformation moderner Staatlichkeit – untersucht am Beispiel der Forschungs- und Technologiepolitik, Konstanz 1994

Hirsch, J. (1995), Der nationale Wettbewerbsstaat, Berlin, 1995

Hirst, P., Thompson, G. (1996), Globalization in Question, Cambridge 1996

Humana, C. (1992), World Human Rights Guide. A Comprehensive, Up-To-Date Survey of the Human Rights Records of 104 Major Countries Throughout the World, New York 1992

Institut für Praxisorientierte Sozialforschung (IPOS) (1995), Einstellungen zu aktuellen Fragen der Innenpolitik in Deutschland, Mannheim 1995

Jachtenfuchs, M., Kohler-Koch, B. (1996), Regieren im dynamischen Mehrebenensystem, in: *Jachtenfuchs, M., Kohler-Koch, B.* (Hrsg.), Europäische Integration, Opladen 1996, S. 15–44

Kielmannsegg, P. Graf (1992), Ein Maß für die Größe des Staates. Europa fehlt die Zustimmung der Bürger, in: Frankfurter Allgemeine Zeitung, 2.12.1992, S. 35

Knill, C. (1995), Staatlichkeit im Wandel. Großbritannien im Spannungsfeld nationaler Reform und europäischer Integration, in: Politische Vierteljahresschrift 4/95, S. 655–680

Kohler-Koch, B. (1993), Die Welt regieren ohne Weltregierung, in: *Böhret, C., Wewer, G.* (Hrsg.), Regieren im 21. Jahrhundert. Zwischen Globalisierung und Regionalisierung, Opladen 1993, S. 109–141

Krasner, S. D. (1994), International Political Economy: Abiding Discord, in: Review of International Political Economy, 1/94, S. 13–20

Mayntz, R. (1996), Politische Steuerung: Aufstieg, Niedergang und Transformation einer Theorie, in: *Beyme, K. von, Offe, C.* (Hrsg.), Politische Theorien in der Ära der Transformation (PVS-Sonderheft 26/1995), Opladen 1995, S. 148–168

Mayntz, R., Scharpf, F. W. (Hrsg.) (1995), Gesellschaftliche Selbstregelung und politische Steuerung, Frankfurt/M. 1995

Narr, W.-D., Schubert, A. (1994), Weltökonomie. Die Misere der Politik, Frankfurt/M. 1994

Rosenau, J. N. (1990), Turbulence in World Politics. A Theory of Change and Continuity, Princeton, N. J. 1990

Rosenau, J. N., Czempiel, E.-O. (Hrsg.) (1992), Governance without Government. Order and Change in World Politics, Cambridge, Mass. 1992

Scharpf, F. W. (1993), Legitimationsprobleme der Globalisierung. Regieren in Verhandlungssystemen, in: *Böhret, C., Wewer, G.* (Hrsg.), Regieren im 21. Jahrhundert. Zwischen Globalisierung und Regionalisierung, Opladen 1993, S. 165–185

Scharpf, F. W. (1995), Föderalismus und Demokratie in der transnationalen Ökonomie, in: *von Beyme, K., Offe, C.* (Hrsg.), Politische Theorien in der Ära der Transformation, (PVS-Sonderheft 26/95), Opladen 1995, S. 211–235

Senghaas, D. (1994), Wohin driftet die Welt? Über die Zukunft friedlicher Koexistenz, Frankfurt/M. 1994

Stockholm International Peace Research Institute (SIPRI) (1995), SIPRI Yearbook 1995, Oxford 1995

Streeck, W. (1996), Neo-Voluntarism: A New European Social Policy Regime?, in: *Marks, G., Scharpf, F. W., Schmitter, P. C., Streeck, W.* (Hrsg.), Governance in the European Union, London, S. 64–94

Spruyt, H. (1994), The Sovereign State and its Competitors. The Analysis of Systems Change, Princeton 1994

Thomson, J., Krasner, S. (1989), Global Transactions and the Consolidation of Sovereignty, in: *Czempiel, E.-O., Rosenau, J. N.* (Hrsg.), Global Changes and Theoretical Challenges, Lexington 1989, S. 195–219

Walter, A. (1991), World Power and World Money. The Role of Hegemony and International Monetary Order, New York et al. 1991

Zangl, B., Zürn, M. (1996), Die Auswirkungen der Globalisierung auf die Sicherheit in der OECD-Welt, in: *Prüfert, A., Lippert, E., Wachtler, G.* (Hrsg.), Sicherheit in der unsicheren Gesellschaft, Opladen 1996, S. 157–158.

Zürn, M. (1992), Jenseits der Staatlichkeit, in: Leviathan 4/92, S. 490–513

Zürn, M. (1995), What has changed in Europe? The Challenge of Globalization and Individualisation, in: *Holm, H.-H., Sørensen, G.* (Hrsg.), Whose World Order? Uneven Globalization and the End of the Cold War, Boulder, Colo. 1995, S. 137–163

Zürn, M. (1996), Über den Staat und die Demokratie im europäischen Mehrebenensystem, in: Politische Vierteljahresschrift 1/96, S. 27–55

Kapitel 3
Unternehmen und Politik im europäischen Umfeld

von *Eberhard Meller*

1 Von der Europäischen Gemeinschaft für Kohle und Stahl bis zur Wirtschafts- und Währungsunion

1.1 Wirtschaft im Zentrum der europäischen Einigung

Die Wirtschaft war stets die Triebfeder des europäischen Einigungsprozesses. Als grundlegende Ziele dieser Einigung nennen die Gründungsverträge der Europäischen Gemeinschaft (EG):

- die harmonische Entwicklung des Wirtschaftslebens,
- die Hebung des Lebensstandards,
- das Bemühen um Vollbeschäftigung,
- die Gewährleistung wirtschafts- und währungspolitischer Stabilität.

Die Verwirklichung dieser allgemeinen wirtschaftlichen Ziele ist allen unter dem Dach der Europäischen Union zusammengeführten Gemeinschaften aufgegeben. Zunächst ging es aber darum, „die Gesamtheit der deutsch-französischen Produktion von Kohle und Stahl unter eine gemeinsame oberste Autorität innerhalb einer Organisation zu stellen, die der Mitwirkung anderer Staaten Europas offensteht" (Erklärung des damaligen französischen Außenministers, *Robert Schuman*, vom 9. Mai 1950). Hintergrund dieses Vorschlags war die Erkenntnis, daß es zuwenig sinnvoll war, Deutschland einseitige Kontrollen aufzuzwingen. Andererseits wurde aber ein völlig unabhängiges Deutschland immer noch als eine potentielle Friedensbedrohung empfunden. Der einzige Ausweg aus dem Dilemma bestand darin, Deutschland politisch und vor allen Dingen wirtschaftlich in eine festgefügte Gemeinschaft Europa einzubinden. Die Europäische Gemeinschaft für Kohle und Stahl (EGKS) erfüllte diese Aufgabe im Rahmen der gemeinschaftlichen Verwaltung der Kohle- und Stahlindustrie, die damals eine Schlüsselrolle in den nationalen Wirtschaften einnahm. Dazu gehörte unter anderem die Sicherung der Versorgung der Märkte mit Kohle und Stahl, die Regulierung der Preise, die Verbesserung der Lebens- und Arbeitsbedingungen der Arbeitnehmer, die Förderung des Handels und der Investitionen sowie die strukturelle Anpassung der europäischen Montanindustrie an die veränderten weltwirtschaftlichen Verhältnisse. Letzteres hat dazu geführt, daß die Stahlindustrie heute nur noch einen kleinen Teil zum europäischen Bruttosozialprodukt beiträgt und zur Zeit in Brüssel zwischen den Beteiligten über die Modalitäten der Auflösung der EGKS im Jahr 2000 verhandelt wird. Die Unternehmenskultur der Stahlindustrie, die geprägt war durch Preisbindung und Absprachen, hat sich dementsprechend gewandelt und normalisiert, das heißt einem normalen europäischen Unternehmen angepaßt, das im weltweitem Wettbewerb steht und keine Zuflucht mehr bei der Europäischen Kommission als Hüterin der Verträge findet. Dies wurde 1993/94 offenkundig, als es trotz der damaligen Absatzkrise nicht gelang, zu freiwilligen Quotenregelungen zu kommen.

Nachdem das Projekt einer europäischen Armee 1954 am Widerstand der französischen Nationalversammlung gescheitert war, beschlossen die sechs Gründerstaaten der EGKS, ihre Arbeit am europäischen Einigungswerk dort fortzusetzen, wo man mit der EGKS begonnen hatte, nämlich auf dem weniger von nationalen Emotionen geprägten Gebiet der Wirtschaft. So war man zwar bescheidener geworden, kam aber dadurch der europäischen Wirklichkeit näher. 1957 wurde beschlossen, eine Wirtschaftsgemeinschaft mit freiem Waren-, Dienstleistungs- und Personenverkehr zu gründen. Die europäische Wirtschaftsgemeinschaft (EWG), die im Maastricht-Vertrag über die Europäische Union in „Europäische Gemeinschaft" (EG) umbenannt wurde, ging über den sektoriellen Ansatz der EGKS hinaus, indem sie die Mitgliedstaaten auf allen Wirtschaftsgebieten zu einer Gemeinschaft zusammengeführt hat. Dies gilt neben den oben genannten drei großen Freiheiten für den freien Kapital- und Zahlungsverkehr, die Wettbewerbspolitik, die Wirtschafts- und Währungspolitik, die Landwirtschaftspolitik, die Verkehrspolitik, die Umweltpolitik, die Forschungs- und Technologiepolitik und die Industriepolitik. Damit werden die Rahmenbedingungen der Unternehmen in Europa weitgehend von Brüssel bestimmt.

1.2 Der EG-Binnenmarkt als Freiraum für die Unternehmen

Der entscheidende Durchbruch für die „Freiheit" der Unternehmen kam aber in der Gestalt des Binnenmarktprogramms „Europa '92", das der damalige Kommissionspräsident *Jacques Delors* 1985 vor den Abgeordneten des Europäischen Parlaments entwickelte und das die Vollendung eines europäischen Binnenmarktes bis Ende 1992 vorsah. Zu diesem Zweck stellte die Kommission in einem „Weißbuch" 282 Maßnahmen vor, die, untermauert durch die Verabschiedung der Einheitlichen Europäischen Akte (EEA) 1987, bis Anfang 1993 weitgehend verabschiedet, aber bis heute noch nicht in allen Mitgliedstaaten umgesetzt sind. Die Bilanz ist aber insgesamt gesehen zufriedenstellend. Fortschritte für die Unternehmen wurden hauptsächlich in den folgenden Bereichen erzielt:

- öffentliches Auftragswesen: durch die Ausweitung der Richtlinie über öffentliche Liefer- und Bauaufträge auf die sogenannten „ausgeschlossenen Sektoren" Verkehr, Energie, Telekommunikation, wobei größere Transparenz und Kontrolle angestrebt werden; wie die jüngste Kontroverse zwischen den USA und der Bundesrepublik und die mögliche Klage der Kommission vor dem Europäischen Gerichtshof (EuGH) zeigen, scheint es gerade in Deutschland bei der Umsetzung noch gewisse Defizite zu geben;
- Beseitigung steuerlicher Unterschiede durch die Annäherung der nationalen Bestimmungen über indirekte Steuern, Mehrwertsteuer und Verbrauchssteuern: gerade deutsche Unternehmen drängen je-

doch darauf, daß die gegenwärtige Übergangsregelung der Kommission für die Mehrwertsteuer, die noch beim Bestimmungsland anstatt beim Ursprungsland anknüpft, bald geändert wird, da sie zu einer zusätzlichen Verwaltungs- und Kostenbelastung der Unternehmen geführt hat;
- Liberalisierung der Kapitalmärkte und der Finanzdienstleistungen einschließlich der Versicherungswirtschaft, die sich auf deutscher Seite damit, zumindest am Anfang, schwergetan hat;
- technische Harmonisierung und Normung: durch die gegenseitige Anerkennung nationaler Vorschriften und Bescheinigungen (statt Totalharmonisierung durch die Kommission) sowie durch die Anerkennung des Grundsatzes der Äquivalenz der nationalen Normen neben bestimmten Harmonisierungsmaßnahmen auf den Gebieten Sicherheit und Umweltbelastung;
- Beseitigung technischer Hindernisse (freie Berufsausübung und äquivalente Ausbildungsgänge) und materieller Hindernisse (Grenzkontrollen) – Freizügigkeit;
- Schaffung günstiger Rahmenbedingungen für die industrielle Zusammenarbeit durch Harmonisierung des Gesellschaftsrechts und Angleichung der Rechtsvorschriften über das geistige und gewerbliche Eigentum (Warenzeichen und Patente); allerdings befindet sich das europäische Unternehmensrecht, das zum Kernbereich der Binnenmarktgesetzgebung gehört (einschließlich des Banken-, Börsen- und Versicherungsrechts entstand ein Geflecht von 60 Gesetzesinitiativen), gegenwärtig im Umbruch. Das Tempo der Rechtsangleichung hat spürbar nachgelassen. Supranationale Gesellschaftsformen wie die Europäische Aktiengesellschaft sind bis heute nicht verabschiedet. Wichtige gesellschaftspolitische Projekte liegen seit vielen Jahren auf Eis und werden im Rat und im Europäischen Parlament nicht mehr verhandelt. Fragen der Mitbestimmung und Subsidiarität offenbaren ein Ende der Kompromißbereitschaft.

Trotz dieser Defizite ist ein in der Welt einmaliger Binnenmarkt mit 372 Mio. Verbrauchern und einem Bruttosozialprodukt von 6,44 Mrd. ECU entstanden, kurzum ein Tummelplatz für innovative Unternehmen.

1.3 Wirtschafts- und Währungsunion als Krönung des Binnenmarktes

Nicht zuletzt bestärkt durch die positive Resonanz auf das Binnenmarktprogramm stellten die Staats- und Regierungschefs der Mitgliedstaaten der Europäischen Union bereits im Juni 1988 die Weichen in Richtung auf eine Wirtschafts- und Währungsunion (WWU). Hintergrund dieser Initiative war die Überlegung, daß die Vorteile des Binnenmarktes erst dann für die Unionsbürger und Unternehmen vollständig zum Tragen kommen können, wenn sie mit festen Wechselkursen für ihr Geld oder sogar mit einer gemeinsamen europäischen Währung rechnen können. Da die Hindernisse für einen freien Geld- und Kapitalverkehr zwischen den Mitgliedstaaten gefallen sind und auch die Banken und Versicherungen in immer größerem Maße ihre Tätigkeit über die Grenzen hinweg ausüben, werden die Kapitalströme immer stärker. Die Möglichkeiten der Mitgliedstaaten, eine unabhängige Geld- und Währungspolitik zu betreiben, werden dadurch erheblich eingeengt. Im Sog der Vollendung des Binnenmarktes wurde deshalb auch der Zwang zu einer verstärkten währungspolitischen Kooperation und zu einem größeren Tempo zur WWU immer stärker.

Folgerichtig hat daher der Maastricht-Vertrag den EWG-Vertrag um einen Titel „Wirtschafts- und Währungspolitik" erweitert, in welchem die Verwirklichung der WWU in drei Stufen bis zur Jahrtausendwende vorgeschrieben ist. Nachdem die EU-Gipfel Ende 1995 in Madrid und im Sommer 1996 in Turin die Voraussetzungen für den fristgerechten Eintritt in die dritte Stufe 1999 geschaffen haben, steht die wirtschaftliche Einigung damit vor zwei großen Herausforderungen:

Zum einen gilt es, den Binnenmarkt mit Leben zu füllen und vor allem die teilweise in einigen Mitgliedstaaten noch bestehenden Lücken im Regelwerk des Binnenmarktes zu schließen. Die Aussichten dafür sind günstig, da das Binnenmarktkonzept vieles bereits erreicht hat und auch weiterhin auf breite Zustimmung und Rückhalt in Politik und Wirtschaft, aber auch bei den Unionsbürgern zählen kann. Einen neuen Schub hat der Binnenmarkt durch die Verabschiedung des Aktionsprogrammes durch die Staats- und Regierungschefs auf dem Amsterdamer Gipfel Mitte Juni 1997 bekommen.

Zum anderen wird es darum gehen, nicht nur die Konvergenzkriterien als Voraussetzung für die WWU rechtzeitig zu erfüllen, sondern insgesamt die Akzeptanz für den Euro zu verstärken. Dieses Unterfangen dürfte weit schwieriger zu erreichen sein, weil es den Staats- beziehungsweise Regierungschefs, aber auch den Gemeinschaftsorganen nicht gelungen ist, die durch das Binnenmarktkonzept ausgelöste und allseits spürbare Aufbruchstimmung in das Projekt „Wirtschafts- und Währungsunion" zu vermitteln. Verantwortlich dafür sind vor allem Informations- und Erklärungsdefizite, die beim Unionsbürger auch gegenüber einer Vertiefung der wirtschaftlichen

Einigung zu Mißtrauen und Ablehnung geführt haben. Viele Unionsbürger erkennen weder die Notwendigkeit noch die Vorteile einer stärkeren wirtschaftlichen Verflechtung der Mitgliedstaaten, sondern sie beherrscht vielmehr das Gefühl, etwa im Hinblick auf ihre nationale Währung, ihnen würde durch die Wirtschafts- und Währungsunion Vertrautes und Bewährtes genommen; ein Gefühl, das gerade auch bei deutschen mittelständischen Unternehmen weit verbreitet ist. Es ist deshalb Aufgabe aller, nicht nur für die Erfüllung der wirtschaftlichen Voraussetzungen für eine Wirtschafts- und Währungsunion Sorge zu tragen, sondern sich auch gezielt um die Menschen in dieser Union und deren Bedenken zu bemühen.

Aus diesem Grund hat der BDI unter Führung seines Präsidenten, *Hans-Olaf Henkel,* Anfang 1996 das „Industrie-Forum EWU" ins Leben gerufen, das Anfang Juli nach eingehender Diskussion in seinem Abschlußbericht „Der Euro: Chance für die deutsche Industrie" zu dem Schluß kommt, daß „nach einer kritischen Abwägung der Chancen und Risiken die Vorteile für die deutsche Industrie eindeutig überwiegen". Gerade für die deutsche Industrie fallen folgende handfeste Vorteile ins Gewicht:

- Der Euro erhöht die Planungssicherheit für die Industrie, weil Wechselkursrisiken innerhalb der Währungsunion entfallen.
- Auf diese Weise wird der Euro ein Stück Chancengleichheit zwischen jenen Unternehmen schaffen, denen die Devisenmärkte offenstehen, und jenen, die sich eine aufwendige Sicherung gegen Währungsschwankungen nicht leisten können.
- Der Euro wird dazu beitragen, daß sich auf dem Europäischen Binnenmarkt ein intensiverer, aber auch fairerer Wettbewerb durchsetzt, in dem die Leistung und nicht Währungsvorsprünge entscheiden.
- Der Euro wird zu einer höheren Stabilität in Europa führen, weil die Währungsunion einen ständigen Druck auf die Finanzpolitik der Teilnehmer und jener Staaten ausübt, die ihr beitreten wollen.
- Der Euro wird eine Sogwirkung auf die übrigen Währungen in Europa entfalten, so daß er weitaus besser als die D-Mark die Funktion einer stabilen Ankerwährung übernehmen kann.
- Als Kernelement des europäischen Einigungsprozesses hilft der Euro zu verhindern, daß Europa in eine Zeit nationalstaatlicher Egoismen zurückfällt.
- Schließlich verbessert der Euro die Voraussetzungen dafür, daß sich die EU den Beitrittskandidaten in Mittel- und Osteuropa öffnen kann. Hiervon wird insbesondere die deutsche Industrie profitieren.

Das Verhältnis von Chancen und Risiken wird umso günstiger ausfallen, je besser es gelingt, das „magische Euro-Dreieck" – Stabilitätskriterien, Zeitplan und Teilnehmerkreis – in Harmonie zu bringen. Die Risiken, die mit einer Verschiebung des Zeitplans verbunden sind, dürfen nicht unterschätzt werden. Nicht nur die Konvergenzanstrengungen würden nachlassen, auch die Glaubwürdigkeit stünde auf dem Spiel. Durch Warten werden die Chancen nicht besser! Es erscheint sinnvoller, termingerecht zum 1. Januar 1999 mit einer kleineren Gruppe von Teilnehmern zu beginnen. Grundlage für die Auswahl der Teilnehmerstaaten sind die vertraglichen Konvergenzkriterien. Kommt die Währungsunion auf absehbare Zeit nicht zustande, hätte dies gravierende Konsequenzen: Der erreichte Integrationsstand würde Schaden nehmen. Insbesondere wären neue Wechselkursturbulenzen zu befürchten. Der Aufwertungstrend der D-Mark könnte sich fortsetzen. Wie sollen die Unternehmen unter diesen Umständen ihre internationalen Investitions- und Handelsstrategien sinnvoll planen können?
Scheitert die Währungsunion, muß zudem befürchtet werden, daß die Konvergenzanstrengungen in den EU-Staaten wieder erlahmen. Der Anreiz, früher oder später in die Währungsunion einzutreten, ist ein wesentliches Motiv, für Stabilität und geordnete Staatsfinanzen zu sorgen. Kehrt der geld-, finanz- und lohnpolitische Schlendrian europaweit wieder zurück, würde die dringend notwendige Stärkung der Wettbewerbskraft Europas auf die lange Bank geschoben. Vor allem die Wettbewerbsfähigkeit der deutschen Industrie wäre neuen Belastungen ausgesetzt. Schließlich dürfen die negativen Auswirkungen eines Scheiterns der Währungsunion auf die anderen Integrationsfelder nicht aus dem Blickfeld geraten. Es ist fraglich, ob dann noch nennenswerte Fortschritte bei der Harmonisierung der Außen-, Steuer-, Umwelt- oder Verkehrspolitik erwartet werden könnten.

2 Der Einfluß der Unternehmen auf die europäische Politik

Die europäische Politik vollzieht sich nicht im luftleeren Raum oder ist nur Sache der nationalen Regierungen oder europäischen Institutionen. Sie entsteht vielmehr im Wechselspiel der gesellschaftlichen Kräfte, sei es national oder europäisch. Zu diesen gehören an vorderster Front die Unternehmen, das heißt die Wirtschaft. So war zum Beispiel der europäische Arbeitgeber- und Industrieverband (UNICE) eine der maßgeblichen „driving forces" des Binnenmarkets.

2.1 Eurolobbying

Inzwischen hat es sich auch bei den Unternehmen und ihren Verbänden herumgesprochen, daß die Entscheidungen nicht mehr hauptsächlich in Bonn oder Paris fallen, sondern in Brüssel. Es wird geschätzt, daß derzeit rund 60 % aller für die Wirtschaft maßgeblichen Gesetze von der Europäischen Gemeinschaft erlassen werden. Nach Vollendung des Binnenmarktes hat sich die Anzahl der zu verabschiedenden Richtlinien und Verordnungen zwar verringert, der Trend nach Brüssel hat jedoch trotz Subsidiaritätsprinzip nicht abgenommen, sondern sich allenfalls verlangsamt. Zur Zeit werden ca. 80 Richtlinien und Verordnungen pro Jahr verabschiedet (1992 ca. 120). Dabei handelt es sich nicht mehr nur um Traktorensitze oder um den Fettgehalt von Fruchtjoghurt, sondern um die Qualität unseres Trinkwassers, die Höhe von Mineralöl- und Tabaksteuern, die Fusion zwischen Siemens und Nixdorf, die Liberalisierung des Telekommunikations- und Energiebinnenmarktes, den Automobilanteil der Japaner in der EU, wieviel Fördermittel in den neuen Bundesländern ausgegeben werden dürfen, kurzum wie die künftige Wirtschaftspolitik in Europa und Deutschland gemacht wird.
Entscheidend für diese Entwicklung war die Verabschiedung des Binnenmarktprogramms 1985 und der Einheitlichen Europäischen Akte 1987. Damit ging man für einige Bereiche, insbesondere für den Binnenmarkt, von der bisher üblichen Einstimmigkeit zu einer qualifizierten Mehrheitsentscheidung über. Ferner wurde der sachliche Kompetenzbereich erweitert, zum Beispiel auf die Forschungs-, Umwelt- und Verkehrspolitik. Dieses veränderte Umfeld hat dazu geführt, daß sich nicht nur die Anzahl der Lobbyisten drastisch vermehrt hat (Schätzungen sprechen von einer Verzehnfachung in den letzten fünf Jahren), sondern daß auch die bisher in Brüssel ansässigen Verbände sich entweder verstärken oder durch europäische Zusammenschlüsse neu formieren.

2.1.1 Lobby hat bereits Tradition

Die Politik ist Trendsetter für die Lobby, das heißt ihre Strukturen und Arbeitsweisen entwickeln sich entsprechend den sich ändernden politischen Strukturen. Daher ist es nicht verwunderlich, daß einer der ersten Verbände der Europäischen Gemeinschaft der Verband des Kohlebergbaus war, sozusagen als Pendant der Montan-Union. Im Anschluß an die Gründung der EWG im Jahr 1957 entstanden dann europäische Verbände in großer Breite. Bei den meisten dieser Verbände handelt es sich um europäische Branchenorganisationen.

Das Spektrum reicht vom Verband der europäischen Automobilindustrie (ACEA) und der europäischen chemischen Industrie (CEFIC), der Keramikindustrie und der Holzindustrie über den europäischen Bankenverband, die Organisation der europäischen Sparkassen und die Organisation der europäischen Versicherungswirtschaft bis zum Verband der europäischen Mischfutterindustrie. Daneben gibt es einige branchenübergreifende Organisationen, insbesondere:

- UNICE (Vereinigung der nationalen Dachverbände von Industrie und Arbeitgebern),
- Eurochambres (Vereinigung der nationalen Dachorganisationen der Industrie- und Handelskammern),
- COPA (europäische Vereinigung nationaler Bauernverbände),
- CEEP (Vereinigung öffentlicher Unternehmen),
- EGB (Vereinigung der nationalen Dachverbände der Gewerkschaften).

Zu erwähnen wäre noch der European Round Table (ERT) als lockerer Zusammenschluß von sechzig europäischen Multis, die sich ein- bis zweimal im Jahr pressewirksam zu bestimmten europäischen Themen äußern, aber keine kontinuierliche Lobbyarbeit leisten.

Die europäischen Verbände sind in der Regel Zusammenschlüsse von nationalen Verbänden, wobei in jüngster Zeit bei dem europäischen Automobil- und dem Chemieverband sozusagen als zweite Kammer auch Unternehmen direkt Mitglieder werden können. Neben den großen Branchenverbänden für Chemie, Stahl, Automobil und Banken gibt es gegenwärtig über 500 europäische Branchenorganisationen, die vielfach Ein- bis Zwei-Personen-Büros unterhalten, auf ganz spezifische sektorielle Interessen ausgerichtet sind (zum Beispiel der Verband der Talg- und Schmalzindustrie, der Suppenindustrie sowie der Verband der Nähfadenindustrie und der Bandweber) oder sich ad hoc zu akuten Themen zusammenschließen (zum Beispiel zwölf Vereinigungen der Verpackungshersteller im Hinblick auf die EG-Verpackungsrichtlinie).

Seit der Gründung der EG hat sich somit in Brüssel ein breit angelegtes und differenziertes europäisches Lobbywesen entwickelt (vgl. Abb. 3.1). Bis vor wenigen Jahren waren Verbände jedoch politisch relativ schwach. Ihre Aktivitäten hatten aus Sicht ihrer Mitgliedsverbände vielfach nur subsidiären Charakter, während das Schwergewicht des EG-Lobbying bei den nationalen Verbänden lag. Diese Entwicklung und Rollenverteilung ist im Umbruch begriffen. Die Ausweitung der EU-Kompetenzen und die veränderten Entscheidungsmechanismen haben nicht nur zu einer Verstärkung des europäischen Verbandswesens geführt, sondern auch zu einer Verstär-

Zahl der Lobbyisten-Büros in Brüssel 1995

		davon deutsch
Internationale Wirtschafts- und Berufsdachverbände*	307	–
Nationale Wirtschafts- und Berufsverbände (z.B. BDI)	88	51
Verbindungsbüros von Firmen (z.B. Daimler-Benz)	193	25
Nationale Dachorganisationen von Handelskammern (z.B. DIHT)	13	1
Auslandshandelskammern (z.B. Debelux)	32	1
Gebietskörperschaften (Länder; Kommunen)	90	17
Interessengruppen (z.B. BEUC; Greenpeace; pol. Stiftungen)	113	5
Internationale Organisationen (z.B. GATT, UN)	87	–
Internationale Gewerkschaftsorganisationen	19	–
Anwaltskanzleien	147	26
Public affairs: Consultings	88	0
Management: Unternehmensberatungen	25	10
Public-Relations-Agenturen	19	0
Total	1221	139

* inkl. europäische Unternehmensverbände (z.B. Verband der Automobilsbauer ACEA).

Quelle: The European Public Affairs Directory 1995. Ständige Vertretung der Bundesrepublik Deutschland bei der EU

Deutsche Lobbys 1995 in Brüssel (in zeitlicher Reihenfolge)

	Eröffnungsjahr	Zahl der Mitarbeiter
Bundesverband der deutschen Industrie (BDI)	1958	6
Deutscher Raiffeisenverband	1967	2
Vereinigung deutscher Elektrizitätswerke (VDEW)	1978	2
Daimler Benz	1990	12
Deutsche Bank	1990	6
Deutsche Telekom	1990	13
Zentralverband des deutschen Handwerks	1990	6
Daimler Benz Aerospace (DASA)	1991	4
Deutscher Fleischerverband	1991	2
BMW	1992	3
Commerzbank	1992	3
Bertelsmann	1993	5
Deutsche Gesellschaft für Technische Zusammenarbeit (GTZ)	1993	2
MAN	1993	1
Preussag	1993	3
RWE	1993	4
Verband der chemischen Industrie (VCI)	1993	3
Volkswagen Koordinationszentrum	1994	3

Quelle: EUmagazin (Stichprobenumfrage 1995)

Abb. 3.1: Europäisches Lobbywesen

kung der nationalen Repräsentanzen bzw. des nationalen Lobbying. So hat nicht nur der BDI seine Vertretung verstärkt. Neben vier bereits seit längerer Zeit in Brüssel ansässigen Mitgliedsverbänden des BDI haben inzwischen drei weitere Mitglieder in Büro-Gemeinschaft mit dem BDI Vertretungen in Brüssel eröffnet. Darüber hinaus haben inzwischen auch über zwanzig deutsche Unternehmen, angefangen von Siemens, Daimler Benz, RWE bis VEBA, eine Repräsentanz in Brüssel errichtet. Ebenfalls vertreten sind die anderen Spitzenverbände der deutschen Wirtschaft wie die Bundesvereinigung der Deutschen Arbeitgeberverbände (BDA), der Deutsche Industrie- und Handelstag (DIHT) und der Zentralverband des deutschen Handwerks (ZdH). Ähnlich vielfältig ist die Wirtschaft anderer Mitgliedstaaten vertreten. So gehört zum Beispiel zu den am stärksten vertretenen Verbänden die Confindustria, der „italienische BDI".
Die duale Verstärkung (EU-weit und national) insbesondere der deutschen Lobby liegt an dem besonderen Charakter der Europäischen Union. Sie stellt eine Mischung von Staatenbund mit supranationalen Elementen dar: der Ministerrat als Letztentscheider, die Kommission als das eigentliche Gemeinschaftsorgan mit ihrem Initiativrecht sowie das Europäische Parlament mit zunehmenden Mitentscheidungsrechten. Bei beiden Gemeinschaftsorganen, dem Europäischen Parlament und der Kommission, spielt das nationale Element noch eine große Rolle. Trotz der Mitgliedstaaten übergreifenden Fraktionsbildung haben die nationalen Gruppen innerhalb des Europäischen Parlamentes ein starkes Gewicht. Ähnliches gilt für die Kommissare, die zu den Hauptstädten, die sie benannt haben, engen Kontakt halten. Diese Zweigleisigkeit wird die EU auch in den nächsten Jahren noch prägen. Allerdings wird sich bei der Verwirklichung der Wirtschafts- und Währungsunion das supranationale Element potentiell verstärken. Inwieweit sich die Ergebnisse der Regierungskonferenz 1996 auf diese Machtbalance auswirken werden, ist derzeit noch nicht abzusehen. Gelingt es, die Außenpolitik und Teile der Innen- und Justizpolitik zu vergemeinschaften, wird die Bedeutung Brüssels weiter zunehmen.

2.1.2 Besondere Anforderungen an die Lobby der Unternehmen

Angesichts dieser Ausgangslage ist das Euro-Lobbying für die Wirtschaft und ihre Verbände schwieriger, komplexer und damit personal- und arbeitsintensiver als in den nationalen Hauptstädten geworden. Die europäischen Organe wie Kommission, Europäisches Parlament und Wirtschafts- und Sozialausschuß sind vor Ort stärker zu betreuen. Keine Institution eines demokratischen Staates, selbst unter denen, deren Macht auf dem direkten Mandat beruht, hat so weitgehende Kompetenzen wie die Europäische Kommission. Sie hat einerseits das Monopol für die Initiative für Verordnungen, Direktiven und andere Gemeinschaftsmaßnahmen und zum anderen die ausführende Gewalt, was in allen Mitgliedstaaten unter die Trennung von Legislative und Exekutive fallen würde. Die weitere große Besonderheit der Europäischen Institutionen besteht nicht in ihrer geringen Zahl, sondern in der Art, wie sie funktionieren. Das Funktionieren ist nicht nur komplex, sondern äußerst kompliziert, weil ganze Heerscharen von Ausschüssen und Arbeitsgruppen einbezogen werden, deren Mitglieder natürlich unterschiedlicher Staatsangehörigkeit mit unterschiedlichen Verhaltensweisen sind und deren Arbeitsergebnisse daher nur sehr schwer prognostizierbar sind. Um das Lobbying in Brüssel zu verstehen, muß man sich immer wieder vor Augen führen, daß Entscheidungsprozesse in Brüssel anders organisiert sind als in den Mitgliedstaaten. Legislative Gemeinschaftsentscheidungen werden immer im Zusammenspiel von fünfzehn Mitgliedstaaten getroffen und beruhen auf einem ausgewogenen Interessenausgleich (vgl. Abb. 3.2).

2.1.3 EU-Lobby des BDI als Beispiel

Einem industriellen Spitzenverband wie dem BDI stehen – vereinfacht – für sein Eurolobbying drei Instrumente zur Verfügung:
- UNICE, der Verband der europäischen Unternehmerschaft,
- Koalition mit anderen nationalen Unternehmerverbänden in Europa,
- deutsche Wirtschaftslobby in Brüssel, das heißt deutsche Verbände und Unternehmen.

Welches Instrument am effizientesten ist, hängt vom Einzelfall ab. Oft müssen alle drei Instrumentarien angewandt werden. Dabei empfiehlt sich ein umgekehrtes Subsidiaritätsprinzip. Alles, was im Rahmen von UNICE durchsetzbar ist, sollte über UNICE geschehen. UNICE gehören 32 Verbände aus 22 Ländern an. Manchmal ist die Wirtschaft der Politik voraus. So sind in UNICE nicht nur die fünfzehn EU-Staaten vertreten, sondern auch die vier restlichen EFTA-Staaten sowie Malta, Zypern und die Türkei. Es hat sich gezeigt, daß die Durchschlagskraft von Argumenten immer dann am stärksten ist, wenn es gelingt, sich unter den verschiedenen nationalen Industrieverbänden auf gesamteuropäische Positionen zu einigen. Sowohl bei der Kommission als auch beim Europäischen Parlament ist dann die größte Aufmerksamkeit gegeben. Hierfür bieten sich insbesondere die Felder an, die für die gesamte europäische Industrie von Bedeu-

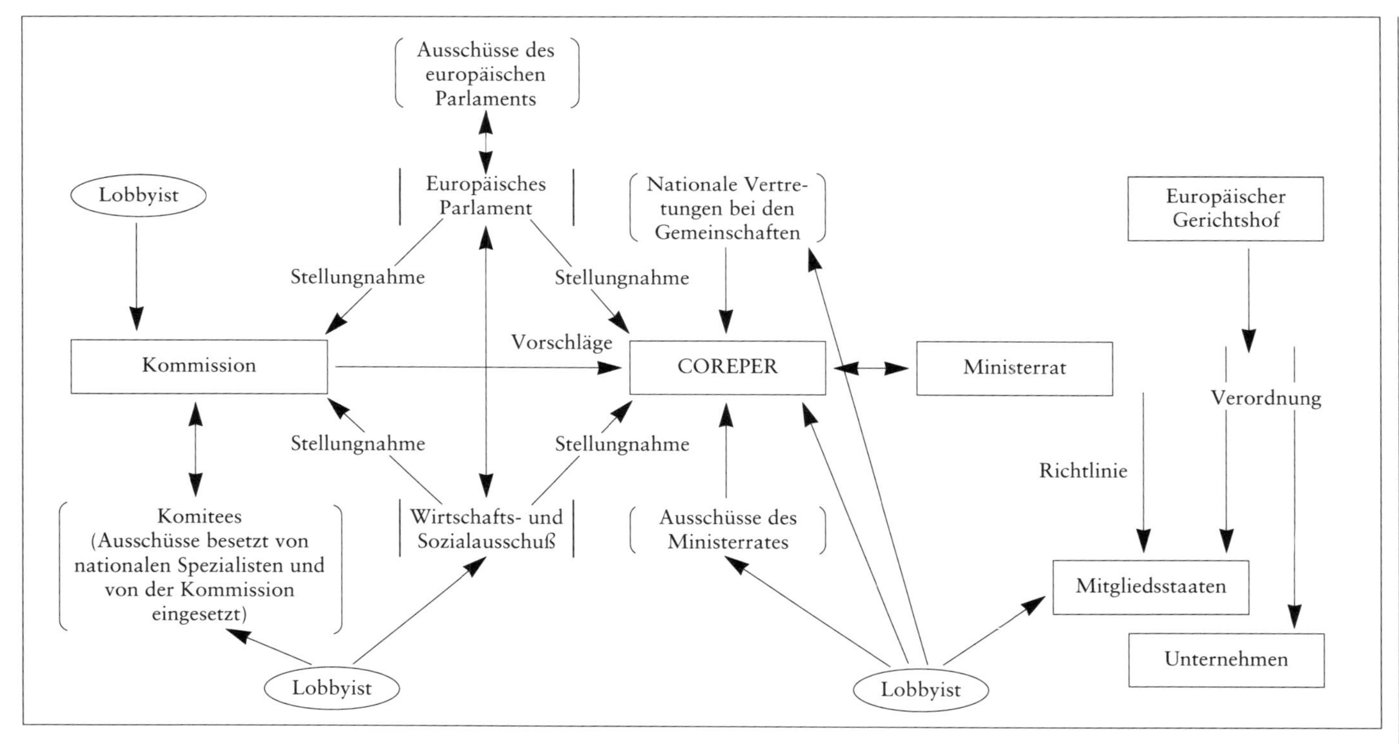

Abb. 3.2: Das Gesetzgebungsverfahren der europäischen Institution

tung sind, zum Beispiel Außenwirtschafts- und Binnenmarktfragen, sei es die Uruquay-Runde oder die Steuerharmonisierung. Geht es um Grundsatzäußerungen zur europäischen Industriepolitik, so ist UNICE gefragt, geht es um die Normierung technischer Details für Erntemaschinen, so ist sicher der europäische Verband der Landmaschinenhersteller der geeignete Gesprächspartner für die europäischen Institutionen.

Da auf einigen Gebieten aufgrund zum Teil unterschiedlicher wirtschaftspolitischer Traditionen der Unternehmerschaft in den Mitgliedstaaten kein Konsens innerhalb UNICE möglich ist, ist der BDI hier auf Koalitionen angewiesen. Um rein nationale Belange geht es dagegen bei Beihilfen in den neuen Bundesländern, zum Beispiel im Werftenbereich. Inwieweit Koalitionen mit anderen nationalen Spitzenverbänden geschlossen werden, hängt vom Einzelfall ab. Als Beispiel ist zu nennen das Delors II-Paket zur Finanzierung der Gemeinschaft. Hier haben sich vor allen Dingen Unternehmerverbände aus den nördlichen Mitgliedsländern gegen die zum Teil überhöhten Forderungen der Europäischen Kommission gewandt. Ein weiteres Beispiel ist die Industriepolitik: insbesondere der englische, der holländische und der deutsche Industrieverband wenden sich gegen jegliche dirigistischen und protektionistischen Maßnahmen der Kommission.

2.1.4 Direktes Lobbying der Unternehmen

Die Unternehmen in Europa artikulieren sich nicht nur im Rahmen der Verbände, sondern oft auch direkt. Kriterien hierfür sind in erster Linie die unmittelbare Betroffenheit von einer europäischen Regelung oder Wohltat (zum Beispiel im Rahmen der Forschungsförderung) und zum zweiten die Größe der Unternehmen. Kleinere mittelständische Unternehmen haben oft nicht das Know-how, das Personal oder die Zeit, unmittelbar in Brüssel vorstellig zu werden. Sie sind mehr als große Unternehmen auf ihre Verbände angewiesen. Viele Unternehmen sind in Brüssel in Form einer Triade bzw. Pyramide präsent. Das Unternehmen ist vertreten durch den europäischen Verband, die Brüsseler Vertretung seines nationalen Verbandes und durch eine eigene Firmenvertretung.

Darüber hinaus haben sich vor allen Dingen multinationale Unternehmen in Brüssel organisiert, um direkten Einfluß auf die Europapolitik zu nehmen. Zum Beispiel der bereits genannte „European Round Table“ (ERT). Im Gegensatz zu UNICE, die sich als „Arbeitspferd“ der Eurolobby mit der gesamten europäischen Gesetzgebung und horizontalen Wirtschaftsfragen beschäftigt, versteht sich

der ERT als politischer Trendsetter oder Politikpromotor. Zu diesem Zweck hat der ERT seit seiner Gründung Anfang der 80er Jahre weithin sehr beachtete Papiere unter anderem zur Förderung des Binnenmarktes („Europa 1990“) oder der europäischen Verkehrsinfrastruktur („Missing Links“) veröffentlicht und durch strategische Arbeitsessen mit Kommissionspräsident Delors und verschiedenen Regierungschefs flankiert.
Um den Unternehmen eine direkte Mitsprachemöglichkeit bei UNICE zu geben, wurde 1990 die UNICE-Beratungs- und Förderungsgruppe (UASG) gegründet, der heute fünfundzwanzig vor allen Dingen multinationale Unternehmen angehören.
Amerikanische Unternehmen in Europa gründeten etwa zur selben Zeit den Europaausschuß der Amerikanischen Handelskammer in Brüssel (EC Committee of AmCham), nachdem Versuche direkten konfrontalen Lobbyings nach amerikanischem Muster in den 80er Jahren gescheitert waren (anläßlich des sogenannten Vredeling Entwurfes über Mitbestimmung). Heute gehören dem Ausschuß, der inzwischen ein Muster des diskreteren und subtileren Eurolobbying geworden ist, 140 amerikanische Unternehmen an.
Oft ist es auch die Kommission selbst, die ad hoc Unternehmen direkt einbinden will, zum Beispiel wenn Kommissar *Bangemann* sich für seine „Round Tables“ in Japan, Taiwan oder USA mit Unternehmenschefs umgibt. Dabei dienen diese Gespräche weniger der Erörterung strategischer Fragen, sondern eher als Plattform zur Erleichterung und Anbahnung von Geschäftsbeziehungen.

3 Europapolitische Strategien der Unternehmen

3.1 Wettbewerbsfähigkeit

Oberstes Ziel der Unternehmen in Europa ist es, ihre Wettbewerbsfähigkeit zu stärken. Diese Aufgabe wurde vor allen Dingen Anfang der 90er Jahre immer dringlicher, als die europäische Industrie zunehmend gegenüber den USA und Japan an Boden verlor und parallel dazu die Arbeitslosigkeit immer mehr stieg, um jetzt einen Stand von über 11 % im EU-Durchschnitt zu erreichen. Dies hat dazu geführt, daß UNICE mit ihren Mitgliedsverbänden 1994 einen vielbeachteten Bericht „Für ein wettbewerbsfähiges Europa“ („Making Europe more competitive – Towards world-class performance“, Bruxelles 1994) erarbeitet hat, welcher schonungslos die Einbußen an Europas Wettbewerbsfähigkeit und die Gründe hierfür feststellt. Zu diesen gehören vor allen Dingen die im Vergleich zu Japan und USA geringere Arbeitsflexibilität, niedrigere Investitionen, niedrigere Forschungs- und Entwicklungs-Aufwendungen, zu unbeständiger Wettbewerbsdruck, zu langsame industrielle Umstrukturierung, zu schwache Infrastruktur und unvorteilhafte Managementpraktiken. Hinzu kommen verschlechterte Rahmenbedingungen wie durchweg höhere Inflationsraten, größere Staatsanteile und Haushaltsdefizite der öffentlichen Hände, durchweg höhere (nominelle) Zinsen sowie Wechselkursschwankungen zwischen den europäischen Währungen. Als Voraussetzung für die Verbesserung der Rahmenbedingungen wurden vor allen Dingen genannt: niedrigere Staatsausgaben und Steuern (zum Beispiel durch Privatisierung öffentlicher und finanzieller Dienstleistungen), die Umschichtung der öffentlichen Haushalte von konsumptiven zu investiven Ausgaben und eine niedrigere Neuverschuldung der Staaten. Voraussetzungen für leistungs- und anpassungsfähigere Märkte seien eine kosteneffektive Infrastruktur, ein flexibler Arbeitsmarkt, ein offenes Welthandelssystem mit klaren und wirksamen Regeln, ein ausreichendes Maß an Innovation für die Schaffung und Entwicklung neuer Produkte und Verfahren, genügend Unternehmen und genügend materielle und immaterielle Investitionen der Unternehmen. Dieser Bericht und seine noch in weitere Einzelheiten gehenden Empfehlungen haben nicht nur das „Weißbuch: Wachstum, Wettbewerbsfähigkeit, Beschäftigung" (Brüssel 1994) der Europäischen Kommission – das politische Testament des Kommissionspräsidenten *Delors* – beeinflußt, sondern die bis heute andauernde Diskussion über den Standort Europa bestimmt. Als eine der Folgen des Berichts hatte Kommissionspräsident *Santer* einen „Rat für Wettbewerbsfähigkeit" eingerichtet, der unter Vorsitz des jetzigen italienischen Finanzministers *Ciampi* und zwölf weiteren Persönlichkeiten aus dem Unternehmerlager (zum Beispiel *Gandois*/CNPF, *Barnewik*/ABB), Gewerkschaften und öffentlicher Hand angehörten, und der zu den letzten drei EU-Gipfeln jeweils einen Bericht mit Empfehlungen vorgelegt hat. Während in den ersten beiden Berichten zunächst die eher „weicheren" Themen wie zum Beispiel rechtliche Rahmenbedingungen, Binnenmarkt und Infrastruktur behandelt wurden, ist der letzte Bericht zum Kern der Standortfrage, das heißt der zukünftigen Beschäftigungs- bzw. Sozialpolitik vorgestoßen, ohne allerdings (aufgrund des starken Einflusses der Gewerkschaftsvertreter) einen radikalen Umbau des europäischen Sozialmodells zu fordern.

Beflügelt vom Erfolg ihrer Wettbewerbsstudie legte UNICE Ende 1995 einen Bericht zur Deregulierung („Releasing Europe's Potential: through Targeted Regulatory Reform", Brüssel 1995) vor, der der Auslöser der Deregulierungsoffensive der Kommission wurde. Allerdings hat die Kommission in einem Bericht Anfang 1997 mit Recht festgestellt, daß das Phänomen der Überregulierung vor allem in den Mitgliedstaaten ausgeprägt ist. 1994 hat die Kommission zum Beispiel 28 Regelungen mit 250 Seiten für Waren vorgeschlagen, während im selben Jahr die Mitgliedsländer der Kommission 442 entsprechenden Regelungen mit rund 10 000 Seiten vorläufig notifizierten. Regelfreudig zeigen sich hauptsächlich Deutschland und Großbritannien (jeweils 21 % der Gesamtzahl), Frankreich (17 %), die Niederlande (9 %) und Dänemark (7 %). Zu Recht stellt die Kommission fest, daß jede einzelstaatliche Bestimmung, die über das Notwendigste hinausgeht, eine Bedrohung für den Binnenmarkt und die Wettbewerbsfähigkeit darstellt.

3.2 Offene versus gelenkte Wirtschaft

Während beim Thema Wettbewerbsfähigkeit praktisch alle Unternehmen in Europa am gleichen Strang ziehen, gibt es hinsichtlich der Betonung der Marktöffnung und der Marktlenkung zumindest unterschiedliche Akzente in der europäische Industrie. Maßgeblich hierfür sind wieder die unterschiedlichen Traditionen und wirtschaftlichen Konzepte in den einzelnen Mitgliedstaaten. Vereinfacht ausgedrückt kann man sagen, daß in südlichen Ländern, wozu in diesem Fall auch Frankreich zählt, Traditionen der Marktabschottung noch stärker ausgeprägt sind als in den nördlichen Ländern, die, wie vor allen Dingen England und Deutschland, stärker den liberalen Freihandel betonen. Daß auch in Deutschland Anspruch und Wirklichkeit bisweilen auseinanderklaffen, zeigen die gegenwärtigen Verhandlungen über Freihandelsabkommen (zum Beispiel mit Südafrika), wo die protektionistische Haltung der Bundesregierung einseitig durch den Bundeslandwirtschaftsminister bestimmt wird. Globale Unterschiede kommen zum Vorschein bei der Begleitung der Uruquay-Runde und der Diskussion der neuen Themen der Welthandelsorganisation (WTO), wie zum Beispiel Handel und Umwelt sowie Handel und Soziales. Allerdings nehmen durch ständige Diskussion zwischen den Unternehmen beziehungsweise Verbänden und durch die fortschreitende Globalisierung auch der europäischen Unternehmen die protektionistischen Tendenzen zumindest bei den Unternehmen immer mehr ab, so daß es auch für die Regierungen in Europa schwieriger wird, den vermeintlich einfacheren Weg der Abschottung zu gehen.

Die im Vorfeld der Regierungskonferenz 1996 in Europa neu aufgeflammte Diskussion über „service public" („Dienstleistungen von allgemeinwirtschaftlichem Interesse") ist in Wirklichkeit das Rückzugsgefecht vor allem Frankreichs, die fortschreitende Liberalisierung im Binnenmarkt aufzuhalten. Besonders deutlich wurde dies bei der jüngst abgeschlossenen Diskussion über den Energiebinnenmarkt. Bis auf die betroffenen Unternehmen der öffentlichen Wirtschaft wie zum Beispiel SNCF und EDF in Frankreich oder die kommunalen Versorgungsunternehmen in Deutschland ist die europäische Industrie überzeugt, daß nur im Wettbewerb stehende Unternehmen in der Lage sind, sich auf Dauer im Weltmarkt zu behaupten.

3.3 Integration versus nationaler Sonderweg

Vor allen Dingen in drei Politikfeldern stehen sich zum Teil unterschiedliche Konzeptionen gegenüber, wobei wieder eher die jeweiligen Regierungen als die Unternehmen selbst für die Unterschiede sorgen. So unterstützen zum Beispiel die europäischen Unternehmen mehrheitlich die Kommission, durch Senkung der Eingreifschwellen eine stärkere Europäisierung der Fusionskontrolle zu erreichen. Dagegen treten Länder wie Deutschland, Frankreich und Großbritannien – unterstützt jeweils von der nationalen Kartellbehörde – für den nationalen Weg ein. Eine ähnliche Entwicklung ist bei der von der Kommission stärker gewünschten Bündelung der Außenwirtschaftspolitik zu beobachten. So will zum Beispiel die Mehrheit der Mitgliedstaaten der Kommission nicht das volle Verhandlungsmandat in der WTO bezüglich der industrienahen Dienstleistungen geben, die bisher nicht der Zuständigkeit der Kommission unterliegen. Dagegen sieht die Mehrheit der europäischen Unternehmen angesichts des Wettstreites mit den Handelsblöcken USA und Japan durchaus Vorteile in einer einheitlichen europäischen Vertretung durch die Kommission. Im Bereich der Umweltpolitik scheint dagegen auch die Kommission langsam bei den Bemühungen zu resignieren, einheitliche Umweltstandards europaweit festzulegen. Hier sind es vor allem deutsche und skandinavische Unternehmen, die angesichts ihrer hohen nationalen Umweltstandards für eine stärkere Harmonisierung der Umweltpolitik eintreten.

3.4 Europäische Unternehmensformen angesichts der Globalisierung

Die Globalisierung und die damit verbundene Beschäftigungskrise in Europa haben auf dem Gebiet des europäischen Sozial- und Unternehmensrechts zu einem Umdenken geführt. Das europäische Unternehmensrecht gehörte bisher zum Kernbereich der Binnenmarktgesetzgebung und zeichnete sich durch eine hohe Harmonisierungsintensität aus. Unterdessen hat das Tempo der Rechtsangleichung spürbar nachgelassen. Supranationale Gesellschaftsformen wie die europäische Aktiengesellschaft sind bis heute nicht verabschiedet.

Wichtige gesellschaftspolitische Projekte liegen seit vielen Jahren auf Eis und werden im Ministerrat und im Europäischen Parlament nicht mehr verhandelt. Fragen der Mitbestimmung und Subsidiarität offenbaren ein Ende der Kompromißbereitschaft. Die Kommission hat die Zeichen der Zeit erkannt. Bestimmte Regelungsziele wie die Harmonisierung der nationalen Mitbestimmungssysteme oder des Konzernrechts werden wohl aufgegeben. Detailrichtlinien verlieren an Bedeutung, während Instrumente wie Rahmenrichtlinie, Empfehlung oder Verhaltenskodizes an Boden gewinnen. Sie nehmen größere Rücksicht auf unternehmensrechtliche Traditionsunterschiede in den Mitgliedstaaten und schaffen vergleichbare Mindeststandards. Die Gründe für den Stillstand im europäischen Unternehmensrecht sind vielfältig. Der Harmonisierungselan aus den Anfangsjahren der Gemeinschaft ist verflogen. Die wachsende Mitgliederzahl in der Union und das Kodezisionsverfahren des Maastricht-Vertrages machen Kompromisse schwieriger. Den betroffenen Unternehmen ist zunehmend bewußt geworden, daß Harmonisierung oft auch Überregulierung bedeutet. Es setzte ein Umdenkungsprozeß ein.

Angesichts der Internationalisierung der Kapitalmärkte werden rein europäische Lösungen zum Beispiel im Börsen-, Bilanz- und Prüfungsrecht obsolet und zwingen zur Anpassung an globale Standards. Weltweit operierende Unternehmen brauchen einheitliche Rechnungslegungsgrundsätze. Anleger und Analysten wünschen international vergleichbare Jahresabschlüsse. Der Zugang zu außereuropäischen Kapitalmärkten macht Konzessionen an die dortigen Börsenzulassungsvoraussetzungen notwendig. Die Diskussion über „Corporate Governance“ und „Shareholder Value“ zeigen, daß auch die Effizienz von Unternehmensführung und Unternehmenskontrolle zunehmend an internationalen Maßstäben gemessen wird. Leistungsverhalten ist wichtiger als Leistungsstrukturen und läßt sich regulativ nur bedingt steuern. Die aktienrechtlichen Binnenstrukturen sind Teil des historisch gewachsenen wirtschaftlichen und sozialen Umfelds. Sie variieren selbst innerhalb geschlossener nationaler Rechtssysteme und müssen es auch. Umso problematischer ist die systemübergreifende Harmonisierung, Konsensklima, Rolle der Banken und Vorsichtsprinzip auf der einen Seite, Aktionsinteressen, Erfolgsdruck und marktwirtschaftlicher Ausleseprozeß auf der anderen Seite. Die unterschiedlichen Managementstrukturen müssen sich im globalen Wettbewerb bewähren und entwickeln. Bei Fehlentwicklungen müssen rasch nationale Korrekturen möglich sein. Dazu bedarf es flexibler Lösungen.

Nirgendwo im europäischen Harmonisierungsprozeß trat das Unvermögen der Mitgliedstaaten, sich auf gemeinsame Lösungen zu einigen, so deutlich zutage wie bei der Mitbestimmung auf Unternehmensebene. Seit Jahrzehnten wird nach einem Kompromiß gesucht. Das hohe deutsche Mitbestimmungsniveau ist in Europa nicht vermittelbar. Die Bundesregierung widersetzt sich aus Gründen der vermeintlichen Gefahr einer Mitbestimmungsflucht jedem Lösungsansatz, der die Beteiligungsrechte deutscher Arbeitnehmer beeinträchtigen könnte. Alle über die Jahre diskutierten Modellvarianten über Mindestregelungen, Mitbestimmung à la carte oder Tariflösungen scheiterten. Schließlich waren alle gesellschaftspolitischen Projekte mit Mitbestimmungsbezug – 5. und 10. Richtlinie, Europäische Aktiengesellschaft, Europäische Genossenschaft, Europäischer Verein, Europäische Gegenseitigkeitsgesellschaft – blockiert. Seit Maastricht erfaßte die öffentliche Diskussion über das Subsidiaritätsprinzip auch das europäische Unternehmensrecht. Zweckmäßigkeit und Inhalt gesellschaftsrechtlicher Gesetzgebungsinitiativen wurden zunehmend in Frage gestellt. Nationale Deregulierungsnovellen wurden durch übergeordnetes Europarecht behindert. Auf dem Edinburger Gipfel im Dezember 1992 wurde die Kommission beauftragt, auch eine Reihe gesellschaftsrechtlicher Vorhaben auf ihre Vereinbarkeit mit dem Subsidiaritätsprinzip zu überprüfen (vgl. auch den am 21.6.95 vorgelegten Bericht der (Molitor-) Gruppe unabhängiger Experten für die Vereinfachung der Rechts- und Verwaltungsvorschriften, KOM (95) 288/endgültig).

Neue Formen des Unternehmensrechts, die Diskussion über Shareholder Value als vermeintlicher Gegensatz zu Prinzipien der sozialen Marktwirtschaft und die Infragestellung des sozialen Konsenses werden nicht nur in Deutschland, sondern auch in Europa diskutiert. Verbunden damit ist die Frage, ob das sogenannte soziale Modell Europas, das immer noch von Regierungen propagiert wird (zum Beispiel Präsident Chirac auf dem Beschäftigungsgipfel Anfang 1997 in Lille), aufrechterhalten werden kann. Der in Deutschland entbrannte Konflikt zwischen Flächentarifvertrag und Konsensprinzip auf der einen Seite und Flexibilisierung und stärkerer Konfrontationsstrategie auf der anderen Seite findet inzwischen auch auf europäischer Ebene statt. So wird zum Beispiel innerhalb von UNICE diskutiert, ob der soziale Dialog, der seit dem Maastricht-Vertrag die europäischen Sozialpartner ermächtigt, soziale Vereinbarungen auszuhandeln, die die europäische Gesetzgebung ersetzen (so jüngst die Vereinbarung über Elternurlaub), der richtige Weg ist, sich an die veränderten Verhältnisse in der Welt anzupassen. Aus den gleichen Gründen werden Präsident *Santers* Bemühungen, durch sogenannte Beschäftigungspakte auf europäischer Ebene die Arbeitslosigkeit zu bekämpfen, skeptisch betrachtet. Mit Recht wird befürchtet, daß angesichts der mangelnden Kompetenz der Europäischen Union nur mit symbolischen Ritualen an den Symptomen kuriert wird, anstatt die Mitgliedstaaten in die Pflicht zu nehmen, die notwendigen Maßnahmen zur Anpassung des europäischen Sozialmodells und zur Erhöhung der Wettbewerbsfähigkeit der Unternehmen zu ergreifen.

Literatur

UNICE-Studie „Für ein wettbewerbsfähiges Europa“ („Making Europe more competitive – Towards world-class performance“), Brüssel 1994

UNICE-Studie „Releasing Europe’s Potential: through Targeted Regulatory Reform“, Brüssel 1995

Bericht der (Molitor-) Gruppe unabhängiger Experten für die Vereinfachung der Rechts- und Verwaltungsvorschriften KOM (95 288/endgültig, Brüssel 1995

Kapitel 4
Corporate Governance in Europa: Konvergenz trotz Varianz

von *Elmar Gerum*

1 Einleitung

Motor des europäischen Einigungsprozesses war seit jeher die Wirtschaft. Es verwundert daher nicht, daß in einer marktwirtschaftlich orientierten und damit dezentral organisierten Wirtschaftsgemeinschaft auch die Frage nach der „richtigen" Leitung und Kontrolle in den Unternehmen (Corporate Governance) diskutiert und eine einheitliche Lösung angestrebt wird. Schon wegen der herausragenden Stellung am Kapitalmarkt geht es dabei vor allem um die Europäisierung der Aktiengesellschaft einschließlich der relevanten Konnexinstitute. Neben einer Harmonisierung der Börse und Börsenzulassung, des Rechts der Banken sowie einer Angleichung der Besteuerung steht hier insbesondere die Organisationsstruktur und damit aufs engste verbunden die Mitbestimmung in der Aktiengesellschaft zur Debatte. Um die Harmonisierung materiell voranzutreiben, verfolgt die Kommission der EU seit langem mit der **Rechtsangleichung** einerseits und der Schaffung eines **Einheitsrechts** andererseits eine Doppelstrategie. Die Rechtsangleichung wird durch die Vorschläge zur 5. Richtlinie über die Struktur der Aktiengesellschaft (1972, 1983, 1989) angestrebt. Die Entwürfe für das Statut einer Europäischen Aktiengesellschaft (1970, 1975, 1989, 1991) dagegen zielen auf die Schaffung eines Einheitsrechts.

Bemerkenswert ist nun allerdings, daß auch nach 25 Jahren keine der beiden Strategien zum Ziel führte. Eine Integration der nationalen Formen von Corporate Governance erfolgte bislang kaum. Kristallisationspunkte des Dissenses bei den immer neuen Anläufen waren regelmäßig die Organisation der Unternehmensführung und die Mitbestimmungsfrage, von der behauptet wird, an ihr allein scheitere regelmäßig die Einigung (*Lutter* 1996, S. 59). Die Kommission kreierte immer wieder neue Kompromisse, ohne daß jedoch die Zustimmung breiter wurde.

Bei dieser Situation liegt es nahe, eine Bestandsaufnahme durchzuführen. Dafür erscheint es zunächst zweckmäßig, sich die Vielfalt der existierenden Corporate Governance-Systeme in Europa kurz vor Augen zu führen. Vor diesem Hintergrund können dann die bisherigen Bemühungen um eine Europäische Unternehmensverfassung rekonstruiert und ihr Scheitern zu erklären versucht werden. Die Analyse soll sich jedoch nicht nur auf die kritischen Felder der Führungsorganisation und der Mitbestimmung beziehen. Es ist vor allem auch auszuloten, ob und inwieweit die Hoffnung auf Konvergenz, die ja allen Harmonisierungsbestrebungen immanent ist, hier überhaupt noch begründet werden kann.

2 Die Vielfalt der Corporate Governance-Systeme in Europa

Die Frage, wie die zentralen Führungsfunktionen im Unternehmen, Planung, Realisation und Kontrolle, institutionell zweckmäßig geordnet werden sollen, hat in Europa, wie auch weltweit, für die Aktiengesellschaft zwei klassische Antworten gefunden: Das Verwaltungsrat- bzw. Board-System und das Vorstand-Aufsichtrat-System. Sie unterscheiden sich im Kern dadurch, daß im Board die Planungs- und Realisationsfunktion – also die Geschäftsführung – einerseits und die Kontrollfunktion andererseits vereinigt sind. Idealtypisch läßt sich diese Konstellation als **Vereinigungsmodell** bezeichnen. Ganz im Gegensatz dazu sind im Aufsichtsratssystem Geschäftsführung und Kontrolle explizit getrennt; man spricht deshalb auch vom **Trennungsmodell**. Diese Idealtypen wurden jedoch länderspezifisch unterschiedlich ausgestaltet (Jura Europae 1992, *Lutter* 1995a).

Das in Deutschland erfundene Modell des die Geschäfte unabhängig führenden Vorstands und seiner Kontrolle durch ein eigenes Organ, den Aufsichtsrat, findet sich ferner in Österreich und gilt in Holland für die große Aktiengesellschaft. In Frankreich kann es auf freiwilliger Basis eingeführt werden. Interessant auch im Hinblick auf die aktuelle deutsche Diskussion über die Funktionsfähigkeit der Aufsichtsräte ist, daß in Österreich ein Pflichtkatalog zustimmungspflichtiger Geschäfte existiert, der dem Aufsichtsrat eine begleitende und intensivere Kontrolle der Unternehmensführung ermöglicht. Das gleiche gilt für holländische Aktiengesellschaften, wenn sie der Unternehmensmitbestimmung unterliegen.

Die klassischen Länder des Vereinigungsmodells in Europa sind Großbritannien mit dem Board of Directors, Frankreich mit dem Conseil d'administration. Diese Gremien bestimmen die Richtlinien der Unternehmenspolitik; ein zusätzliches Organ zur Überwachung ihrer Aktivitäten existiert nicht. Das Verwaltungsratssystem existiert auch in Belgien und Luxemburg sowie in Irland, ferner in Italien, Spanien, Portugal und Griechenland, in Dänemark und Schweden sowie in der Schweiz. In Holland gilt es auch für die kleine Aktiengesellschaft.

Bemerkenswert ist nun auch hier wieder die Ausdifferenzierung des Grundmusters. In Italien etwa existiert neben dem Verwaltungsrat ein gesetzlich vorgeschriebenes Kontrollgremium (collegio sindicale), das sich aber auf eine rein formale Finanzkontrolle beschränkt und deshalb mit dem Aufsichtsrat nicht vergleichbar ist. In Schweden ist bei größeren Gesellschaften mit mehr als 1 Mio. Skr. Grundkapital neben dem Verwaltungsrat (Styrelse) rechtlich zwingend die Institution eines geschäftsführenden Direktors, der für die laufenden Geschäfte zuständig ist. Da er aber weiterhin weisungsgebunden bleibt, ist er insofern nicht dem Vorstand vergleichbar. Im schweizerischen Aktienrecht dokumentiert sich schließlich die Flexibilität des Board-Systems, wo die Ausgestaltung des Verwaltungsrates von einer Identität zwischen Verwaltung und Geschäftsleitung über die Delegation einzelner Geschäftsführungskompetenzen bis hin zur vollständigen Trennung zwischen Verwaltungsrat und Geschäftsleitung reichen kann.

Aufs Ganze betrachtet dominiert also in Europa das Verwaltungsratssystem, wie auch ansonsten weltweit. Länderspezifisch ausgeformte Beispiele für den Board sind hier Japan und die USA. Auffällig ist jedoch, daß bei aktienrechtlichen Reformen nie ein (freiwilliger) Übergang vom Aufsichtsratssystem auf das Board-System stattfand.

Umgekehrt wurde der Aufsichtsrat in Europa von mehreren Ländern übernommen und findet als Monitoring Model in der Corporate Governance-Debatte der Vereinigten Staaten zahlreiche Anhänger (*Gerum* 1989, Sp. 2142 ff.).

Wie die Systeme der Arbeitsbeziehungen in der EU insgesamt stark variieren (*Wächter/Metz* 1993), so unterscheidet sich auch die Mitbestimmung in der Aktiengesellschaft erheblich nach Intensität, Rechtsquelle und organisatorischer Ausformung. In Deutschland haben die Arbeitnehmer bekanntlich bei Großunternehmen zwischen 1/3 und 1/2 der Aufsichtsratssitze inne. In Österreich, Holland, Frankreich, Luxemburg, Dänemark und Schweden bewegt sich die Unternehmensmitbestimmung zwischen 1/3 der Mandate kraft Gesetzes oder bloß faktisch bis zu 1/3 der Sitze in den entsprechenden Gremien. Mitbestimmungsfrei sind dagegen die Aktiengesellschaften in England, Irland, Italien, Belgien, Spanien, Portugal und Griechenland. Aber auch hier finden sich wiederum Ausnahmen bezogen auf öffentliche Unternehmen (Belgien, Griechenland, Irland, Italien, Portugal, Spanien). Die Art und Weise, wie die Arbeitnehmervertreter in diese Positionen gelangen, reicht von der Repräsentation (Deutschland, Österreich) und der Kooptation durch das Aufsichtsorgan (Holland) über ein selbständiges Organ der Arbeitnehmervertreter, das Mitglieder in den Verwaltungsrat entsendet (Frankreich), bis hin zu tarifvertraglichen Regelungen der Unternehmensmitbestimmung (Schweden).

3 Auf dem Weg zur Europäischen Unternehmensverfassung

3.1 Indizien für eine Konvergenz

Vor dem Hintergrund dieser gewachsenen Vielfalt der Corporate Governance-Formen in Europa schickte sich vor etwa 25 Jahren die EG-Kommission an, die Harmonisierung der Unternehmensverfassungen voranzutreiben. Die Chancen schienen für die Führungsorganisation und die Mitbestimmung gut. So war in Frankreich 1966 wahlweise das Aufsichtsratssystem eingeführt worden, und 1971 ging man in Holland für die großen Aktiengesellschaften zum Trennungsmodell über. Auch aus den klassischen Ländern des Boardsystems Großbritannien und den Vereinigten Staaten wurden und werden Sachverhalte und Aktivitäten berichtet, die sich als Indizien für eine Harmonisierung der Führungsorganisation deuten lassen. So habe sich in vielen großen britischen Unternehmen der de jure einheitliche Board längst in zwei Teilgruppen, die Executives und die Non-Executives, aufgespalten, die arbeitsteilig die Managementfunktion und die Überwachungsfunktion übernommen hätten (*Bullock*-Report 1977, *Tricker* 1984). Ebenso werden empirische Befunde zur organisatorischen Differenzierung und personellen Zusammensetzung des Board in US-amerikanischen Corporations interpretiert (*Bleicher, Leberl, Paul* 1989, S. 260 ff.). Die Insider führten die Geschäfte, während die Outsider in den diversen Ausschüssen und insbesondere durch das Audit Committee die Überwachungsrolle übernommen hätten. Faktisch hätten sich dem deutschen Vorstand-Aufsichtsrat-System vergleichbare Strukturen herausgebildet. Stimmig damit ist, daß das American Law Institute in seinen Gesetzes- und Reformvorschlägen die organisatorische Trennung von Geschäftsführung und Kontrolle favorisiert (American Law Institute 1982).

Zeitlich parallel war Mitbestimmung in den 70er Jahren international zu einer Leitidee für die Unternehmensverfassung in der modernen Industriegesellschaft geworden und insofern keine rein deutsche Spezialität mehr. In mehreren europäischen Ländern wurden Gesetze über die Mitbestimmung der Arbeitnehmer in Aufsichts- und Leitungsorganen der Unternehmen verabschiedet, so etwa in Holland 1971, Dänemark 1973 und 1980, Luxemburg 1974 oder in Schweden und Norwegen 1976. Sogar in Großbritannien empfahl 1976 die *Bullock*-Kommission eine Unternehmensmitbestimmung und ähnlich in Frankreich 1975 der Rapport Sudreau mit seinen Vorschlägen zu einer besonderen „Co-surveillance" (Mitaufsicht im Gegensatz zu „Co-gestion" = Mitgeschäftsführung). Der Trend zu einer Unternehmensmitbestimmung kraft Gesetzes in Europa schien klar erkennbar (*Gamillscheg* 1978). Entsprechend couragiert und optimistisch waren die Vorschläge der EG-Kommission zur Mitbestimmung und Führungsorganisation.

3.2 Die faktische Entwicklung

3.2.1 Führungsorganisation

Die Entwicklung in den Vorschlägen zur 5. EG-Richtlinie über die Struktur der Aktiengesellschaft und in den Entwürfen zur Europäischen Aktiengesellschaft verlief jedoch geradezu gegenläufig zu den Harmonisierungserwartungen. Der Prozeß läßt sich in drei Phasen zusammenfassen:

- Die Entwürfe zur 5. EG-Richtlinie von 1972 und zur Europäischen Aktiengesellschaft von 1975 sehen allein das **Trennungsmodell** in der deutschen Version vor, also das Vorstand-Aufsichtsrat-System.

- Als Reaktion auf Widerstände gegen eine solche Harmonisierung nach deutschem Muster hält die EG-Kommission in ihrem revidierten Entwurf zur 5. Richtlinie von 1983 zwar am **Aufsichtsratssystem** fest. Sie räumt jedoch nun als Wahlrecht für die einzelnen Mitgliedsländer die Möglichkeit ein, nachrangig einen „Verwaltungsrat" als Alternative vorzusehen. Dieser sogenannte **Verwaltungsrat** war jedoch eine Mogelpackung, ein schlecht getarntes Vorstand-Aufsichtsrat-System. Im einzelnen unterscheidet es nämlich zwischen Mitgliedern, denen die Geschäftsführung obliegt (geschäftsführendes Mitglied) und den zur Überwachung verpflichteten nicht geschäftsführenden Mitgliedern. Zusätzlich ist geregelt, daß keine Person beiden Teilgruppen zugleich angehören darf. Alle Mitglieder des Verwaltungsrats können zwar gemeinsam beraten, aber nur getrennt Beschlüsse fassen. Das vermeintliche Einheitsorgan Verwaltungsrat ist demnach organisatorisch wieder in einen „Vorstand" und einen „Aufsichtsrat" getrennt.
- In den Vorschlägen zur Europäischen Aktiengesellschaft und zur 5. EG-Richtlinie von 1989 schließlich werden das Vorstand-Aufsichtsrat-System und der Verwaltungsrat als **gleichwertige Optionen** angeboten, zwischen denen die Staaten und gegebenfalls sogar die Unternehmen wählen können sollen. Im Verwaltungsrat wird zwar weiterhin zwischen nicht geschäftsführenden und geschäftsführenden Mitgliedern unterschieden, die personelle und organisatorische Trennung von Geschäftsführung und Überwachung wird jedoch aufgehoben. Geschäftsführende und nicht geschäftsführende Mitglieder beschließen wieder gemeinsam. Allerdings ist eine Mehrheit der nicht geschäftsführenden Mitglieder im Verwaltungsrat vorgesehen, damit die geschäftsführenden nicht das Gremium majorisieren. Im Entwurf zum EAG-Statut von 1991 ist sogar diese letztgenannte Restriktion aufgehoben. Die Geschäftsführer können also bei entsprechender Zusammensetzung des Verwaltungsrates ihre eigene Wahl bzw. Wiederwahl sicherstellen. Die Überwachung gerät zur Selbstkontrolle.

Von Harmonisierung bzw. Konvergenz in den Organisationsstrukturen kann hier wohl kaum die Rede sein. Nach dem gängigen und in der Regel allerdings nicht weiter begründeten Verweis auf die länderspezifischen Traditionen bleibt jedoch erklärungsbedürftig, wie es zu einer solchen Diskrepanz zwischen Erwartung und Realität kommen konnte. Zum einen wurden hier wohl Warnsignale negiert. So kann zwar seit 1966 in Frankreich der Aufsichtsrat statt des Verwaltungsrats gewählt werden. Nur ist davon bis heute so gut wie kein Gebrauch gemacht worden; nur knapp 5 % der neu gegründeten Gesellschaften folgen diesem Modell, und zwar vor allem bei Konzerntöchtern (*Lutter* 1995b, S. 12, *Schneider-Lenné* 1995, S. 51). Zum andern muß man aber wohl fragen, ob es sich bei der referierten Vorstand-Aufsichtsrat-Analogie für Executives und Non-Executives bzw. Insider und Outsider im britischen oder US-amerikanischen Board nicht um eine **konvergenzorientierte Überinterpretation** oder gar Fehldeutung handelt.

3.2.2 Mitbestimmung im Unternehmen

Die Vorschläge der EG-Kommission zur Mitbestimmung orientierten sich, wie schon mit der Entscheidung für das Aufsichtsratssystem Anfang der 70er Jahre vorgezeichnet, an der Aufsichtsratsmitbestimmung nach deutschem Muster. Dabei sah die 5. EG-Richtlinie 1972 für die Arbeitnehmer mindestens ein Drittel und der Vorschlag zur Europäischen Aktiengesellschaft 1975 im Rahmen des Drei-Bänke-Modells genau ein Drittel der Sitze vor. Neben dem deutschen **Repräsentationsmodell** war in der 5. EG-Richtlinie noch das niederländische **Kooptationsmodell** hilfsweise zur **Wahl** gestellt.

Diese recht weitgehende Harmonisierung fand nun nicht die gedachte positive Resonanz. Entsprechend der Entwicklung zur Führungsorganisation ist heute wieder die gesamte Palette der europäischen Sozialtechniken zur Beteiligung von Arbeitnehmern an Unternehmensentscheidungen in den Entwürfen der EG-Kommission 1989 bzw. 1991 vertreten: Repräsentation, Kooptation, selbständige Arbeitnehmervertretung und Tarifvertrag. Da diese Varianten sowohl beim Aufsichtsrat als auch alternativ beim „wiederauferstandenen" Board bzw. Verwaltungsrat anwendbar sein sollen, ergeben sich schlußendlich nicht weniger als 8 Optionen (*Gerum* 1992, S. 150). Diese lassen sich – ohne in die rechtlichen Details zu gehen – derart umreißen:

- **Mitbestimmter Aufsichtsrat**: Diese von der EG-Kommission ursprünglich favorisierte deutsche Lösung sieht eine Arbeitnehmerbeteiligung zwischen 33 % und 50 % vor, wobei für den Fall der paritätischen Besetzung die Abstimmungsmehrheit der Eigentümerseite zustehen soll.
- **Mitbestimmter Board**: Ausgehend von der Unterscheidung in geschäftsführende und nicht geschäftsführende Mitglieder sollen die Arbeitnehmer zwischen 33 % und 50 % der nicht geschäftsführenden stellen können. Wegen der dargestellten Organisationsfreiheit im Board sind die Konsequenzen dieser Regelung nur schwer abzuschätzen.

- **Kooptation**: Die Kooptation nach niederländischem Muster bedeutet, daß der von der Hauptversammlung gewählte Aufsichtsrat oder Verwaltungsrat seine Mitglieder selbst auswählt. Die Hauptversammlung wie die Vertreter der Arbeitnehmer können der Bestellung eines vorgeschlagenen Kandidaten lediglich widersprechen, wenn dafür ein entsprechender Grund vorliegt. Dann hat eine staatliche Spruchstelle über diesen Widerspruch zu entscheiden. In den Niederlanden führte dieses Verfahren faktisch zu ca. 1/3 Arbeitnehmervertretern im Aufsichtsrat.
- **Selbständige Arbeitnehmervertretung**: Hier wird die Arbeitnehmerbank organisatorisch ausgegliedert und neben den allein von Anteilseignern besetzten Aufsichtsrat oder neben den sich aus Kapitaleignern und geschäftsführenden Mitgliedern zusammensetzenden Verwaltungsrat gestellt. Diese Arbeitnehmervertretung verfügt zwar über gleichartige Informationsrechte wie Aufsichts- oder Verwaltungsrat, aber über keinerlei Entscheidungskompetenzen. Materiell erinnert diese Regelung stark an den Wirtschaftsauschuß in der deutschen Betriebsverfassung. In der einschlägigen Diskussion läuft die selbständige Arbeitnehmervertretung jedoch als das sogenannte französische Modell und ist weiter als „Angebot“ für Großbritannien gedacht.
- **Tarifvertrag**: Nach schwedischem Muster soll durch Firmen- oder Branchentarifvertrag ein Mitbestimmungsmodell für Board oder Aufsichtsrat vertraglich vereinbart oder gegebenenfalls auch erstreikt werden können. Die Tarifparteien haben die Wahl zwischen den bereits gezeigten Optionen, können jedoch – so jedenfalls für die europäische Aktiengesellschaft – auch andere Organisationsmodelle der Mitbestimmung kreieren.

Nach den Vorstellungen der Kommission können die Mitgliedsländer zwischen diesen Strukturalternativen wählen. Bei der tarifvertraglichen Mitbestimmung ist sogar ein Unternehmenswahlrecht vorgesehen. Daß hier von Harmonisierung oder einer Gleichwertigkeit der Modelle nicht die Rede sein kann, bedarf keiner weiteren Begründung.

Will man die Heterogenität in der Einstellung zur Mitbestimmung auf Unternehmensebene und die ihrer Organisation verstehen, so ist es erforderlich, diese Frage in den breiteren Kontext der **Theorie industrieller Beziehungen** einzubetten. Ein Konzept hierzu besagt, daß die Einstellung zur Mitbestimmung im deutschen Sinne (Integration, Konfliktpartnerschaft) dominant geprägt ist von der landesspezifischen historischen Entwicklung der industriellen Beziehungen (*Na-*

gels/Sorge 1977, S. 116 ff. und 126 ff.). Diese würden sich alternativ an zwei Basisstrategien, der **Mitbestimmungs**– oder der **Gegenmachtstrategie**, orientieren.

Für die Wahl seien zwei geschichtliche Tatbestände ausschlaggebend gewesen. Dies ist einmal die **Repressivität des Staates** gegenüber der Arbeitnehmerbewegung im 19. Jahrhundert, konkret die Reaktion des Staates auf die Forderung nach Vereinigungs- und Koalitionsfreiheit. Je repressiver der Staat damals handelte und damit in die Lösung industrieller Konflikte eingriff bzw. involviert wurde, desto früher erfolgte letztlich eine Institutionalisierung der Konfliktregelung in Form von Interessenvertretungsorganen. Deshalb könne bei starker staatlicher Repressivität im vorigen Jahrhundert von einer **Prädisposition zur Mitbestimmung** gesprochen werden.

Die weitere Entwicklung hing dann von der **Intensität** ab, mit der die Mitbestimmung durch gesetzliche Regelungen verankert wurde. Blieb der institutionell abgesicherte Einfluß der Arbeitnehmer über längere Zeit schwach und wurde deshalb von diesen als unbefriedigend empfunden, so entwickelten sich parallel dazu nicht gesetzlich garantierte Interessenvertretungsformen oder gar eine **Umorientierung** von der Mitbestimmung hin zur **Gegenmachtstrategie**. Genau das sei in Frankreich und Belgien oder in Italien der Fall gewesen. Die Dominanz der Gegenmachtstrategie hält dort bis heute an. Daneben bestehen sozusagen als Relikte der Mitbestimmungsprädisposition noch einige mitbestimmungsnahe Regelungen.

Erfolgte dagegen relativ frühzeitig ein für die Arbeitnehmer zufriedenstellender Ausbau gesetzlicher Rechte, so stabilisierte sich die Mitbestimmung als dominante Form der Interessenvertretung, wie das in Deutschland oder auch in den Niederlanden gegeben ist.

Bei insgesamt eher **geringerer Repressivität** des Staates im 19. Jahrhundert entwickelte sich vornehmlich die **Gegenmachtstrategie,** die bis in die Gegenwart hinein die industriellen Beziehungen dieser Länder und damit die ablehnende Haltung zur Mitbestimmung prägt. Diese Konstellation findet sich vor allem in Großbritannien und der Schweiz.

Wie stabil und wirkungsmächtig diese kulturellen Wertvorstellungen sind, belegen auch empirische Untersuchungen zum Mitbestimmungspotential in deutschen Tochtergesellschaften ausländischer Unternehmen, die dem Mitbestimmungsgesetz 1976 unterliegen. Danach ist das Einflußpotential der Arbeitnehmer in niederländisch oder französisch beherrschten deutschen Unternehmen signifikant höher als bei solchen, deren Mütter in Großbritannien oder der Schweiz beheimatet sind *(Gerum/Steinmann/Fees* 1988, S. 135 ff.).

3.3 Fazit und aktuelle Diskussion

Als Ergebnis 25jähriger Bemühungen um eine Europäische Unternehmensverfassung bleibt festzuhalten, daß zentrale Strukturfragen der Aktiengesellschaft offen sind. Teile der nationalen Aktienrechte wie die Gründung, Kapitalaufbringung und Kapitalerhaltung, Kapitalerhöhung und -herabsetzung, Organvertretung und Publizität, Fusion und Spaltung sind durch Richtlinien-Recht jedoch „europäisiert" (*Lutter* 1996, S. 58). Weitgehend gescheitert ist, beim Grad der Kapitalverflechtung in Europa bemerkenswert, auch der Versuch, das Recht der verbundenen Unternehmen und Konzerne anzugleichen. Heillos umstritten erscheint die unternehmerische Mitbestimmung.

Als Unternehmensform europäischen Rechts existiert seit 1985 lediglich die Europäische Wirtschaftliche Interessenvereinigung, deren praktische Reichweite sich jedoch in Grenzen hält. Neben dem gescheiterten Entwurf für die Europäische Aktiengesellschaft liegen seit 1992 die Verordnungsentwürfe für ein Statut des Europäischen Vereins, der Europäischen Genossenschaft und der Europäischen Gegenseitigkeitsgesellschaft vor (*von Werder* 1993, S. 82 ff.). Sie sind wegen der ungeklärten Mitbestimmungsfrage jedoch blockiert.

In dieser verfahrenen Situation versuchte nun die Kommission Ende 1995, durch eine „Mitteilung zur Information und Konsultation der Arbeitnehmer" der Diskussion um die supranationalen Rechtsformen neue Impulse zu geben. Vorangegangen war 1994 nach 20jährigen Verhandlungen die erfolgreiche Verabschiedung einer Richtlinie über Europäische Betriebsräte, die den Arbeitnehmern in grenzüberschreitend tätigen Unternehmen bei relevanten länderübergreifenden Sachverhalten ein **Informations-** und **Konsultationsrecht** einräumt. Verkürzt und pointiert gesagt, strebt die Kommission jetzt dieses Partizipationsniveau als gemeinsamen Nenner für die Mitbestimmungsproblematik in der EU an. Die Reaktionen aus Wirtschaft und Politik waren vorherzusehen. Während die Wirtschaftsverbände darin den richtigen Ansatz sahen, wurde insbesondere von den deutschen Gewerkschaften, aber auch vom Wirtschafts- und Sozialausschuß der Europäischen Gemeinschaften, dieses Konzept als Ersatz für eine Mitbestimmung auf Unternehmensebene strikt abgelehnt. Ein Konsens ist nicht in Sicht. Die Hoffnung auf eine Europäische Unternehmensverfassung gerät zur Fata Morgana.

4 Konvergenz trotz Varianz

4.1 Managerherrschaft und Kooptation

Jenseits der üblicherweise an den Rechtsstrukturen und ihrer Varianz orientierten Debatte läßt sich jedoch in Aufsichtsrat und Board eine erstaunliche Konvergenz beobachten, wenn man an die Änderungen in den Eigentümerstrukturen großer Aktiengesellschaften denkt. In allen westlichen Industrienationen besteht nämlich die empirisch vielfach bestätigte Tendenz zur Publikumsgesellschaft, d. h. zur **Trennung** von **Eigentum** und **Verfügungsgewalt** (*Gerum* 1995a). Mangels funktionsfähiger Kapitaleigner bildet hier das Management das Macht- und Entscheidungszentrum. Managerherrschaft heißt dann weiter auch: Faktisch entscheiden die Vorstände bzw. Insider über die Vergabe der Aufsichtsratsmandate oder Sitze im Board. Durch eine solche **Kooptation** können Aufsichtsrat und Board zum Instrument des Managements werden (*Schreyögg* 1983, S. 278 ff.).

Empirische Untersuchungen wie die Zehn-Länder-Studie von *Stokman/Ziegler/Scott* (1985) zeigen, daß die Möglichkeit international durchgängig, wenn auch mit schwankender Intensität, zu direkten und indirekten personellen Verflechtungen zwischen den Großunternehmen genutzt werden. Dieses Phänomen erscheint aus verschiedensten Perspektiven interessant und wirksam (*Schönwitz/Weber* 1982, S. 13 ff.). Neben einer volkswirtschaftlichen Interpretation (Wettbewerbstheorie) und einer gesellschaftspolitischen Deutung (Machteliten) lassen sich aus betriebswirtschaftlicher Sicht im wesentlichen drei Zwecke angeben, die das Management mit der Vergabe von Mandaten im Aufsichtsrat oder Board verfolgt:

- Die Kooptation dient der **Beratung**; bezweckt wird die Anlagerung von zusätzlichem Sachverstand zur Steigerung der unternehmerischen Kompetenz.
- Ferner wird die Bestellung von renommierten Wirtschaftsführern zu Aufsichtsratsmitgliedern zum Teil wohl auch dem Zweck dienen, das Ansehen und die Bonität der Gesellschaft zu steigern (**Repräsentation**).
- Der wichtigste Gesichtspunkt ist schließlich der Aufbau personeller Verflechtungen zum Zweck der **Umweltstabilisierung.** Durch eine solche Kooptation sollen Ungewißheiten bezüglich der Unternehmensumwelt, die den Bestand oder die erfolgreiche Entwicklung des Unternehmens gefährden könnten, reduziert werden (*Pfeffer/Salancik* 1978).

4.2 Die Führungsorganisation als unternehmenspolitisches Instrument

Die Konsequenzen dieser Deutung für die Führungsorganisation lassen sich am Beispiel des deutschen Aufsichtsrates demonstrieren. Dafür gilt es zunächst, die **personelle Zusammensetzung** des Aufsichtsrates mit seiner zentralen Aufgabe, der **unternehmenspolitischen Kompetenz** kraft zustimmungspflichtiger Geschäfte (§ 111 Abs. 4 S. 2 AktG), zu kombinieren, so daß sich eine Aufsichtsratstypologie ergibt (*Gerum* 1991, S. 729).

Unternehmenspolitische Kompetenz	hoch	niedrig
Personelle Zusammensetzung		
Aktionärsdominanz	Leitungsaufsichtsrat 13 % (N=8)	Kontrollaufsichtsrat 23 % (N=14)
Nicht-Beteiligtendominanz	Unternehmenspolitischer Aufsichtsrat 37 % (N=23)	Repräsentationsaufsichtsrat 27 % (N=17)

Abb. 4.1: Aufsichtsratstypen in der Unternehmensrealität (N=62)

Von den 4 Fallkonstellationen in Abb. 4.1 sind hier naturgemäß diejenigen von besonderem Interesse, in denen sich der Aufsichtsrat aus überwiegend nicht am Kapital des Unternehmens Beteiligten zusammensetzt. Im Lichte der Kooptationsthese lassen sie sich so interpretieren:

- **Repräsentations- bzw. Beratungsaufsichtsrat:** Der Vorstand steuert das Unternehmen nach eigenem Gutdünken, die Kontakte, das Wissen, die Erfahrung der von ihm erkorenen Aufsichtsratsmitglieder fördern und schützen seine Pläne und Aktivitäten. Für eine effektive Mitentscheidung oder ex ante-Kontrolle durch den Aufsichtsrat fehlt mangels zustimmungspflichtiger Geschäfte der systematische Zugriff.
- **Unternehmenspolitischer Aufsichtsrat:** Der Aufsichtsrat ist zwar einerseits vom Vorstand kooptiert, andererseits aber zugleich (von diesem) mit zustimmungspflichtigen Geschäften wohl ausgestattet. Die Teilhabe an der Unternehmenspolitik und ihre Absicherung nach außen ist die zentrale Funktion des Aufsichtsrates.

Die empirische Überprüfung dieser Typologie anhand einer Vollerhebung unabhängiger großer privater Aktiengesellschaften ergab, daß auf den Repräsentationsaufsichtsrat und den unternehmenspolitschen Aufsichtsrat zusammen 64 % entfielen. Das heißt: In fast 2/3 der Fälle steht die **Kontrollogik** der deutschen Führungsorganisation in den unabhängigen großen Aktiengesellschaften auf dem Kopf. Der Aufsichtsrat ist zum Steuerungsinstrument des Vorstandes geworden.

Weitere empirische Analysen ergaben, daß sich sowohl die **Wahl** der Aufsichtsratsgestalt als auch ihr **Wandel** am besten durch die **Unternehmensstrategie** erklären lassen (*Gerum* 1995b). Realtypisch vollzieht sich mit zunehmender Diversifikation eine Entwicklung im Uhrzeigersinn vom Leitungsaufsichtsrat zum unternehmenspolitischen Aufsichtsrat (Abb. 4.2).

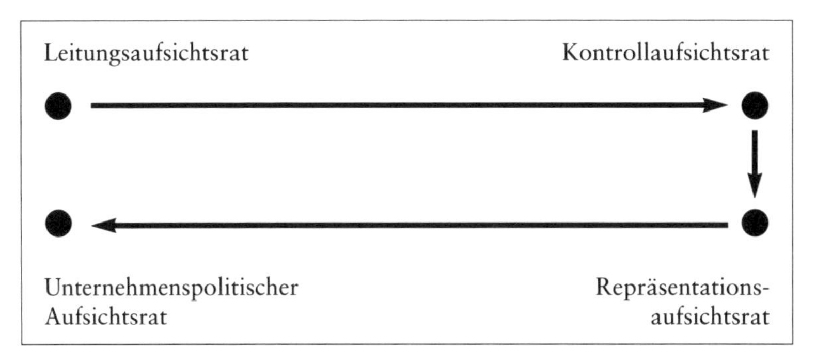

Abb. 4.2: Realtypischer Entwicklungspfad der Aufsichtsräte

Leitungsaufsichtsräte korrespondieren mit Unternehmen, in denen mindestens 95 % des Umsatzes auf einen Geschäftsbereich entfallen (**Single Product Firm**). Haben die Unternehmen dagegen mehrere Geschäftsbereiche, die im Hinblick auf Märkte und Technologien verwandt sind, von denen jedoch kein Geschäftsbereich mehr als 70 % des Umsatzes auf sich vereinigen kann (**Related Product Firm**), oder handelt es sich um ein lateral diversifiziertes Unternehmen (**Unrelated Product Firm**), so finden sich regelmäßig **unternehmenspolitische Aufsichtsräte**.

Erinnert man sich nun wieder der Zehn-Länder-Studie zu den personellen Verflechtungen zwischen Großunternehmen, so erscheint jetzt auch die immer wieder herausgestellte organisatorische Ausdifferenzierung im Board in einem neuen Licht. Die Executives bzw. Insider schufen lediglich die Voraussetzung, um einerseits ungestört ihren

Geschäften nachgehen und sich andererseits je nach unternehmenspolitischen Erfordernissen geeignete personelle Ressourcen anlagern zu können.

In der Organisation der Unternehmensführung läßt sich also trotz Varianz eine deutliche Konvergenz ausmachen. Sie besteht allerdings weniger in der Harmonisierung oder wechselseitigen Übernahme struktureller Elemente des Board- bzw. Aufsichtsratssystems. Vielmehr werden diese Gremien jenseits dieser Diskussion vom Management zunehmend oder gar überwiegend als unternehmenspolitisches Instrument genutzt. Daß diese Tendenz bei zunehmender, Umweltungewißheit stiftender Globalisierung der Märkte abnehmen dürfte, ist nicht zu erwarten. Ob durch die Globalisierung auch Lernprozesse bei Arbeitgebern und Gewerkschaften und in der Politik in Richtung auf problemadäquate, flexible Formen industrieller Demokratie in Gang kommen, bleibt abzuwarten. Eine Konvergenz durch eine Verknüpfung von organisationsinternem Widerspruch durch Mitbestimmung und Gegenmachtstrategie erscheint nicht unplausibel.

Literatur

American Law Institute (Hrsg.) (1982), Principles of Corporate Governance and Structure, Philadelphia 1982

Bleicher, K., Leberl, D., Paul, H. (1989), Unternehmungsverfassung und Spitzenorganisation, Wiesbaden 1989

Bullock Report (1977), Report of the Committee of Inquiry and Industrial Democracy, London 1977

Gamillscheg, F. et al. (1978), Mitbestimmung der Arbeitnehmer in Frankreich, Großbritannien, Schweden, Italien, USA und der Bundesrepublik Deutschland, Frankfurt a. M. 1978

Gerum, E. (1989), Unternehmensverfassung, internationale, in: *Macharzina, K., Welge, M. K.* (Hrsg.), Handwörterbuch Export und internationale Unternehmung, Stuttgart 1989, Sp. 2140–2154

Gerum, E. (1991), Aufsichtsratstypen – Ein Beitrag zur Theorie der Organisation der Unternehmensführung, in: Die Betriebswirtschaft 1991, S. 719–731

Gerum, E. (1992), Führungsorganisation und Mitbestimmung in der Europäischen Unternehmensverfassung, in: Zeitschrift Führung + Organisation 1992, S. 147–153

Gerum, E. (1995a), Manager- und Eigentümerführung, in: *Kieser, A., Reber, G., Wunderer, R.* (Hrsg.), Handwörterbuch der Führung, 2. Aufl., Stuttgart 1995, Sp. 1457–1468

Gerum, E. (1995b), Führungsorganisation, Eigentümerstruktur und Unternehmensstrategie, in: Die Betriebswirtschaft 1995, S. 359–379

Gerum, E., Steinmann, H., Fees, W. (1988), Der mitbestimmte Aufsichtsrat – Eine empirische Untersuchung, Stuttgart 1988

Jura Europae: Gesellschaftsrecht, Bd. 1–4, München, Paris, Stand 1992

Kommission der Europäischen Gemeinschaften (1995), Mitteilung der Kommission der Europäischen Gemeinschaften zur Information und Konsultation der Arbeitnehmer, KOM (95) 547 endg.; Ratsdok. 11954/95

Lutter, M. (Hrsg.) (1995a), Die Gründung einer Tochtergesellschaft im Ausland, 3. Aufl., Berlin, New York 1995

Lutter, M. (1995b), Das dualistische System der Unternehmensverwaltung, in: *Scheffler, E.* (Hrsg.), Corporate Governance, Wiesbaden 1995, S. 5–26

Lutter, M. (1996), Europäisches Unternehmensrecht, 4. Aufl., Berlin, New York 1996

Nagels, K., Sorge, A. (1977), Industrielle Demokratie in Europa, Frankfurt, New York 1977

Pfeffer, J., Salancik, G. R. (1978), The External Control of Organizations: A Resource Dependence Perspective, New York 1978

Richtlinie 94/45/EG des Rates vom 22.11.1994 über die Einsetzung eines Europäischen Betriebsrates oder die Schaffung eines Verfahrens zur Unterrichtung und Anhörung der Arbeitnehmer in gemeinschaftsweit operierenden Unternehmen und Unternehmensgruppen (Richtlinie Europäische Betriebsräte), in: Abl. EG Nr. L 254 v. 30.09.1994, S. 64–72

Schneider-Lenné, E. R. (1995), Das anglo-amerikanische Board-System, in: *Scheffler, E.* (Hrsg.), Corporate Governance, Wiesbaden 1995, S. 27–55

Schönwitz, W., Weber, H.-J. (1982), Unternehmenskonzentration, personelle Verflechtungen und Wettbewerb, Baden-Baden 1982

Schreyögg, G. (1983), Der Aufsichtsrat als Steuerungsinstrument des Vorstandes, in: Die Aktiengesellschaft 1983, S. 278–283

Stokman, F. N., Ziegler, R., Scott, J. (1985), Networks of Corporate Power. A Comparitive Analysis of Ten Countries, Oxford 1985

Sudreau, P. (1975), La Réforme de l'Entreprise, Paris 1975

Tricker, R. I. (1984), Corporate Governance, Aldershot, Hants 1984

Wächter, H., Metz, Th. (1993), Industrielle Beziehungen, in: *Gerum, E.* (Hrsg.), Handbuch Unternehmung und Europäisches Recht, Stuttgart 1993, S. 125–156

Werder, A. v. (1993), Rechtsform und Organisation der Unternehmensführung, in: *Gerum, E.* (Hrsg.), Handbuch Unternehmung und Europäisches Recht, Stuttgart 1993, S. 63–95

Kapitel 5
Arbeitsbeziehungen in Europa und die Zukunft des „europäischen Sozialmodells“

von *Jörg Flecker* und *Thorsten Schulten*

1 Einleitung

Die gegenwärtige Entwicklung der Arbeitsbeziehungen in Europa vermittelt auf den ersten Blick ein sehr facettenreiches und widersprüchliches Bild. Einerseits sind überall in Europa Stimmen zu vernehmen, die im Rahmen „nationaler Standortdebatten“ einen weitgehenden Reformbedarf der traditionellen Systeme der Arbeitsbeziehungen postulieren. Unter der neoliberalen Maxime von Deregulierung und Flexibilisierung drängen insbesondere Repräsentanten der Wirtschafts- und Arbeitgeberverbände auf eine weitgehende Zurückdrängung überbetrieblicher kollektivvertraglicher Regelungen. Auf der anderen Seite formiert sich zunehmender Widerstand gegen die politische Logik eines deregulierten, neoliberalen Binnenmarkteuropas: Gewerkschaftliche Streiks und Großdemonstrationen gegen eine an den Maastrichtkriterien ausgerichteten Sparpolitik in Frankreich und Deutschland oder auch der jüngste, von der Bevölkerung nach Meinungsumfragen unterstützte, Boykottaufruf der österreichischen Gewerkschaften gegen den Continental-Konzern weisen darauf hin, daß die traditionellen Konfliktregulierungsmechanismen zwischen Unternehmen und Arbeitnehmern offenkundig an Grenzen gestoßen sind. Schließlich deuten die Bildung „Europäischer Betriebsräte“ sowie das erste auf der Basis des Maastrichter Sozialprotokolls zustande gekommene Abkommen der europäischen Sozialpartner zum Thema „Elternurlaub“ auf neuartige supranationale Regulierungsformen, die möglicherweise erste Ansätze einer „Europäisierung“ der Arbeitsbeziehungen erkennen lassen.

Insgesamt blieben die europäischen Integrationsfortschritte seit Mitte der 80er Jahre mit dem Europäischen Binnenmarkt und dem Maastrichter Vertrag zur Schaffung einer Europäischen Währungsunion jedoch primär wirtschaftspolitisch motiviert. Die vielfach geforderte „soziale Dimension“ des europäischen Integrationsprozesses befindet sich dagegen immer noch in einem embryonalen Stadium. Die Regulierung der Arbeitsbeziehungen erfolgt nach wie vor fast ausschließlich über den Nationalstaat, während sich das Gesamtbild der europäischen Arbeitsbeziehungen durch die Kontinuität national unterschiedlicher Regulierungssysteme auszeichnet. Gleichzeitig kommt es durch die zunehmende Europäisierung und Internationalisierung der Wirtschaftsbeziehungen zu einer weitreichenden Entkoppelung von ökonomischen und politischen Räumen, die es insbesondere transnational operierenden Unternehmen zunehmend leichter macht, sich aus nationalen Regelungszusammenhängen „auszuklinken“.

Für die zukünftige Entwicklung der Arbeitsbeziehungen ergeben sich hieraus einige grundlegende Fragen: Welche Probleme resultieren aus der Schwächung nationaler Regelungssysteme für die beteiligten Akteure Arbeitnehmer, Unternehmen und nationale Regierungen? Kann perspektivisch der Verlust nationaler Regelungsmechanismen durch die Schaffung neuer Regularien auf europäischer Ebene ausgeglichen werden? Oder liegt – aus Sicht der Unternehmen – der Kern eines neoliberalen Integrationsprojekts gerade darin, die Wirksamkeit nationalstaatlicher Regelungen zu begrenzen, ohne diese auf supranationaler Ebene zu kompensieren?

Mit den aktuellen Diskussionen über die zukünftige Entwicklung des Tarifvertragssystems in Deutschland wird eine grundlegende Weichenstellung vorbereitet, der über den nationalen Kontext hinaus eine europaweite Bedeutung zukommt. Galt doch das „deutsche Modell“ lange Zeit als eines der stabilsten und ökonomisch erfolgreichsten Regulierungssysteme der Arbeitsbeziehungen und gewann damit – insbesondere bei den europäischen Gewerkschaften – gerade als Gegengewicht zu radikaleren Deregulierungspolitiken anderer Länder eine deutliche Vorbildfunktion. Spätestens seit Beginn der 90er Jahre wird jedoch auch in Deutschland die Effektivität und Leistungsfähigkeit des „Flächentarifvertragssystems“ von seiten der Unternehmen und Arbeitgeberverbände zunehmend in Frage gestellt. Ein Auseinanderbrechen des deutschen Tarifvertragssystems würde wohl endgültig einen grundlegenden Gestaltwandel der europäischen Arbeitsbeziehungen in Richtung eines weitgehenden Zerfalls überbetrieblicher, kollektivvertraglicher Regelungen einleiten, der im nachhinein kaum mehr revidierbar wäre.

Gravierende Veränderungen der Arbeitsbeziehungen unter dem Eindruck der gewandelten ökonomischen und politischen Rahmenbedingungen sind in vielen europäischen Ländern zu beobachten. Auch wenn es darunter gemeinsame Tendenzen gibt, ist die Entstehung eines einheitlichen Systems europäischer Arbeitsbeziehungen auf absehbare Zeit nicht zu erwarten. Ob es zu einer Angleichung nationaler Systeme kommt oder die bestehende Vielfalt sogar noch zunimmt, ob die europäische Ebene an Regelungskompetenz gewinnt oder nicht – für die gesellschaftliche, politische und wirtschaftliche Zukunft Europas kommt den Arbeitsbeziehungen auf jeden Fall eine Schlüsselrolle zu: Sie müssen die gesellschaftlichen Folgen des internationalen wirtschaftlichen Wettbewerbs bearbeiten, ebenso wie sie als Voraussetzung für wirtschaftliche Wettbewerbsfähigkeit gelten können. Der soziale Zusammenhalt einer Gesellschaft mitsamt seinen politischen Folgen wird zum Gutteil von den Bedingungen der Erwerbsarbeit bestimmt. Die Entwicklung der europäischen Arbeitsbeziehungen wird daher mitentscheiden, ob es auch in Zukunft ein europäisches Gesellschaftsmodell geben wird, das sich von dem der USA und Japans deutlich unterscheidet.

Europäische Unternehmen stehen im Zusammenhang mit der Entwicklung der Arbeitsbeziehungen vor einer doppelten Herausforderung: Zum einen stehen sie vor der Aufgabe, jene unternehmensinterne Vielfalt zu gestalten, die sich aus der Heterogenität nationaler Traditionen der Arbeitsbeziehungen ergibt. Zum anderen stehen die europäischen Großunternehmen in der Verantwortung, die Grundlagen eines „europäischen Sozialmodells“ zu unterstützen und abzusichern. Die europäischen Unternehmen werden sich zukünftig noch in viel stärkerem Maße dem wachsenden Problemdruck von Massenarbeitslosigkeit, Armut und sozialer Polarisierung (von den sozial-ökonomischen Problemen Osteuropas ganz zu schweigen) stellen müssen, wollen sie nicht das Risiko eingehen, daß die europäische Integration selbst ihre politische Legitimation verliert.

In diesem Beitrag gehen wir im ersten Teil auf die gegenwärtigen Trends der nationalen Arbeitsbeziehungen in Europa ein. Damit soll aufgezeigt werden, wie in den europäischen Staaten auf die aktuellen Probleme und politischen Herausforderungen reagiert wird. Im zweiten Teil beschäftigen wir uns mit der Frage einer möglichen „Europäisierung“ der Arbeitsbeziehungen durch die Einrichtung eines neuen sozialpolitischen Regulierungsrahmens auf der Ebene der Europäischen Union. Abschließend gehen wir der Frage nach, welche Bedeutung den Arbeitsbeziehungen für die Zukunft eines „europäischen Sozialmodells“ zukommt.

2 Beschleunigter Wandel – bleibende Vielfalt: Zur Entwicklung der Arbeitsbeziehungen in verschiedenen europäischen Ländern

In den Arbeitsbeziehungen stellen wir in Europa eine große Vielfalt von Praktiken fest, die sich aus den unterschiedlichen nationalen Traditionen ergeben. Dieses historische Erbe beeinflußt – so argumentieren jene, die ein Weiterbestehen der Vielfalt auch für die Zukunft erwarten – die Reaktionen auf aktuelle ökonomische und politische Herausforderungen. Auch wenn es aufgrund neuer Markt- und Wettbewerbsbedingungen zu einer flexibleren Gestaltung der Arbeitsverhältnisse auf der betrieblichen und individuellen Ebene kommt, würde dies auf unterschiedlichen Entwicklungspfaden und mit verschiedenen Graden an Regulierung durch Verbände und Staat erreicht. Andere BeobachterInnen hingegen leiten aus der Tatsache, daß die nationalen „Sozialmodelle“ immer stärker zu einem Faktor der ökonomischen Wettbewerbsfähigkeit werden, eine Konvergenz der Entwicklungen in Richtung einer Deregulierung ab. Damit ist auch die Befürchtung verbunden, daß die Standortkonkurrenz im Hinblick auf die sozialen Standards eine „Spirale nach unten“ in Bewegung setzt, die nur durch eine supra-nationale Regulierung aufgefangen werden könnte.

In der folgenden Darstellung der Vielfalt der Arbeitsbeziehungen in Europa und der jüngsten Entwicklungstrends unterscheiden wir drei Regulierungsebenen:
(1) die Ebene des Staates, d.h. die Regulierung durch Recht und die Aktivitäten der Regierungen auf dem Gebiet der Arbeitsbeziehungen,
(2) die Ebene der Tarifverhandlungen, d.h. der autonomen Regulierung durch Verbände der Arbeitgeber und Arbeitnehmer,
(3) die Ebene der betrieblichen Arbeitsbeziehungen, d.h. der Verhandlungen zwischen Management und betrieblichen Arbeitnehmervertretern.

2.1 Zur Rolle des Staates in den Arbeitsbeziehungen

Dem Staat kommt in den Arbeitsbeziehungen der europäischen Länder die Rolle zu, gesetzliche Grundlagen für die individuellen wie kollektiven Beziehungen zwischen Arbeitgebern und Arbeitnehmern bereitzustellen. Über diese regulierende Funktion hinausgehend greifen nationalstaatliche oder regionale Regierungen in die Arbeitsbeziehungen im privatwirtschaftlichen Sektor ein, indem sie zwischen den Tarifparteien vermitteln, bei Zeiten deren Autonomie zum Zweck der Lohnkontrolle und Inflationsbekämpfung beschränken oder mit den Verbänden eine Abstimmung der Wirtschafts- und Sozialpolitik vornehmen.

Die Rolle des Staates als Akteur der Arbeitsbeziehungen verändert sich nicht nur durch einen Wandel der Politik in vielen Ländern in Richtung einer Deregulierung des Arbeitsmarktes. Die ökonomische Bedeutung und die politische Autonomie des **Nationalstaates** nimmt generell ab. Dies aus zwei Gründen: Erstens engt die wirtschaftliche Internationalisierung den Gestaltungsspielraum für nationalstaatliche Politik erheblich ein. Daß Wirtschafts-, aber auch Sozialpolitik in den letzten Jahren zunehmend als Standortpolitik gesehen wurden, reflektiert diesen Punkt. Zweitens gibt der Nationalstaat im Zuge der politischen Integration Europas Kompetenzen an supra-nationale Instanzen ab. In vielen Politikfeldern ersetzt somit die Übernahme von Regelungen der Europäischen Union die autonome Politik. Letzteres bedeutet allerdings keinen Rückzug des Staates als Akteur der Arbeitsbeziehungen, sondern eine Verlagerung der Entscheidungsfindung und Regulierungskompetenz von nationalen auf supra-nationale, staatliche Instanzen.

Bestätigen die Entwicklungen der letzten Jahre das Bild des Staates auf dem Rückzug? War in der ersten Hälfte der 90er Jahre ein Bedeutungsverlust des Staates als Akteur der industriellen Arbeitsbeziehungen festzustellen? In vielen Ländern Europas **deregulierte** der Staat tatsächlich die Arbeitsmärkte. Dies entsprach den Forderungen der Unternehmen nach größerer Flexibilität in den Dienstverträgen und im Personaleinsatz, mit der sie auf intensiveren Wettbewerb reagieren wollten. Außerdem veranlaßte die hohe Arbeitslosigkeit die Staaten, frühere Regelungen zurückzunehmen, um zusätzliche, wenn auch oft prekäre, Beschäftigung zu schaffen (*Ferner/Hyman* 1992, S. 27).

Obwohl Beobachter von einem generellen Trend sprechen, variieren das Ausmaß und die Form der Veränderungen zwischen den Ländern Europas erheblich. Im Vereinigten Königreich, das schon früher keine „Verrechtlichung" der Arbeitsbeziehungen in der deutschen Form kannte, ist die Deregulierung zweifellos am weitesten durchgesetzt worden. Allerdings ist diese neoliberale Politik keineswegs mit einer Nicht-Intervention des Staates gleichzusetzen. Denn es waren nicht zuletzt gesetzliche Maßnahmen zur Schwächung der Gewerkschaften und – denkt man an den Bergarbeiterstreik 1984/85 – polizeistaatliche Methoden, mit denen die Regierung die kollektiven Arbeitsbeziehungen in diesem Land umwälzte. Selbst auf der Arbeitgeberseite blieben einzelne der weitreichenden Deregulierungsziele nicht unwidersprochen: So widersetzten sich die britischen Arbeitgeber der Auflösung der Wage Councils, die gesetzliche Mindestlöhne und Arbeitsbedingungen verfügen können. Den Unternehmen war es die größere Vorhersehbarkeit der Lohnentwicklung offensichtlich wert, mögliche Beschränkungen ihres Handlungsspielraums zu akzeptieren (*Traxler* 1995a).

Italien, ein Land mit niedriger Regelungsdichte und geringem Grad an Institutionalisierung der Arbeitsbeziehungen, kann als Gegenbeispiel herangezogen werden. Dort spielte die Regierung in der ersten Hälfte der 90er Jahre eine entscheidende Rolle als Vermittler zwischen Arbeitgebern und Arbeitnehmern. In einem Abkommen zwischen den Verbänden und der Regierung im Jahre 1993 wurden neue Grundregeln für Tarifverhandlungen festgelegt. In der Folge gingen die Verhandlungen im Jahr 1994 in kürzerer Zeit und ohne Konfrontationen über die Bühne (*Cella* 1995, S. 388). Insbesondere auf regionaler Ebene entwickelten sich Strukturen des Zusammenwirkens zwischen Arbeitgebern, Gewerkschaften und staatlichen Instanzen. Damit nahm Italien, von einer ähnlichen Ausgangslage wie das Vereinigte Königreich ausgehend, eine deutlich andere Entwicklung. Dies läßt sich mit dem Bemühen der Regierung und der Parlamentsparteien erklären, die Gewerkschaften in schwierigen Zeiten nicht auszugrenzen, sondern vielmehr in den politischen Willensbildungsprozeß einzubinden. Die gefährdete politische Integration Italiens dürfte der Grund dafür sein, daß sich die staatliche Politik in dieser Form um die Verbände der ArbeitnehmerInnen bemühte (*Crouch* 1994).

In Frankreich wiederum griff der Staat mittels gesetzlicher Bestimmungen in den 80er Jahren direkt in die Beziehungen zwischen Unternehmen und Gewerkschaften ein. Er baute in diesem Zusammenhang nicht nur die Mitwirkungsrechte der Beschäftigten im Betrieb aus, sondern verpflichtete die Arbeitgeber auch, regelmäßig über Löhne, Arbeitszeiten und Einstufungen zu verhandeln. Wichtige Gewerkschaften und Unternehmergruppen unterstützten die Bemühungen des Staates, die Arbeitsbeziehungen in geordnete Bahnen zu lenken (*Traxler* 1995a, S. 166). Auch in anderen Ländern stellen Beobachter einen Ausbau rechtlicher Bestimmungen fest. So wurde beispielsweise in den Niederlanden und in Dänemark in den 80er Jahren die Mitwirkung der ArbeitnehmerInnen im Betrieb ausgeweitet und in Spanien ein individuelles und kollektives Arbeitsrecht geschaffen (ebenda, S. 167f.).

Die Vielfalt Europas drückt sich – so könnte man diese Gegentendenzen zur Deregulierung zusammenfassen – wohl auch in unterschiedlichen politischen Kräfteverhältnissen sowie politischen und ökonomischen Problemlagen aus, die sich in Eingriffen in Arbeitsmarkt und Arbeitsbeziehungen niederschlagen. Diese Vielfalt entstammt jedoch auch historischen Traditionen. Denn im Nachkriegseuropa bildeten sich höchst unterschiedliche Arrangements zwischen Staat, Arbeit und Kapital heraus, die in vielen Ländern bis heute bestimmend geblieben sind. Eine Gruppe von Ländern hatte nach dem Krieg den Weg der „zentralen Konzertierung“, also der wirtschafts- und sozialpolitischen Abstimmung zwischen Regierung, Unternehmerverbänden und Gewerkschaften, eingeschlagen. In Skandinavien, Österreich, den Niederlanden – und seit den 60er Jahren auch in Deutschland – wurden die Gewerkschaften in Form eines solchen dreiseitigen Zusammenwirkens politisch integriert. In den Mittelmeerländern, einer zweiten unterscheidbaren Gruppe, blieben die Gewerkschaften hingegen isoliert, da die Regierungen auf der Seite der Unternehmen in die Wirtschaft eingriffen. Schließlich entwickelten sich in Staaten wie dem Vereinigten Königreich pluralistische und fragmentierte Arbeitsbeziehungen mit minimaler rechtlicher und politischer Regulierung (*Hyman* 1994, S. 5).

Bei den staatlichen Eingriffen in die industriellen Arbeitsbeziehungen standen in der Vergangenheit im allgemeinen wirtschaftspolitische Ziele im Vordergrund. In erster Linie sollte eine zurückhaltende Lohnpolitik als Mittel der Inflationsbekämpfung erreicht werden. Im Gegenzug unterstützte der Staat die Verbände von Arbeitgebern und Arbeitnehmern, indem er ihnen Mitwirkungschancen zugestand oder Organisationshilfen gewährte. Besonders hervorzuheben sind in diesem Zusammenhang die gesetzlichen Normen für die Mitwirkung der ArbeitnehmerInnen im Betrieb und Unternehmen, die den Gewerkschaften in den 70er Jahren für deren Beitrag zur Lösung ökonomischer Probleme angeboten wurden (*Terry* 1994, S. 225).

Zieht man ähnliche Versuche der Gruppierung europäischer Staaten nach ihren Arbeitsbeziehungen für die 90er Jahre heran, so zeigen einige Staaten ein hohes Ausmaß an Kontinuität: Als **„neo-korporatistisch"**, also von intensivem politischen Austausch zwischen Regierung, Arbeitgebern und Gewerkschaftern gekennzeichnet, können Norwegen, Schweden, Österreich und Finnland gelten. Deutschland und die Schweiz weisen ähnliche Merkmale auf, doch kommt der Branchenebene in diesen Ländern eine größere Bedeutung zu als der zentralen, nationalen Ebene der Arbeitsbeziehungen. In Belgien, Dänemark und den Niederlanden kam es in diesem Zeitraum zu einer Schwächung bzw. einem Niedergang der sozialpartnerschaftlichen Abstimmung zwischen Tarifparteien und Regierung. Diesen Staaten stehen andere – zu nennen sind insbesondere Italien und Spanien – gegenüber, wo sich die Regierungen gemeinsam mit den Arbeitgeberverbänden und Gewerkschaften bemühen, auf einer zentralen Ebene Einrichtungen zu schaffen, die geeignet sind, den Grundkonsens in den Arbeitsbeziehungen zu sichern (*Crouch* 1993, S. 261 ff.).

Versucht man, ein Gesamtbild der Rolle des Staates als Akteur in den Arbeitsbeziehungen in den verschiedenen Mitgliedsstaaten der Europäischen Union zu skizzieren, so ist die Feststellung eines generellen Trends der Deregulierung in einigen Punkten zu korrigieren. In einigen Ländern, zu denen auch Deutschland zählt, setzte sich dieser Trend bisher in einer moderaten Form durch. In einzelnen Ländern kam es zur gegensätzlichen Entwickung einer stärkeren staatlichen Regulierung von Arbeitsverhältnissen. Schließlich gingen auch **innerhalb** einzelner Länder nicht alle Veränderungen in die gleiche Richtung. So liberalisierten insbesondere südeuropäische Staaten auf der einen Seite den Arbeitsmarkt, bauten auf der anderen Seite aber die rechtlichen Rahmenbedingungen für die Beziehungen zwischen den Tarifparteien aus (*Ferner/Hyman* 1992, S. 29).

Historische Traditionen, politische Strömungen und ökonomische Problemlagen werden auch weiterhin zu unterschiedlichen und unterschiedlich starken Eingriffen staatlicher Politik in die individuellen und kollektiven Beziehungen zwischen Arbeitgebern und Arbeitnehmern führen. Es wäre also verfehlt, eine allgemeine Angleichung der Bedingungen in den Mitgliedsstaaten der Europäischen Union in Form einer Deregulierung der Arbeitsmärkte und der Arbeitsbeziehungen zu erwarten. Ganz erheblich hängt die Antwort auf die Frage nach der Rolle des Staates in den Arbeitsbeziehungen angesichts der generellen Abnahme nationalstaatlicher Autonomie jedoch von der Entwicklung der Europäischen Union auf diesem Gebiet ab. Hier entscheidet sich, ob der Rückgang nationalstaatlichen Einflusses durch eine Regulierung durch supra-nationale Instanzen kompensiert wird. Darauf werden wir im zweiten Teil dieses Beitrages zurückkommen.

2.2 Tarifverhandlungen im Umbruch

„Flexibilisierung" ist das Gebot der Stunde, heißt es in der tagespolitischen Debatte über das Tarifsystem. Der Flächentarifvertrag erlaube den Unternehmen nicht, Löhne und Beschäftigungsbedingungen den Erfordernissen des verschärften Wettbewerbes anzupassen. Gefordert wird teils mehr Spielraum in den überbetrieblichen Kollektivverträgen für die Gestaltung der Arbeitsverhältnisse durch die Unternehmen, teils ein Verzicht auf solche Vereinbarungen überhaupt. Die Stärkung der Unternehmen und Betriebe auf Kosten der Branche bzw. der Gesamtwirtschaft als Ebene für Kollektivverhandlungen bedeutet eine **Dezentralisierung** der Organisation der Arbeitsbeziehungen, also der Verhandlungspartner und des Geltungsbereichs von Vereinbarungen.

In den letzten Jahren waren es die Arbeitgeber, die eine solche Dezentralisierung einforderten. *Marginson/Sisson* (1996) nennen vier Gründe dafür: Erstens erscheinen stärker unternehmensbezogene Beschäftigungssysteme wegen der größeren Unsicherheiten und der rascheren Veränderungen der Nachfrage, die mit einem intensiveren internationalen Wettbewerb einhergehen, vorteilhaft. Verhandlungen innerhalb des Unternehmens erhöhen – so das Argument – die Anpassungsfähigkeit und die Möglichkeiten der Kostenkontrolle. Zweitens folgen aus neuen Methoden der Steuerung von Unternehmen geänderte Präferenzen im Hinblick auf das Tarifsystem. Wird – wie in immer mehr Großunternehmen üblich – die Verantwortung für die Erreichung betriebswirtschaftlicher Ziele an die LeiterInnen möglichst kleiner Tochtergesellschaften oder profit centers delegiert, so müssen diese auch die Faktoren für den Erfolg beeinflussen können – und dazu gehören nicht zuletzt die Lohnkosten.

„Diese Systeme der 'gesteuerten Autonomie', in denen die oberste Unternehmensleitung die Kontrolle durch ein umfassendes Netz an formalen und informalen Leistungsindikatoren ausübt, heben die Letztverantwortung der Manager einzelner Geschäftseinheiten für Arbeitskosten und andere Kosten hervor. Überbetriebliche Tarifverhandlungen werden dadurch in Frage gestellt, weil ihre Rolle in der Festlegung der Arbeitskosten gegen die Logik der delegierten Budgetverantwortung gerichtet ist" (*Marginson/Sisson* 1996, S. 177).

Drittens kann die Diversifizierung des Unternehmens zur Folge haben, daß die Politik des Arbeitgeberverbandes nicht mehr für alle Geschäftsbereiche des Unternehmens vorteilhaft ist. Viertens schließlich haben die Arbeitgeber gegenüber den Gewerkschaften in letzter Zeit erheblich an Verhandlungsstärke gewonnen, wodurch die Vorteile unternehmensübergreifender, branchenweiter Verhandlungen für die Unternehmen an Überzeugungskraft einbüßen.

Wie weit sind Flexibilisierung und Dezentralisierung in Europa zur Realität geworden? Wurde ein solcher Trend in verschiedenen Ländern in gleicher Weise wirksam oder prägen die nationalen Traditionen den Pfad der Dezentralisierung? Zunächst können wir – zum Zweck eines sehr knappen Überblicks – wiederum auf das Vereinigte Königreich verweisen, das tatsächlich in den 80er Jahren durch den Zerfall des Tarifverhandlungssystems eine radikale Dezentralisierung erlebte. Es konnten weder Verhandlungen auf Branchenebene noch eine Koordination der Lohnverhandlungen in verschiedenen Unternehmen aufrechterhalten werden. Übrig geblieben ist das „bargaining" auf der Unternehmens- und Betriebsebene, wodurch ein in höchstem Maße disaggregiertes Tarifsystem entstanden ist (*Crouch* 1993). Während unter den OECD-Staaten auch die USA und Neuseeland eine ähnliche Entwicklung nahmen, vollzog sich in keinem anderen Staat Europas ein vergleichbarer Umbruch. Wie läßt sich das erklären? Im Vereinigten Königreich bestand eine Sondersituation, in der eine Reihe von Faktoren zusammentrafen, die eine Dezentralisierung oder Auflösung von Tarifverhandlungssystemen bewirken können. Erstens hatten militante Arbeitervertreter (shop stewards) in den Betrieben und Unternehmen Ende der 60er und während der 70er Jahre für eine faktische Dezentralisierung des Verhandlungssystems gesorgt, da sie sich von den auf einer übergeordneten Ebene verhandelnden Gewerkschaften nicht ausreichend in die Pflicht nehmen ließen. Für die Arbeitgeber verloren damit die überbetrieblichen Vereinbarungen an Attraktivität, da sie ohnehin auf der betrieblichen Ebene verbreitet zusätzliche Verhandlungen und Lohnerhöhungen in Kauf nehmen mußten. Zweitens zielte die Regierungspolitik von *Thatcher* auf eine einseitige Stärkung der Position des Managements und eine Schwächung der Gewerkschaften ab und führte zu einer Abschaffung von Gremien, in denen Gewerkschaften vertreten waren. Drittens waren die Arbeitgeberverbände – im internationalen Vergleich gesehen – recht schwach, und dem Dachverband fehlte es an Koordinationsfähigkeit. Mit dem Rückgang der Verhandlungen auf überbetrieblicher Ebene zerfielen in einer Reihe von Wirtschaftszweigen die Arbeitgeberverbände. Damit ging die Organisationsfähigkeit der Arbeitgeberseite verloren – eine wesentliche Voraussetzung für ein überbetriebliches Verhandlungssystem.

In keinem anderen Staat der Europäischen Union kam es zu einem ähnlichen Zusammenwirken von Faktoren. In einigen sind zwar Tendenzen der Dezentralisierung festzustellen, doch sind diese von anderer Art. Ein tatsächlicher Umbruch des Tarifsystems war zweifellos in Schweden zu beobachten, wo die Kollektivverhandlungen früher im höchsten Maße zentralisiert waren. Die Koordination der Lohnabschlüsse auf einer gesamtwirtschaftlichen Ebene fand Anfang der 90er Jahre ein Ende, und die Verhandlungen verlagerten sich auf die Ebene der Branchen und der Unternehmen. In Österreich und Deutschland, wo die Branchenebene das größte Gewicht besitzt, wurde die Ebene der Unternehmen und Betriebe beispielsweise durch Öffnungsklauseln in den Tarifverträgen aufgewertet, der Geltungsbereich der überbetrieblichen Vereinbarungen blieb jedoch außergewöhnlich groß. Die überwiegende Mehrheit der Arbeitsverhältnisse ist durch regionale und branchenweite Tarifverträge abgedeckt. In Dänemark versuchten die Arbeitgeber Anfang der 80er Jahre, das zentralisierte Verhandlungssystem aufzubrechen, um die Lohnabschlüsse den einzelnen Unternehmen zu überlassen. Doch schließlich blieb eine starke Koordination durch die Verbände erhalten, innerhalb derer den Firmen mehr Flexibilität eingeräumt wurde. Im Gegensatz zum **Zerfall** von Tarifsystemen im Vereinigten Königreich, **delegierten** die Verbände in diesen Staaten Kompetenzen zu Verhandlungen an eine untere Ebene der nationalen Arbeitsbeziehungen. Art und Ausmaß der Dezentralisierung werden damit von den jeweils übergeordneten Verbänden bestimmt. Somit handelt es sich um eine „zentralisierte“ oder „organisierte“ Form der Dezentralisierung (*Due* et al. 1995, *Crouch* 1995, *Traxler* 1995b).

Schließlich zeigt ein Überblick über die Entwicklung der Tarifsysteme in den OECD-Staaten, daß es in den 80er Jahren auch zu Tendenzen der **Zentralisierung** von Tarifverhandlungen kam. Nachdem beispielsweise in Italien Zentralisierungs- und Dezentralisierungstendenzen seit den 70er Jahren einander abwechselten (*Traxler* 1995a, S. 186), gewannen die Branche und die Region gegenüber den einzelnen Unternehmen und Betrieben in Nord- und Mittelitalien zuletzt als Verhandlungsebenen wieder an Bedeutung, wodurch sich in Teilen des Landes ein „embryonales deutsches System" ankündigte (*Crouch* 1993).

Flexibilisierung und Dezentralisierung sind – so kann dieser Überblick zusammengefaßt werden – zwar verbreitete Entwicklungen in den europäischen Arbeitsbeziehungen, doch scheinen die einzelnen Länder selbst dann auf einem nationalspezifischen Entwicklungspfad zu bleiben, wenn ihnen ein solcher Trend gemeinsam ist. Zudem sind die Motive der Akteure der Arbeitsbeziehungen offensichtlich vielfältiger, als die These von der zur Sicherung der Wettbewerbsfähigkeit erforderlichen Flexibilisierung nahelegt. Um nur die Motive der Arbeitgeber, denen die individuelle Option ja vorteilhafter erscheinen muß als den Arbeitnehmern, für überbetriebliche Kollektivverhandlungen zu nennen: Gemeinsame Verhandlungen stärken die Verhandlungsmacht der Unternehmen gegenüber den Gewerkschaften; überbetriebliche Verhandlungen neutralisieren die Betriebsebene im Lohnkonflikt und schränken die Rolle der Gewerkschaften auf der betrieblichen Ebene ein; Flächentarifverträge reduzieren die Preiskonkurrenz zwischen den Unternehmen, da sie ein Unterbieten durch Senken der Lohnkosten verhindern; und schließlich ermöglichen zentrale Tarifverhandlungen, daß Lohnabschlüsse im Gleichschritt mit dem Produktivitätszuwachs gehalten werden (*Marginson/Sisson* 1996, S. 176). Die Vielfalt der Motive verweist erstens darauf, daß nicht alle interessenbezogenen Voraussetzungen für Kollektivverhandlungen geschwunden sind. Zweitens macht sie auch klar, daß politische Konjunkturen und Veränderungen in den Kräfteverhältnissen zwischen den Tarifparteien zu einer anderen Gewichtung der Präferenzen führen können.

Daß eine Dezentralisierung von Verhandlungssystemen der Wettbewerbsfähigkeit einer Volkswirtschaft zuträglich ist, läßt sich empirisch nicht belegen. Das Vereinigte Königreich, der Musterfall für den Zerfall von Kollektivverhandlungen, kann mit seinen wirtschaftlichen Leistungsdaten keineswegs überzeugen. So lag die Arbeitslosenrate in den 80er Jahren höher und – was in diesem Zusammenhang besonders bedeutsam ist – stiegen die Reallöhne stärker an als im Durchschnitt der OECD-Länder. Der Abbau überbetrieblicher Institutionen und die Dezentralisierung der Tarifverhandlungen sind offensichtlich nicht die geeigneten Mittel, die Arbeitskosten zu senken. Im Gegenteil, in „neo-korporatistischen“ Staaten sind größere Lohnzurückhaltung und niedrigere Streikhäufigkeit zu beobachten (*Traxler* 1995b, S. 12 f.).

Unter gesellschaftspolitischen Gesichtspunkten ist eine Dezentralisierung der Arbeitsbeziehungen skeptisch zu beurteilen, sind doch in Deutschland gerade durch Flächentarifverträge, unter die eine überwiegende Mehrheit der Arbeitsverträge fällt, die Einkommensunterschiede zwischen den abhängig Beschäftigten bisher vergleichsweise gering geblieben. Mit der Internationalisierung der Wirtschaft verstärkt sich der Druck in Richtung einer engeren Kopplung der Löhne und Arbeitsbedingungen an die wirtschaftliche Situation des einzelnen Unternehmens und Betriebs (*Altvater/Mahnkopf* 1993). Dadurch steigt die Ungleichheit der Einkommen und der Lebensbedingungen. Noch gravierendere Folgen, insbesondere für ArbeitnehmerInnen mit ungünstigen Arbeitsmarktchancen, hat freilich die Flucht aus Tarifsystem und Arbeitsrecht etwa durch die Beschäftigung auf Basis von Werkverträgen anstelle von Dienstverträgen. Trägt die europäische Integration zu einer Erosion der nationalen Kollektivverhandlungen und des Arbeitsrechts bei, indem die Standortkonkurrenz eine Spirale nach unten bei der sozialen Sicherung in Gang setzt, so stellt sich die Frage, ob ein Ersatz dafür in Form europaweiter Mindeststandards für die Zukunft zu erwarten ist.

2.3 Betriebliche Arbeitsbeziehungen

Auf der Ebene der Betriebe und Unternehmen bestehen in vielen Staaten der Europäischen Union Interessenvertretungen und Mitwirkungsbefugnisse der ArbeitnehmerInnen auf gesetzlicher Basis. Vor allem in den 70er Jahren bauten die Gesetzgeber diesbezügliche Arbeitnehmerrechte aus. Teils versuchten sozialdemokratische und mit Gewerkschaften verbundene Regierungen, wie jene in Schweden, dadurch auf legislatorischem Wege für die Arbeitnehmerseite zu erreichen, was in direkten Verhandlungen zwischen den Verbänden nicht erzielt werden konnte. Teils stand im Vordergrund, daß die Unterstützung der Gewerkschaften bei der Suche nach Lösungen für ökonomische Schwierigkeiten gegen Vertretungs- und Mitwirkungsrechte im Unternehmen eingetauscht wurden (*Terry* 1994, S. 225).

In Ländern mit so verschiedenen Traditionen in den industriellen Beziehungen wie Deutschland, Österreich, Dänemark, Niederlande, Italien, Frankreich und Spanien bestehen gesetzliche Regelungen über die **Vertretung der Arbeitnehmerinteressen im Betrieb**, während solche im Vereinigten Königreich und in Irland unbekannt sind. Art und Umfang der gesetzlichen Bestimmungen differieren freilich erheblich. Ebenso groß sind die Unterschiede im Hinblick auf den Zusammenhang zwischen der überbetrieblichen und der betrieblichen Ebene der Arbeitsbeziehungen. So sind in **„dualen" Systemen** der Arbeitsbeziehungen die betrieblichen Interessenvertretungen der ArbeitnehmerInnen von den Gewerkschaften unabhängig. Betriebsräte in Deutschland, Österreich und den Niederlanden gehören nicht zu den Gewerkschaftsorganisationen. Dagegen sind die innerbetrieblichen Repräsentanten der Beschäftigten in Ländern wie Schweden oder dem Vereinigten Königreich lokale Einheiten der überbetrieblich organisierten Gewerkschaften.

Duale Strukturen der Arbeitsbeziehungen und Tarifverhandlungen auf Branchen- oder nationaler Ebene bewirken, daß Konflikte um zentrale Bestimmungsgrößen des Arbeitsverhältnisses aus dem Betrieb verlagert werden können. Damit konnte eine „Befriedung" der innerbetrieblichen Beziehungen erreicht werden. Der technische und organisatorische Wandel – so zeigen international vergleichende Untersuchungen – wird in den Unternehmen je nach der Organisation der Arbeitsbeziehungen unterschiedlich bewältigt. In Ländern wie Deutschland und Österreich werden die Betriebsräte vielfach in Entscheidungen über Umstrukturierungen einbezogen. Auf der überbetrieblichen Ebene werden allenfalls Grundlagen dafür vereinbart, von den Lohnverhandlungen ist diese Form der Mitwirkung jedoch getrennt. Betriebliche InteressenvertreterInnen in Deutschland, aber auch in Schweden, tendieren dazu, qualitative Themen, seien es Fragen der Arbeitsgestaltung, der Schulung oder ähnliches, in den Innovationsprozeß einzubringen. Im Gegensatz dazu fallen im Vereinigten Königreich wegen der Dezentralisierung des Tarifsystems die Ebenen der Tarifverhandlungen und der betrieblichen Interessenvertretung zusammen. Die shop stewards sind daher geneigt, vom Management angestrebte Veränderungen der Arbeitsbedingungen durch technische oder organisatorische Innovationen als Gelegenheiten dafür anzusehen, das „bargaining" über Löhne und Beschäftigungsbedingungen wiederaufzunehmen, also qualitative Veränderungen der Arbeit als Lohnfrage zu behandeln (*Terry* 1994, S. 229).

Die Entwicklungen der letzten Jahre zeigten, daß die gewerkschaftlichen Interessenvertretungen der Arbeitnehmer auf Unternehmens-

und Betriebsebene neue Herausforderungen dort erfolgreich bewältigen konnten, wo es eine gesetzliche Grundlage der Interessenvertretung und enge Beziehungen zur überbetrieblichen Gewerkschaftsorganisation gab. Diese Bedingungen waren beispielsweise in Deutschland, Schweden und Österreich gegeben. Auf Frankreich trafen sie zwar auch zu, doch bewirkte die Schwäche der Gewerkschaften dort, daß die gesetzlich festgelegten Rechte der Mitwirkung im Betrieb nicht in eine effektive Vertretung der ArbeitnehmerInnen umgewandelt werden konnte. Die Funktionsfähigkeit betrieblicher Arbeitsbeziehungen basiert folglich auch auf der Existenz starker, unabhängiger Gewerkschaften. Daß die politische Eigenständigkeit der betrieblichen Interessenvertretung nicht nur ein Anliegen der Arbeitnehmerseite ist, argumentiert *Crouch* folgendermaßen: „Als Gemeinschaften beurteilt, die fähig sein sollten, die Loyalität intelligenter, erwachsener Bürger einer Demokratie zu gewinnen, sind Unternehmen unannehmbar primitiv – außer es werden Wege für eine **autonome** Vertretung der Beschäftigteninteressen gefunden, wobei diese Interessen das Engagement für Arbeit, Qualifikation und die Ziele des Unternehmens einschließen“ (*Crouch* 1995, S. 71, Hervorhebung im Original).

In internationalen Unternehmen sind die betrieblichen Arbeitsbeziehungen mit erheblichen Strukturproblemen konfrontiert: Durch die Zentralisierung strategischer Entscheidungen auf europäischer oder globaler Ebene werden dem Betrieb die wichtigsten Rahmenbedingungen für personelle und soziale Fragen vorgegeben. Dadurch leidet die Möglichkeit der Betriebsleitung, die VertreterInnen der ArbeitnehmerInnen in Entscheidungen frühzeitig einzubeziehen, die diese in erheblichem Maße betreffen. Den Arbeitnehmervertretern werden Einflußmöglichkeiten und den Managern Chancen der Legitimierung von Maßnahmen genommen. Die Konkurrenz zwischen den Standorten eines Unternehmens in verschiedenen Ländern, die mittels Kosten- und Produktivitätsvergleichen gefördert wird, engt den Verhandlungsspielraum der Arbeitnehmerseite weiter ein. Dem Modell der auf Vertrauen basierenden betrieblichen Beziehungen, das sich in Ländern wie Schweden, Österreich und Deutschland weitgehend durchgesetzt hat, wird damit die Grundlage entzogen. Dies wird beispielweise durch die Reaktion der österreichischen Arbeitnehmervertreter auf die Ankündigung einer teilweisen Produktionsverlagerung vom österreichischen Betrieb nach Tschechien durch die deutsche Continental AG im Sommer 1996 illustriert. Die im internationalen Vergleich überaus kooperativen und wenig konfliktbereiten Betriebsräte, Gewerkschaften und Arbeiterkammern bereiteten einen Boykottaufruf gegen Continental-Produkte vor, um bei der Unternehmensleitung eine Sicherung des Standorts zu erreichen.

Die ungewöhnliche Mittelwahl in diesem Beispiel weist darauf hin, daß die bisherigen Verhandlungsmuster, innerhalb derer Arbeitnehmervertretungen die Umstrukturierung von Unternehmen in hohem Ausmaß mitgetragen und damit gegenüber den Beschäftigten legitimiert haben, ihre Wirkung zu verlieren drohen. Auch das duale System der Arbeitsbeziehungen gerät unter Druck, wenn die Folgebereitschaft der Betriebsräte gegenüber den Gewerkschaften und den von diesen vereinbarten Kollektivverträgen unter der Wirkung von Kostenvergleichen und Verlagerungsdrohungen leidet.

In Reaktion auf den intensiveren Wettbewerb auf den Produktmärkten versuchen die Unternehmen – so könnte man die gegenwärtige Lage zusammenfassen – eine Senkung der Kosten und eine Steigerung der Flexibilität zu erreichen, wodurch die bisher am Arbeitsmarkt geltenden Regelungen und Verhandlungsmuster geschwächt werden. Dennoch ist nicht zu erwarten, daß diese für die verschiedenen europäischen Länder gleiche Problemlage zu einer Angleichung der Arbeitsbeziehungen führt. In einem über mehr als hundert Jahre dauernden Prozeß haben sich höchst unterschiedliche Arrangements zwischen Arbeit, Kapital und Staat herausgebildet. Zwar sind in einzelnen Ländern immer wieder Umbrüche festzustellen. Auch nimmt die Heterogenität innerhalb der „nationalen Modelle" durch die Tendenz zur Dezentralisierung zu, doch sind weiterhin durch die spezifischen Institutionen eines Landes geprägte – und damit unterschiedliche – Antworten auf ähnliche ökonomische Herausforderungen zu erwarten. Das Wirken der Marktkräfte kann die gegebene Vielfalt durchaus auch erhöhen und muß keineswegs zu einem einheitlichen System der Arbeitsbeziehungen in Europa führen. Entscheidend wird daher sein, wie die politischen Prozesse auf der Ebene der Europäischen Union die Entwicklung der Arbeitsbeziehungen beeinflussen. Mit der Erosion nationalstaatlicher Autonomie und der Einschränkung des Handlungsspielraums der Tarifparteien auf nationaler Ebene kommt den supra-nationalen Institutionen bei der Ausgestaltung der sozialen und ökonomischen Zukunft Europas eine immer wichtigere Rolle zu.

3 „Europäisierung" der Arbeitsbeziehungen?

Die nationalen Systeme der Arbeitsbeziehungen in Westeuropa waren seit dem zweiten Weltkrieg ungeachtet ihrer institutionellen und politischen Vielfalt allesamt ein wesentlicher Garant für eine wohlfahrtsstaatliche Regulierung des Kapitalismus. Sie sind somit Ausdruck eines historischen Gesellschaftsvertrages, dem das Modell der **sozialen Marktwirtschaft** zugrunde liegt. Die Grundidee dieses Modells besteht dabei darin, „eine auf Privateigentum und Gewinnorientierung fußende Marktwirtschaft mit dem Prinzip des sozialen Ausgleichs zu verbinden, das heißt mit der staatlichen Korrektur von als ungerecht empfundenen Stabilitäts- und Verteilungsergebnissen" (*Rürup* 1996). Die soziale Marktwirtschaft – einschließlich der sie tragenden Systeme der Arbeitsbeziehungen – bildet damit den Kern des **„europäischen Sozialmodells"**, das sich grundlegend von anderen – etwa amerikanischen oder japanischen – Kapitalismusvarianten unterscheidet (*Albert* 1992, *Henzler* 1992, *Lecher* 1992) und nicht zuletzt für die politische Stabilität der europäischen Nachkriegsdemokratien gesorgt hat.

Das im wesentlichen nationalstaatlich fundierte Regulierungsmodell der sozialen Marktwirtschaft kann jedoch nur so lange funktionieren, wie „die effektiven Grenzen des Marktes mit den territorialen Grenzen staatlicher Politik einigermaßen übereinstimmen" (*Scharpf* 1995, S. 88). Mit der zunehmenden Internationalisierung der Waren- und Kapitalmärkte war diese Voraussetzung jedoch spätestens seit Mitte der 70er Jahre immer weniger gegeben. Hinzu kommt, daß seit den 80er Jahren unter der ideologischen Hegemonie des Neoliberalismus die wohlfahrtstaatlichen Regulierungsmodelle auch politisch immer mehr in Frage gestellt und – wenn auch in national sehr unterschiedlicher Ausprägung – einem grundlegenden Umbau unterzogen werden (*Bieling/Deppe* 1996). Schließlich haben nicht zuletzt die Fortschritte des europäischen Integrationsprozesses dem alten nationalstaatlichen Modell sozialer Marktwirtschaft die Geschäftsgrundlage entzogen: „Man übertreibt deshalb nicht mit der Feststellung, daß mit der Vollendung des Europäischen Binnenmarktes die nationale Politik die Fähigkeit verloren hat, die kapitalistische Ökonomie wirksam zu regulieren. Der Wettbewerb der Wirtschaftsstandorte erzeugt eine Konkurrenz der nationalen Regulierungssysteme, die innerhalb der Europäischen Union – wenn sonst nichts geschieht – nur als Deregulierungswettlauf zwischen den Mitgliedsstaaten enden kann" (*Scharpf* 1995, S. 88).

Das Problem der Effektivität und Funktionsfähigkeit nationaler kollektivvertraglicher Regelungen vor dem Hintergrund einer sich zunehmend internationalisierenden Ökonomie hat bereits Anfang der 70er Jahre zu einer intensiven – in der Praxis jedoch weitgehend folgenlosen – Diskussion über die Entwicklung transnationaler Formen der Arbeitsbeziehungen geführt (vgl. z.B. *Günter* 1972). Angesichts der bevorstehenden Vollendung des Europäischen Binnenmarktes wurde das Thema dann Ende der 80er Jahre erneut von einer breiten politischen Öffentlichkeit aufgegriffen. Maßgebend war hierbei insbesondere das von Teilen der EU-Kommission unter Leitung des damaligen Kommissionspräsidenten *Jacques Delors* vertretene Konzept der „Sozialen Dimension" des europäischen Integrationsprozesses, das darüber hinaus vor allem von dem Europäischen Parlament, dem Wirtschafts- und Sozialausschuß (WSA) und den europäischen Gewerkschaften unterstützt wurde. Der Kerngedanke dieses Konzepts besteht darin, den auf Deregulierung zielenden Auswirkungen des europäischen Binnenmarktes eine (sozial-)politische Reregulierung auf europäischer Ebene entgegenzusetzen und auf diese Weise die politische Akzeptanz einer weitgehenden Marktintegration sicherzustellen. Als tragende Säule einer **„Europäischen Sozialunion"** gilt dabei neben der gesetzlichen Absicherung sozialer Mindeststandards die Konstituierung einer neuen Regelungsebene **„europäischer Arbeitsbeziehungen"**. Im folgenden sollen deshalb nun Stand und Perspektiven einer „Europäisierung" der Arbeitsbeziehungen untersucht werden, wobei analytisch wiederum zwischen der Rolle des Staates, der Tarifvertragsparteien und der Unternehmen unterschieden wird.

3.1 Europäische Sozialpolitik und der rechtliche Rahmen für „europäische Arbeitsbeziehungen"

Die Frage nach der Rolle des Staates bei der Herausbildung **„europäischer Arbeitsbeziehungen"** muß zunächst der Tatsache Rechnung tragen, daß anders als im nationalen Kontext auf europäischer Ebene kein entwickelter, supra-nationaler staatlicher Akteur existiert (*Traxler/Schmitter* 1995, S. 232). Die politische Struktur der Europäischen Union wird in der Literatur in der Regel als komplexes „Mehr-Ebenen-System" beschrieben (vgl. z.B. *Jachtenfuchs/Kohler-Koch* 1996), wobei den intergouvernementalen Aspekten (verdeutlicht an der herausragenden Stellung des Ministerrats) nach wie vor die entscheidende Bedeutung zukommt und mithin die Nationalstaaten die wichtigsten politischen Akteure bleiben. Berücksichtigt man nun in historischer Analogie die Erfahrungen bei der Konstituierung nationaler Arbeitsbeziehungen, so deutet bereits einiges darauf hin, daß die Herausbildung eines umfassenden Regulierungssystems „europäischer Arbeitsbeziehungen“ ohne eine Vertiefung der politischen Integration Europas nur schwerlich vorstellbar ist (*Ebbinghaus/Visser* 1994).

Sowohl europäische Sozialpolitik im allgemeinen als auch die Schaffung rechtlicher Rahmenbedingungen für „europäische Arbeitsbeziehungen“ im besonderen sind beim derzeitigen Stand politischer Vergemeinschaftung immer nur als politischer Kompromiß zwischen nationalen Regierungen denkbar. Dies setzt jedoch eine gewisse Interessensynthese für eine soziale Regulierung auf europäischer Ebene voraus, die angesichts der nach wie vor erheblichen sozial-ökonomischen Entwicklungsunterschiede zwischen den einzelnen EU-Staaten nur sehr schwer herstellbar ist. Gerade weil die sozialen Regulierungssysteme immer mehr zu einem entscheidenden Faktor der Wettbewerbsfähigkeit der Nationalstaaten werden, lassen sich aus diesem Blickwinkel kaum gemeinsame Interessen für eine Harmonisierung einer europäischen Sozialgesetzgebung finden. So ist es auch nicht weiter verwunderlich, daß bis zur Verabschiedung des Maastrichter Sozialprotokolls eigentlich keine eindeutige Rechtsgrundlage für eine gemeinsame Sozialpolitik existierte (*Weinstock* 1989, S. 25). Sozialpolitische Entscheidungen unterlagen bis auf wenige Ausnahmen dem Einstimmigkeitsprinzip und konnten daher durch das Veto eines einzigen Mitgliedsstaates blockiert werden, was in den letzten Jahren insbesondere von der konservativen britischen Regierung extensiv genutzt wurde.

Wann immer sozialpolitische Initiativen auf EU-Ebene ergriffen wurden, so gingen sie zumeist nicht von einzelnen nationalen Regierungen aus, sondern wurden zunächst von supra-nationalen Institutionen wie dem Europäischen Parlament, dem WSA oder der Europäischen Kommission protegiert, denen damit eine wichtige eigenständige Rolle als sozialpolitischer „Policy-Maker“ (*Tömmel* 1992) zukommt. Dies gilt für die gesamte Diskussion um die „Europäische Sozialunion“ gleichermaßen wie für die Initiierung des **„Sozialen Dialogs“** seit Mitte der 80er Jahre. Letzterer entstand auf Initiative von *Jacques Delors*, um einerseits den Austausch zwischen den EU-Institutionen und den europäischen Arbeitgeberverbänden und Gewerkschaften, andererseits aber auch den Dialog zwischen den europäischen Sozialpartnern zu intensivieren (*Buda* 1995).

Der „Soziale Dialog“ kann somit als erste institutionalisierte Form „europäischer Arbeitsbeziehungen“ angesehen werden, bei dem staatlichen Akteuren (hier in Form der EU-Kommission) eine „Initiatoren- und Moderatorenrolle" zukommt. Mit der Einheitlichen Europäischen Akte von 1987 wurde dann die EU-Kommission auch vom EU-Ministerrat offiziell beauftragt, „den Dialog zwischen den Sozialpartnern auf europäischer Ebene zu entwickeln, der, wenn diese es für wünschenswert halten, zu vertraglichen Beziehungen führen kann" (EWG-Vertrag von 1987, Art. 118b). Gleichzeitig beinhaltet dieser Artikel erstmalig einen – wenn auch noch sehr vagen – Hinweis darauf, daß die europäischen Sozialpartner prinzipiell das Recht haben, autonome Kollektivverhandlungen zu führen und dabei zu autonomen Vereinbarungen zu gelangen.

Der Grundgedanke **autonomer Kollektivverhandlungen auf europäischer Ebene** erfährt schließlich durch das **Maastrichter Sozialabkommen** eine bedeutsame Konkretisierung. Zunächst einmal wird den Europäischen Sozialpartnern ein generelles Anhörungsrecht bei allen sozialpolitischen Initiativen der EU-Kommission eingeräumt (Art. 3 des Maastrichter Abkommens über die Sozialpolitik). Darüber hinaus haben die Europäischen Sozialpartner nunmehr jedoch auch das Recht, im gegenseitigen Einvernehmen einen sozialpolitischen Vorschlag der Kommission aufzugreifen und selbst hierzu eine autonome Vereinbarung zu treffen, die dann anstelle der ursprünglich geplanten Gesetzesinitiative vom Ministerrat für rechtskräftig erklärt werden könnte (Art. 3, Abs. 4 sowie Art. 4). Nachdem noch 1994 bei der „Euro-Betriebsrats-Richtlinie" diese Form des „kompensatorischen Sozialdialogs" an den unterschiedlichen Positionen von Arbeitgebern und Gewerkschaften gescheitert ist, kam es im Dezember 1995 beim Thema „Elternurlaub" erstmalig auf diesem Wege zu einer Rahmenvereinbarung der europäischen Sozialpartner (*Lecher* 1996). Schließlich wird im Artikel 4 des Maastrichter Sozialabkommens den europäischen Arbeitgeberverbänden und Gewerkschaften das Recht eingeräumt, auch unabhängig von Aktivitäten der Kommission Kollektivverträge abzuschließen, die dann ebenfalls durch den Ministerrat eine Rechtsverbindlichkeit erreichen könnten.

Mit dem Maastrichter Sozialabkommen sind in der Tat wichtige rechtliche Voraussetzungen für europäische Kollektivverträge geschaffen worden. Allerdings bleibt der Regelungsbereich des Sozialabkommens faktisch auf Vereinbarungen zu konsultativ und konsensuell lösbaren Fragen beschränkt (*Keller* 1995, S. 253 f.). Für autonome Kollektivverhandlungen im eigentlichen Sinne mit konfligierenden Interessenlagen mangelt es hingegen an geeigneten Regelungsmechanismen. So werden zentrale Bereiche wie das Koalitionsrecht oder das Streikrecht sogar explizit aus dem Zuständigkeitsbereich des Sozialabkommens ausgeschlossen (Art. 2, Abs. 6). Für den Aufbau eines umfassenden europäischen Kollektivvertragssystems fehlen damit jedoch nach wie vor elementare rechtliche Grundlagen. Staatliche Akteure auf europäischer Ebene haben damit bislang nur die Herausbildung sehr rudimentärer Formen „europäischer Arbeitsbeziehungen“ ermöglicht. Ein intensiveres Engagement des „europäischen Staates“ für ein europäisches Kollektivvertragssystems ist dagegen derzeit kaum zu erwarten. Im Gegenteil ist bei dem derzeit immer noch primär auf Marktintegration ausgerichteten Integrationstyp davon auszugehen, „daß es der EU schon aus strukturellen Gründen an jenen Steuerungskapazitäten mangelt, die der Aufbau eines kohärenten Rechtsrahmens gesamteuropäischer Arbeitsbeziehungen erfordert“ (*Traxler/Schmitter* 1995, S. 247).

3.2 Europäische Kollektivverhandlungen

Die Entwicklung „europäischer Arbeitsbeziehungen“ erfordert nicht nur eine politische und rechtliche Absicherung durch die Europäische Union, sondern muß auch von den beteiligten sozialen Akteuren, d.h. den europäischen Gewerkschaften und Arbeitgeberverbänden politisch gewollt und institutionell getragen werden. Dies wirft erstens für beide Kollektivvertragsparteien die Frage nach den möglichen interessenpolitischen Motiven für ein europäisches Regelungssystem auf. Zweitens müssen sowohl auf Gewerkschafts- als auch auf Arbeitgeberseite die institutionellen Voraussetzungen zur Durchführung europäischer Kollektivverhandlungen, d.h. die Existenz handlungsfähiger und politisch legitimierter Verbandsstrukturen auf europäischer Ebene, geklärt werden (*Keller* 1995).

Die Frage nach der interessenpolitischen Dimension eines europäischen Kollektivvertragssystems macht eine grundsätzliche Betrachtung der Entstehung von Regelungsinteressen notwendig (vgl. im folgenden: *Traxler/Schmitter* 1995, S. 232ff.). Arbeitsbeziehungen in marktwirtschaftlichen Ordnungen beruhen allesamt auf einer strukturellen Asymmetrie zwischen Kapital und Arbeit, die insbesondere in einer ungleichen Verfügung über gesellschaftliche Machtressourcen sowie in einem generellen Mobilitätsvorsprung der Unternehmen gegenüber den einzelnen Arbeitnehmern begründet liegt. Hieraus erwachsen jedoch zunächst einmal prinzipiell unterschiedliche Regelungsinteressen: Während aus einer betriebswirtschaftlichen Logik heraus dem einzelnen Arbeitgeber intuitiv immer erst die individual-rechtliche oder betriebliche Regulierung der Arbeitsbeziehungen als optimale Regelungsform erscheint, besteht die grundlegende Funktion von Gewerkschaften gerade darin, die marktvermittelte Konkurrenz der einzelnen Arbeitnehmer durch kollektivvertragliche Regelungen aufzuheben und damit das strukturelle Übergewicht der Arbeitgeber auszugleichen.

Die hier skizzierten unterschiedlichen Regelungsinteressen gelten gleichermaßen für die nationale als auch für die internationale/europäische Ebene. Im Laufe der Geschichte des Kapitalismus ist es jedoch in fast allen europäischen Nationalstaaten den Gewerkschaften – zumeist im Zusammenspiel mit neu an die Macht gekommenen sozialdemokratischen Regierungen – gelungen, kollektivvertragliche Regelungssysteme durchzusetzen. Mit der Konstituierung nationaler Arbeitsbeziehungen entstanden neue komplexe Institutionensysteme, die ihrerseits die Stabilität kollektiver Regelungen absicherten und durch „korporatistische Arrangements" divergierende soziale Interessen zusammenführen konnten. Dabei hat nicht zuletzt auch die Arbeitgeberseite ein eigenständiges Interesse an kollektiven Regelungen entwickelt, die ihnen lange Zeit relativ einheitliche Wettbewerbsbedingungen, soziale und politische Stabilität sowie eine bessere Nutzbarmachung gesamtgesellschaftlicher Innovationspotentiale sicherte.

Mit der zunehmenden Internationalisierung und „Europäisierung" der Waren- und Kapitalmärkte wird das Interesse der Arbeitgeber an einem kollektiven Regelungssystem jedoch in zweifacher Hinsicht brüchig. Erstens erhöht ein verschärfter internationaler Konkurrenzdruck die Neigung einzelner Unternehmen, kollektivvertragliche Regelungen zu unterlaufen, um sich auf diese Weise kurzfristige Wettbewerbsvorteile zu verschaffen. Zweitens bringt die Internationalisierung der Unternehmensorganisationen einen neuen Mobilitätsschub mit sich, der immer mehr Unternehmen in die Lage versetzt, einzelne Funktionen des Wertschöpfungsprozesses auf unterschiedliche nationale Regelungssysteme zu verteilen und sich damit durch ein internationales „regime shopping" einem nationalhomogenen Kollektivvertragssystem zu entziehen. Die überall in Europa durch die Arbeitgeberverbände vernehmbare politische Forderung nach Deregulierung und Flexibilisierung von Kollektivverträgen ist somit Ausdruck eines im Zuge der Internationalisierung grundlegend gewandelten Regelungsinteresses.

Vollkommen anders stellt sich die Situation dagegen aus Sicht der Gewerkschaften dar: Wollen diese auch weiterhin ihre originäre Funktion als kollektive Interessenvertretung der Arbeitnehmerschaft wahrnehmen, so muß ihr Organisationsgebiet im Prinzip mit den Marktgrenzen deckungsgleich sein (*Ebbinghaus/Visser* 1994, S. 228). Die Gewerkschaften sind also geradezu gezwungen, sich den veränderten Marktbedingungen anzupassen und ihre eigene Gestaltungsmacht über die nationalen Grenzen hinaus auszudehnen. Spätestens seit der Einführung des europäischen Binnenmarktes haben die europäischen Gewerkschaften deshalb programmatisch eine schrittweise „Europäisierung" der Tarifpolitik auf ihre Fahnen geschrieben und fordern von der EU, hierfür klare Rechtsgrundlagen zu schaffen.

Die europäischen Arbeitgeberverbände lehnen demgegenüber eine arbeits- und sozialpolitische Regelungskompetenz auf EU-Ebene immer noch weitgehend ab und sprechen sich durchgängig gegen die Einführung verbindlicher europäischer Kollektivverhandlungen aus. Zwar hat sich der europäische Arbeitgeberdachverband UNICE („Union des Industries de la Communauté Européenne") im Oktober 1991 in einer gemeinsamen Stellungnahme mit dem Europäischen Gewerkschaftsbund (EGB) grundsätzlich zu Verhandlungen und vertraglichen Beziehungen der europäischen Sozialpartner bereit erklärt. Dieses später nahezu vollständig im Maastrichter Sozialabkommen übernommene Dokument hatte aus Sicht von UNICE jedoch einzig die Funktion, einen stärkeren Einfluß der europäischen Arbeitgeber auf mögliche sozialpolitische Initiativen der EU-Kommission abzusichern und „drohende" gesetzliche Regelungen durch eigene Vereinbarungen mit dem EGB abzuwenden. Hierin liegt aus Arbeitgebersicht auch die Rationalität des nach Maastricht möglich gewordenen „kompensatorischen Sozialdialogs". Nicht das eigene Interesse an europäischen Kollektivverhandlungen, sondern erst die politischen Vorgaben durch den staatlichen Akteur EU waren demnach für die Verhandlungsbereitschaft der europäischen Arbeitgeber ausschlaggebend.

Die Entwicklung „Europäischer Arbeitsbeziehungen" im Sinne europäischer Kollektivverhandlungen steht somit vor grundsätzlich widersprüchlichen Interessenlagen. Während die Gewerkschaften zur Absicherung ihrer Handlungsfähigkeit im europäischen Binnenmarkt letztendlich auf den Aufbau eines europäischen Kollektivvertragsystems angewiesen sind, besteht das Interesse der Arbeitgeber gerade darin, sich auf europäischer Ebene in einem sozial- und arbeitspolitisch weitgehend unregulierten Raum zu bewegen und gerade durch die Ausnutzung national unterschiedlicher Regelungssysteme die „managerial prerogatives" auch auf der Ebene des Nationalstaates zurückzugewinnen (*Keller* 1995, *Streeck* 1995, *Traxler/Schmitter* 1995).

Für die Zukunft der Arbeitsbeziehungen in Europa deutet sich hier ein prinzipielles Dilemma an, das sich mit der Einführung einer Europäischen Währungsunion sogar noch zu verschärfen droht. Mit dem Wegfall der Wechselkurse als zentrales Ausgleichsinstrument unterschiedlich entwickelter Volkswirtschaften werden die nationalen Standortbedingungen noch viel unmittelbarer auf die internationale Wettbewerbsfähigkeit von Unternehmen durchschlagen. Dabei wird vielfach erwartet, daß der Wechselkursmechanismus dann durch eine neue „Lohn-Preis-Flexibilität“ ersetzt werden muß (*Busch* 1994). „Wenn die Wechselkurse nicht mehr wie eine Schleuse die wirtschaftlichen Niveaus verschiedener Länder ausgleichen, dann erhalten die Lohn- und anderen Arbeitskosten die Schleusenfunktion – und die Gewerkschaften sollen die Rolle des Schleusenwärters übernehmen“ (*Altvater/Mahnkopf* 1993, S. 246). Was aus Perspektive der Arbeitgeber oft als „heilsamer Anpassungszwang“ auf die nationalen Kollektivverhandlungen angesehen wird (vgl. z. B. *BDI* 1996), birgt aus Sicht der Gewerkschaften die Gefahr eines nach unten gerichteten Lohn- und Sozialdumping-Wettlaufs. Die „Europäisierung der Kollektivverhandlungen“ wird unter diesen Vorzeichen für die Gewerkschaften tatsächlich zu einer Existenzfrage.

Zusammenfassend kann hinsichtlich der Entwicklung europäischer Kollektivverhandlungen als Ausgangspunkt eine ähnlich fundamental divergierende Interessenlage konstatiert werden wie einst bei der Herausbildung nationaler Arbeitsbeziehungen. Historisch ging dabei die Durchsetzung nationaler Kollektivvertragssysteme davon aus, daß die Gewerkschaften in der Lage waren, auf nationaler Ebene eine autonome Handlungsfähigkeit herzustellen und damit auch im politischen Raum als Gestaltungsmacht aufzutreten (*Lecher* 1996, S. 44). Die nationale Konstituierung von Unternehmens- und Arbeitgeberverbänden war demnach im wesentlichen eine Reaktion auf die politischen Herausforderungen der historischen Arbeiterbewegung. Bezogen auf eine mögliche Entwicklung europäischer Kollektivverhandlungen rückt damit die Frage nach den politischen und institutionellen Voraussetzung auf seiten der beteiligten Akteure – und hierbei insbesondere der Gewerkschaften – in den Mittelpunkt. In der wissenschaftlichen Literatur wie auch in der politischen Position der Kollektivvertragsparteien herrscht jedoch weitgehende Einigkeit darüber, daß derzeit weder die Gewerkschaften noch die Arbeitgeber über ausreichend politisch legitimierte Verbandsstrukturen verfügen, die eine Übertragung substantieller kollektivvertraglicher Regelungskompetenz möglich machen würden.

Die europäischen Verbandsstrukturen der Gewerkschaften bestehen vor allem aus dem Europäischen Gewerkschaftsbund (EGB) als europaweitem gewerkschaftlichen Dachverband und 16 sogenannten „Europäischen Gewerkschaftsausschüssen" als branchenspezifische Vereinigungen. Europäische Kollektivverhandlungen wären demnach prinzipiell sowohl branchenübergreifend auf Dachverbandsebene als auch auf sektoraler Ebene denkbar. In der Realität steht die Konstituierung der **europäischen Gewerkschaften** als einheitliche autonome Kollektivvertragspartei jedoch selbst vor zahlreichen internen Barrieren, die sich als „Einheit-in-Vielfalt-Problem" (*Ebbinghaus/Visser* 1994, S. 234 ff.) zusammenfassen lassen. So bleiben die einzelnen Gewerkschaften auch innerhalb der europäischen Verbandsstrukturen zunächst einmal Repräsentanten eigener nationaler Interessen. Letztere ergeben sich erstens aus den nach wie vor erheblichen sozial-ökonomischen Entwicklungsunterschieden in den einzelnen EU-Staaten; zweitens reflektiert sich hierin die fortwährende Existenz verschiedener nationaler Regelungssysteme sowie die sehr unterschiedlich ausgeprägten politischen und organisatorischen Stärken der einzelnen Gewerkschaften.

Europäische Kollektivverhandlungen stünden demnach nicht nur vor erheblichen Koordinations- und Abstimmungsproblemen, sondern hätten auch die Formulierung eines gemeinsamen europäischen „Interesses" zur Voraussetzung, was angesichts der genannten unterschiedlichen Ausgangssituationen nur schwer vorstellbar ist. Auf der ersten großen im Jahre 1992 durchgeführten EGB-Konferenz zu den „europäischen Dimensionen der Kollektivverhandlungen nach Maastricht" wurde z. B. deutlich, daß eher „schwächere", aus ärmeren EU-Staaten stammende Gewerkschaften wesentlich stärker für eine „Europäisierung" der Kollektivvertragspolitik plädierten, während „stärkere", aus reicheren Ländern kommende Gewerkschaften hier deutlich zurückhaltender waren (*Lecher* 1996, S. 38 f.). Eine tatsächliche Bereitschaft der nationalen Gewerkschaften, kollektivvertragliche Verhandlungsvollmachten an die europäische Ebene abzugeben, ist bislang denn auch nicht zu erkennen (*Keller* 1995, S. 246). Europäische Kollektivverhandlungen sind demzufolge derzeit – wenn überhaupt – nur in Ergänzung zu den nationalen Verhandlungen denkbar und damit zugleich thematisch auf nicht-monetäre Bereiche „qualitativer" Tarifpolitik beschränkt.

Im Vergleich zu den Gewerkschaften weisen die Arbeitgeber auf europäischer Ebene eine deutlich fragmentiertere Verbandsstruktur auf. So existieren neben dem Arbeitgeberdachverband UNICE etwa

60 unternehmerische Branchenverbände plus etwa 200 Lobbybüros von transnationalen Konzernen sowie zahlreiche wirtschaftsnahe Consultancies (*Platzer* 1996, S. 126). Das „sozialpolitische Mandat“ liegt allerdings ausschließlich beim Dachverband UNICE, während sich die Branchenvereinigungen als reine Wirtschaftsverbände auf eine produktbezogene Lobbyarbeit gegenüber den EU-Institutionen konzentrieren. Für mögliche europäische Kollektivverhandlungen auf sektoraler Ebene besteht demnach auf Arbeitgeberseite nach wie vor eine bedeutsame „Repräsentationslücke“ (*Traxler/Schmitter* 1995, S. 243). Hinzu kommt, das innerhalb von UNICE bei allen sozialpolitischen Entscheidungen jeder nationale Mitgliedsverband ein Vetorecht hat, so daß die interne Handlungsfähigkeit des Arbeitgeberdachverbandes auf diesem Gebiet sehr stark eingeschränkt ist. Die europäischen Verbandsstrukturen der Arbeitgeber sind damit insgesamt noch weit weniger als die der Gewerkschaften geeignet, den institutionellen Unterbau für ein europäisches Kollektivvertragssystem zu bilden. Dabei deutet angesichts des fehlenden arbeits- und sozialpolitischen Regelungsinteresses auf seiten der europäischen Arbeitgeber derzeit auch nichts auf eine grundlegende Reform ihrer Repräsentationsstrukturen hin.

Alles in allem scheint die Entwicklung europäischer Kollektivverhandlungen zum gegenwärtigen Zeitpunkt weder über die institutionellen Voraussetzungen zu verfügen, noch besteht ein eindeutiges Regelungsinteresse auf seiten der Kollektivvertragsparteien. Während von den **europäischen Arbeitgebern** prinzipiell die Notwendigkeit eines europäischen Regelungssystems in Frage gestellt wird, plädieren die **europäischen Gewerkschaften** zwar programmatisch für ein europäisches Kollektivvertragssystem, sind aufgrund ihrer eigenen heterogenen Interessenlagen jedoch nur schwer in der Lage, hierfür die politischen und organisatorischen Voraussetzungen zu schaffen. Für die Zukunft ist gleichwohl zu erwarten, daß sich die Debatte um europäische Kollektivverhandlungen intensivieren wird, entsteht doch mit der zunehmenden Internationalisierung der Märkte eine gefährliche Regelungslücke, die die tradierten Formen der Arbeitsbeziehungen und damit einen Grundpfeiler des „europäischen Sozialmodells“ zu zerstören droht.

3.3 Europäische Arbeitsbeziehungen auf Unternehmensebene

In der Diskussion um eine „Europäisierung“ der Arbeitsbeziehungen spielt neben der Frage europäischer Kollektivverhandlungen die Ebene transnationaler Unternehmen und Konzerne eine entscheidende Rolle. So kann die Einführung **„Europäischer Betriebsräte“** (EBR) sicherlich als die bislang wichtigste arbeitspolitische Innovation in der Europäischen Union angesehen werden (vgl. im folgenden *Keller* 1996, *Schulten* 1997). Nachdem innerhalb der EU bereits seit Anfang der 70er Jahre über das Thema diskutiert wurde, kam es im September 1994 endgültig zur Verabschiedung einer **„Euro-Betriebsrats-Richtlinie“** durch den Europäischen Rat. Damit existiert nun erstmalig eine gesetzliche Grundlage für institutionalisierte grenzüberschreitende Kontakte zwischen (europäischer) Konzernzentrale und den betrieblichen Arbeitnehmervertretungen aus den verschiedenen europäischen Niederlassungen eines Unternehmens. Spätestens bis zum Jahre 2000 müssen nun in etwa 1150 von der Richtlinie betroffenen Unternehmen EBR eingerichtet werden.

Das wesentliche Ziel der „EBR-Richtlinie“ liegt zunächst darin, das Recht der betrieblichen Arbeitnehmervertretungen nach grenzüberschreitender Information und Konsultation in europaweit operierenden Unternehmen abzusichern. Damit reagiert der EU-Gesetzgeber vor allem auf die anhaltende Restrukturierung der europäischen Unternehmenslandschaft, die in Folge des Europäischen Binnenmarktes zu einer spektakulären grenzüberschreitenden Fusions- und Übernahmewelle geführt hat (*Schulten* 1992, *Platzer* 1996). Die zunehmende „Europäisierung“ von Unternehmensstrukturen stellt in der Tat die einzelnen betrieblichen Arbeitnehmervertretungen vor erhebliche Probleme. Gerade in schwerwiegenden Konfliktfällen (wie bei anstehenden Entlassungen oder gar Standortschließungen) müssen Betriebsräte und Gewerkschaften immer häufiger die Erfahrung machen, mit einem lokalen Management konfrontiert zu sein, das selbst über nur sehr geringe Entscheidungsspielräume verfügt. Hinzu kommt, daß von seiten des Managements zur Durchsetzung bestimmter arbeitspolitischer Ziele immer öfter grenzüberschreitende Standortvergleiche herangezogen werden, denen die Arbeitnehmervertretung ohne eine eigene authentische Informationsbasis relativ „ohnmächtig“ gegenübersteht. Ein regelmäßiger europäischer Informationsaustausch wird somit aus Arbeitnehmersicht immer mehr zu einer elementaren Voraussetzung autonomer Handlungsfähigkeit.

Die „EBR-Richtlinie“ zeichnet sich vor allem dadurch aus, daß sie zwar relativ detaillierte Angaben zur Gründungsprozedur eines EBR macht, bezüglich dessen inhaltlicher und institutioneller Bestimmung jedoch relativ vage bleibt (*Keller* 1996, S. 472). So wird in der Richtlinie mit Verweis auf das Subsidiaritätsprinzip bewußt kein einheitliches „EBR-Modell“ definiert, sondern dessen konkrete Ausgestaltung weitgehend den europäischen Sozialpartnern auf Unternehmensebene überlassen. Letztere sollen in Verhandlungen ihre eigene, der jeweiligen Unternehmenssituation entsprechende „EBR-Variante“ festlegen können. Die bis zum Herbst 1996 in mehr als 100 Unternehmen eingerichteten „Euro-Betriebsräte“ vermitteln bereits einen ersten der am Ende wohl kaum überschaubaren Vielfalt unternehmensspezifischer Modelle und Varianten.

Die spannende Frage lautet nun, welche Auswirkungen die Einführung von EBR insgesamt auf die Neuordnung der europäischen Arbeitsbeziehungen haben wird. Hierbei bestehen insbesondere auf seiten der europäischen Gewerkschaften sehr weitgehende Erwartungen. Diese erhoffen sich in erster Linie, ein Stück der Macht zurückzugewinnen, die sie im Zuge der Internationalisierung der Märkte auf nationaler Ebene verloren haben. Darüber hinaus gehen die Gewerkschaften davon aus, daß mit den EBR gleichsam ein struktureller Unterbau für europäische Kollektivverhandlungen entsteht und diese somit die „Keimzelle eines komplexen europäischen Arbeitsbeziehungssystems“ (*Lecher/Platzer* 1996) bilden.

Ob die Einführung der EBR am Ende tatsächlich die Position der europäischen Gewerkschaften stärken wird, scheint indes keineswegs sicher. Nachdem sich die europäischen Arbeitgeber lange Zeit prinzipiell gegen jegliche verbindliche Form eines EBR ausgesprochen hatten, beginnen nun immer mehr Unternehmen, ein eigenes Interesse an EBR im Sinne eines europäischen „Human Resource Management“ zu gewinnen. Danach könnten sich die EBR mittelfristig auch als Katalysatoren für die Entwicklung europäischer „Modernisierungs- und Produktivitätskoalitionen“ erweisen, durch die eine fortschreitende „Europäisierung“ aller Unternehmensfunktionen gefördert und stabilisiert werden könnte (*Schulten* 1997). Die Entstehung einer neuen unternehmensbezogenen europäischen Regelungsebene der Arbeitsbeziehungen muß demnach keineswegs automatisch die Entwicklung übergreifender europäischer Kollektivverhandlungen begünstigen, sondern kann auch ganz im Gegenteil ihrerseits zu einer weiteren Dezentralisierung und Verbetrieblichung der Arbeitsbeziehungen beitragen. So oder so werden aber auf jeden Fall in den nächsten Jahren von den EBR entscheidende Impulse für die Zukunft der europäischen Arbeitsbeziehungen ausgehen.

4 Ausblick: Europäische Arbeitsbeziehungen, europäisches Sozialmodell und die Zukunft der europäischen Integration

Nach der durch das Binnenmarktprojekt ausgelösten „Europhorie" in der zweiten Hälfte der 80er Jahre wird die öffentliche Debatte seit dem Vertrag von Maastricht über die Europäische Union eher wieder von Krisenstimmung und „Euro-Skepsis" beherrscht. Die Schlagworte von der „Post-Maastricht-Krise" (*Deppe/Felder* 1993) oder gar den „Post-Maastricht-Depressionen" (*Scharpf* 1995) machen die Runde. Im Kern handelt es sich hierbei vor allem um eine Krise der politischen Legitimation des europäischen Integrationsprozesses. Diese äußerte sich zunächst in den außerordentlich knappen Ergebnissen der Volksabstimmungen über das Maastrichter Vertragswerk in Frankreich und Dänemark, setzte sich dann in der keineswegs überwältigenden Zustimmung zur EU-Mitgliedschaft in ehemaligen EFTA-Staaten (Schweden, Finnland) fort und reicht bis hin zur Zurückweisung einer EU-Mitgliedschaft in Norwegen oder der Ablehnung des Europäischen Wirtschaftsraums in der Schweiz. Hinzu kommt in einer Reihe von europäischen Ländern das verstärkte Auftreten nationalistischer und rechtspopulistischer Parteien, die nicht zuletzt durch ihre klare „Anti-EU-Haltung" an Einfluß gewinnen konnten.

Gemeinsam ist dabei allen nationalen Europa-Debatten, daß sie eine tiefe innergesellschaftliche Spaltungslinie zum Ausdruck bringen, die *Ziebura* (1992, S. 482) als „Bruch zwischen 'kosmopolitischen' europäischen Eliten und dem Volk" bezeichnet hat. Zu den aktiven Befürwortern der europäischen Integration gehören dem norwegischen Sozialwissenschaftler Dølvik zufolge „zuallererst die wirtschaftlichen und politischen Eliten der Gesellschaft, die Gutausgebildeten, die Englisch sprechen und die Financial Times lesen, die Geschäftsleute, die Bürokraten des Staates, die Intellektuellen in den Städten, die Partei- und Gewerkschaftsapparatschiks; sprich all diejenigen, die auch bei einer weiteren Internationalisierung nichts riskieren, ja bisher schon von ihr profitiert haben" (*Dølvik* 1996, S. 96). Demgegenüber lassen sich nahezu spiegelbildlich diejenigen Gruppen benennen, die der europäischen Integration mehrheitlich eher ablehnend bis feindlich gegenüberstehen: Es sind vor allem die Verlierer des Integrations- und Modernisierungsprozesses, die Arbeitslosen und anderen von staatlicher Wohlfahrt abhängigen Gruppen, die Schlechtbezahlten und Schlechtausgebildeten, die Arbeitnehmerinnen und Arbeitnehmer in prekären Beschäftigungsverhältnissen und in Krisenbranchen, aber auch wachsende Teile der Mittelschichten, die um den Verlust des erreichten sozialen Status fürchten.

Eine ähnliche Spaltungslinie durchzieht auch die gewerkschaftlich organisierte Arbeitnehmerschaft: Während die gewerkschaftlichen Spitzenfunktionäre trotz deutlicher Kritik an einer einseitig an Markterfordernissen orientierten europäischen Integration in ihrer Mehrheit prinzipiell positiv eingestellt sind, herrscht an der „Gewerkschaftsbasis" gegenüber der Europäischen Union eine weitgehend ablehnende Haltung. Vor allem drei Faktoren scheinen hierfür ausschlaggebend:

- Erstens haben sich angesichts der fast 20 Millionen Arbeitslosen sowie zunehmender Armut und sozialer Polarisierung die Wachstums- und Wohlstandshoffnungen des europäischen Binnenmarktes aus Sicht der Gewerkschaften bislang in keiner Weise erfüllt.
- Zweitens müssen die Gewerkschaften derzeit erfahren, daß die nationalen Konvergenzprogramme zur Erfüllung der Maastricht-Kriterien in einem hohen Maße auf Kosten des Sozialstaates gehen (*Busch* 1994). In einigen europäischen Ländern – allen voran in Frankreich und Deutschland – hat dies mittlerweile zu einer erheblichen Politisierung mit großen gewerkschaftlichen Protestaktionen geführt.
- Drittens sind es nicht zuletzt die „nationalen Standortdebatten", die im gewerkschaftlichen Alltagsbewußtsein leicht in eine nationalistisch-protektionistische und damit anti-europäische Abwehrhaltung umschlagen können. So zeigt die historische Erfahrung, daß Gewerkschaften gerade in gesellschaftlichen und ökonomischen Krisenperioden immer dazu neigen, sich auf die Verteidigung unmittelbar nationaler Interessen zurückzuziehen (*Deppe* 1989).

Ein arbeits- und sozialpolitisch unregulierter europäischer Binnenmarkt (ergänzt noch um die Einführung einer Europäischen Währungsunion) bringt auf Dauer nicht nur die Gefahr mit sich, die europäische „Marktwirtschaft des Sozialen zu berauben" (*Rürup* 1996), sondern droht langfristig auch, die dem europäischen Sozialmodell zugrundeliegende „erfolgreiche Symbiose von kapitalistischer Ökonomie und demokratischer Politik" (*Scharpf* 1995) zu zerstören. Eine „Amerikanisierung" des europäischen Kapitalismus, wie dies zur Zeit von einer Reihe neoliberaler Zirkel gefordert wird, würde angesichts der besonderen politischen Traditionen in Europa unkalkulierbare politische Risiken heraufbeschwören, welche das europäische Integrationsprojekt selbst in Frage stellen könnten. Eine Orientierung am „Vorbild USA“ erscheint auch schon deshalb fragwürdig, da in den USA selbst im wachsenden Maße die sozialen Folgekosten thematisiert werden. So ist nach Ansicht von *Robert Reich*, ehemaliger Arbeitsminister der *Clinton*-Administration, „die Überbrückung der Kluft zwischen Lohnstreifen und Profiten (...) unsere große verbleibende Herausforderung. Der stete Rückgang des Durchschnittslohns und der immer größer werdende Abstand zwischen den Reichen und den übrigen bedroht die Stabilität und den Wohlstand unserer Nation“ (*Reich* 1995, S. 654).

Auch in Europa werden die Stimmen immer lauter, die auf eine stärkere arbeits- und sozialpolitische Regulierung auf europäischer Ebene drängen. So hat beispielsweise die französische Regierung im März 1996 ein „Memorandum für ein europäisches Sozialmodell“ vorgelegt, in dem neben einer aktiven europäischen Beschäftigungspolitik eine EU-weite Festlegung sozialer Mindeststandards sowie die Intensivierung „europäischer Arbeitsbeziehungen“ gefordert wird (*Chirac* 1996). In die gleiche Richtung geht u. a. die von seiten der italienischen Regierung unterstützte Forderung, einen sozialen Grundrechtekatalog in den EU-Vertrag aufzunehmen (Europäisches Gewerkschaftsinstitut 1996).

Herbert Henzler, der Chef von McKinsey Deutschland, bringt die historischen Besonderheiten des europäischen Kapitalismus noch einmal auf den Punkt: „Nur in Europa hat man sich beiden Aufgaben gestellt: Schaffung und Erhalt eines leistungsfähigen Wirtschaftssystems, das der Vielfältigkeit seines gesellschaftlichen und kulturellen Erbes gerecht wird und gleichzeitig die Kluft zwischen arm und reich nicht zu tief werden läßt. Im Gegensatz zum nordamerikanischen Kapitalismus ist der Eurokapitalismus an die Bedingungen eines sozialen Gesellschaftsvertrages gebunden“ (*Henzler* 1992, S. 44). An einer Absicherung dieses sozialen Gesellschaftsvertrages auf europäischer Ebene durch eine schrittweise „Europäisierung“ der Arbeitsbeziehungen sollte nicht zuletzt den europäischen Unternehmen gelegen sein.

Literatur

Albert, M. (1992), Kapitalismus contra Kapitalismus, Frankfurt, New York 1992

Altvater, E., Mahnkopf, B. (1993), Gewerkschaften vor der europäischen Herausforderung. Tarifpolitik nach Mauer und Maastricht, Münster 1993

Bieling, H.-J., Deppe, F. (Hrsg.) (1996), Arbeitslosigkeit und Wohlfahrtsstaat in Westeuropa. Neun Länder im Vergleich, Opladen 1996

Buda, D. (1995), Auf dem Weg zu europäischen Arbeitsbeziehungen? Zur Perspektive des Sozialen Dialogs in der Europäischen Union, in: *Mesch* (1995), S. 289–333

Bundesverband der deutschen Industrie e.V. (BDI) (1996), Der Euro: Chance für die deutsche Industrie. Report des Industrieforums EWU, Köln 1996

Busch, K. (1994), Europäische Integration und Tarifpolitik. Lohnpolitische Konsequenzen der Wirtschafts- und Währungsunion, Köln 1994

Cella, G. P. (1995), Between Conflict and Institutionalization: Italian Industrial Relations in the 1980s and Early 1990s, in: European Journal of Industrial Relations 3/95, S. 385–404

Chirac, J. (1996), Französisches Memorandum für ein europäisches Sozialmodell, in: Blätter für deutsche und internationale Politik 5/96, S. 632–636

Crouch, C. (1993), Industrial Relations and European State Traditions, Oxford 1993

Crouch, C. (1995), Exit or Voice: Two Paradigms for European Industrial Relations After the Keynesian Welfare State, in: European Journal of Industrial Relations 1/95, S. 63–81

Deppe, F. (1989), Alter und neuer Internationalismus, in: *Deppe, F., Huffschmid, J., Weiner, K.-P.* (Hrsg.), 1992 – Projekt Europa, Köln 1989, S. 249–288.

Deppe, F., Felder, M. (1993), Zur Post-Maastricht-Krise der Europäischen Gemeinschaft, Arbeitspapier der Forschungsgruppe Europäische Gemeinschaften (FEG) Nr. 10, Philipps-Universität Marburg 1993

Dølvik, J. E. (1996), Gewerkschaften, Bürger und Europäische Union – die demokratische Herausforderung, in: *Europäisches Gewerkschaftsinstitut* (1996), S. 93–113

Dølvik, J. E., Stokland, D. (1992), Norway: The 'Norwegian Model' in Transition, in: *Ferner, A., Hyman, R.* (Hrsg.), Industrial Relations in the New Europe, Oxford 1992, S. 143–167

Due, J., Madsen, J. S., Jensen, C. S. (1995), Major Developments in Danish Industrial Relations since 1980, in: *Mesch,* (1995), S. 127–159

Ebbinghaus, B., Visser, J. (1994), Barrieren und Wege „grenzenloser" Solidarität: Gewerkschaften und Europäische Integration, in: *Streeck, W.* (Hrsg.), Staat und Verbände, PVS Sonderheft 25/94, S. 223–255

Europäisches Gewerkschaftsinstitut (Hrsg.) (1996), Die Zukunft der Europäischen Union, Münster 1996

Ferner, A., Hyman, R. (1992), Introduction: Industrial Relations in the New Europe, in: *Ferner, A., Hyman, R.* (Hrsg.), Industrial Relations in the New Europe, Oxford 1992, S. xvi-xlvii

Günter, H. (Hrsg.) (1972), Transnational Industrial Relations. The Impact of Multi-National Corporations and Economic Regionalism on Industrial Relations, London 1972

Henzler, H. (1992): Europreneurs. Europas Unternehmer melden sich zurück, Frankfurt a.M. 1992

Hyman, R. (1994), Introduction: Economic Restructuring, Market Liberalism and the Future of National Industrial Relations Systems, in: *Hyman, R., Ferner, A.* (Hrsg.), New Frontiers in European Industrial Relations, Oxford 1994, S. 1–14

Jachtenfuchs, M., Kohler-Koch, B. (1996), Regieren im dynamischen Mehrebenensystem, in: dies. (Hrsg.), Europäische Integration, Opladen 1996, S. 15–44

Keller, B. (1995), Perspektiven europäischer Kollektivverhandlungen – vor und nach Maastricht, in: Zeitschrift für Soziologie 4/95, S. 243–262

Keller, B. (1996), Nach Verabschiedung der Richtlinie zu Europäischen Betriebsräten – Von enttäuschten Erwartungen, unerfüllbaren Hoffnungen und realistischen Perspektiven, in: WSI-Mitteilungen 8/96, S. 470–482

Lecher, W. (1992), Elemente eines europäischen Arbeitsbeziehungsmodells gegenüber Japan und USA, in: WSI-Mitteillungen 12/92, S. 807–812

Lecher, W. (1996), Supranationale Tarifpolitik: ihre Möglichkeiten und Grenzen in der Europäischen Union, in: Internationale Politik und Gesellschaft 1/96, S. 36–46

Lecher, W., Platzer, H.-W. (1996), Europäische Betriebsräte: Fundament und Instrument europäischer Arbeitsbeziehungen?, in: WSI-Mitteilungen 8/96, S. 503–512

Marginson, P., Sisson, K. (1996), Multinational Companies and the Future of Collective Bargaining: A Review of the Research Issues, in: European Journal of Industrial Relations 2/96, S. 173–197

Mesch, M. (Hrsg.) (1995), Sozialpartnerschaft und Arbeitsbeziehungen in Europa, Wien 1995

Platzer, H.-W. (1996), Die Europäisierung von Unternehmen und Unternehmensverbänden, in: *Maurer A., Thiele, B.* (Hrsg.), Legitimationsprobleme und Demokratisierung der Europäischen Union, S. 112–128

Reich, R. (1995), Die amerikanische Erwerbsbevölkerung, Ansprache im Center for National Policy am 31.08.1995, in: Gewerkschaftliche Monatshefte 10/95, S. 653–656

Rürup, B. (1996), Die Marktwirtschaft des Sozialen nicht berauben, in: Frankfurter Allgemeine Zeitung vom 29.06.1996

Scharpf, F. W. (1995), Europa nach Maastricht: Markt ohne Demokratie?, in: Wirtschaftdienst des HWWA II/95, S. 85–93

Schulten, T. (1992), Internationalismus von unten. Europäische Betriebsräte in Transnationalen Konzernen, Marburg 1992

Schulten, T. (1997), Europäische Modernisierungskoalitionen? Der Beitrag Europäischer Betriebsräte zur Neuordnung der Arbeitsbeziehungen in Europa, in: Flecker, J. (Hg.), Jenseits der Sachzwanglogik, Berlin 1997

Streeck, W. (1995), Politikverflechtung und Entscheidungslücke. Zum Verhältnis von zwischenstaatlichen Beziehungen und sozialen Interessen im europäischen Binnenmarkt, in: *Bentele, K., Reissert, B., Schettkat, R.* (Hrsg.), Die Reformfähigkeit von Industriegesellschaften. Fritz W. Scharpf, Festschrift zu seinem 60. Geburtstag, Frankfurt, New York 1995, S. 101–130

Terry, M. (1994), Workplace Unionism: Redefining Structures and Objektives, in: *Hyman, R., Ferner, A.* (eds.), New Frontiers in European Industrial Relations, Oxford 1994, S. 223–249

Tömmel, I. (1992), Systementwicklung und Politikgestaltung in der Europäischen Gemeinschaft am Beispiel der Regionalpolitik, in: *Kreile, M.* (Hrsg.), Die Integration Europas, PVS-Sonderheft 23, Opladen 1992, S. 185–208

Traxler, F. (1995a), Entwicklungstendenzen in den Arbeitsbeziehungen Westeuropas, Auf dem Weg zur Konvergenz?, in: Mesch, (1995), S. 161–214

Traxler, F. (1995b), Farewell to labour market associations? Organized versus disorganized decentralization as a map for industrial relations, in: *Crouch, C., Traxler, F.* (eds.), Organized Industrial Relations in Europe: What Future?, Aldershot 1995

Traxler, F., Schmitter, P. C. (1995), Arbeitsbeziehungen und europäische Integration, in: *Mesch* (1995), S. 231–256

Weinstock, U. (1989), Europäische Sozialunion – historische Erfahrungen und Perspektiven, in: *Däubler, W.*, Sozialstaat EG? Die andere Dimension des Binnenmarktes, Gütersloh 1989, S. 15–34

Ziebura, G. (1992), Nationalstaat, Nationalismus, supranationale Integration: Der Fall Frankreich, in: Leviathan 4/92, S. 467–489

Kapitel 6
Europäische Managementstile – Eine kulturorientierte Analyse

von *Klaus Macharzina, Michael-Jörg Oesterle* und *Joachim Wolf*

1 Bedeutung kultureller Einflüsse auf die Entwicklung von Managementstilen

Der Einfluß unterschiedlicher Kulturen auf Ziele, Strategien, Strukturen und Stile von Unternehmensaktivitäten ist als einer der Erkenntnisschwerpunkte der an Führungsproblemen ausgerichteten Bereiche der Betriebswirtschaftslehre zu bezeichnen. Noch vor 30 oder gar 20 Jahren war das Bestehen eines derartigen Zusammenhangs zwischen Unternehmensführung und Kultur für die Mehrzahl der an theoretischen und praktischen Fragen des Managements Interessierten nicht nachvollziehbar. Selbst die beeindruckende Fülle mittlerweile verfügbarer Studien zur Kulturprägung wirtschaftlicher Handlungen hat noch nicht dazu geführt, daß einhellig einer **culture-bound-Auffassung** gefolgt wird. Bereits der zum gegenwärtigen Zeitpunkt feststellbare Zugewinn an „Kulturgläubigen“ kann jedoch als Ansatz eines wissenschaftlich-praktischen Paradigmenwechsels bezeichnet werden.

So dominierte noch während der 60er und 70er Jahre in den westlichen Industrieländern die Vorstellung einer kulturneutralen Unternehmensführung. Im Sinne der **culture-free-These** wurde die inhaltliche Ausgestaltung von Management als ein universelles Phänomen betrachtet. Im Kern beinhaltet diese These die Überzeugung, daß es Prinzipien der Unternehmensführung gebe, die unabhängig von nationalen Gegebenheiten Vorteile generierten. Gestützt wurde diese These durch eine Reihe theoretischer und empirischer Arbeiten; als prominenter Vertreter theoretischer Beiträge kann hierbei die Veröffentlichung von *Theodore Levitt* (1983) gelten, die vom Kommen einer machtvollen Triebkraft der weltweiten Vereinheitlichung und Gleichmachung kündete; „a powerful force will drive the world toward a converging commonality, and that force is technology“ (*Levitt* 1983, S. 92). Dieser Auffassung folgend beeinflussen die unterstellten fundamentalen Veränderungen nicht nur die Marktstrukturen und treiben die Vereinheitlichung von Produkten und Dienstleistungen nationaler und internationaler Anbieter voran. Vielmehr eröffnen sie auch Möglichkeiten für die Verbreitung standardisierter Unternehmensführungskonzepte und -techniken, denen im Vergleich zu anderen Ansätzen außerordentliche Qualität und hoher Anwendungsnutzen zugeschrieben wird.

Bereits einige Jahre zuvor, Ende der 70er Jahre, führte der rasche Aufstieg japanischer Unternehmen und deren aufsehenerregendes Engagement auf dem Weltmarkt zu einem ersten breiteren Interesse gegenüber kulturspezifischen Managementpraktiken. Insbesondere Studien wie die von *Tsurumi* (1976), *Ouchi* (1981), *Pascale* und *Athos* (1981) sowie von *Peters* und *Waterman* (1982) sind als frühe Argumente für den Realitätsgehalt der culture-bound-These zu interpretieren. Sie wiesen nämlich darauf hin, daß der Erfolg der japanischen Wirtschaft hauptsächlich in spezifischen japanischen Unternehmensführungskonzepten und -fähigkeiten begründet liegt und nur in sehr begrenztem Ausmaß auf günstige Bedingungen des japanischen Wirtschaftssystems zurückzuführen ist.

Von diesem offensichtlichen Dissens über die kulturelle Prägung von Unternehmensführung ausgehend, ist es die Zielsetzung des vorliegenden Beitrags, systematisch kulturspezifische Ziele, Grundhaltungen und Handlungsweisen europäischer Unternehmen zu identifizieren. Eine derartige Analyse kann als Vorstufe der Umsetzung eines weitergehenden, bislang noch nicht realisierten Anliegens bezeichnet werden: die Identifikation von Erfolgsfaktoren und Schwachpunkten europäischer Unternehmensführungstypen.

Obwohl im Rahmen des Beitrags grundsätzlich der Standpunkt einer Kulturgebundenheit von Management vertreten wird, sollte dies nicht zu der Annahme verleiten, daß kulturelle Faktoren vollständig für die Varianz des Unternehmenserfolgs verantwortlich sind. Neuere, in japanischen und westlichen Unternehmen durchgeführte Untersuchungen verweisen wiederum darauf, daß allein das Operieren in bestimmten Regionen oder Ländern keine über- oder unterdurchschnittlichen Gewinnraten hervorzubringen vermag (*Brown/Soybel/Stickney* 1994, S. 75 ff.). Überdies belegte die auf einem Datensatz von 150 US-amerikanischen, japanischen und europäischen multinationalen Unternehmen basierende Langzeit-Studie von *Haar* (1989), daß US-amerikanische Firmen – und nicht, wie man etwa annehmen könnte, japanische – den größten Unternehmenserfolg erzielen konnten. Solange es weiterhin an solide angelegten, miteinander vergleichbaren Untersuchungen japanischer, US-amerikanischer und europäischer Unternehmen mangelt und überdies keine konsistenten Ergebnisse vorliegen, muß die vermutete Überlegenheit kulturspezifischer Unternehmensführungssysteme als ein zwischen Fakt und Fiktion angesiedeltes Phänomen betrachtet werden.

Vor dem Hintergrund dieser grundsätzlichen Diskussion ist der vorliegende Beitrag in zwei Hauptabschnitte unterteilt. Durch eine Analyse der aktuell verfügbaren Literatur werden vor dem Hintergrund von Werthaltungen zunächst Gemeinsamkeiten und Unterschiede europäischer Unternehmensführungsstile und europäischen Unternehmensführungsverhaltens herausgestellt. In einem zweiten Schritt wird versucht, die unterstellten Werthaltungen mit tatsächlichen Ausprägungen unternehmerischen Verhaltens in Verbindung zu bringen.

2 Individuelle Dimensionen kultureller Handlungsprägungen

Der Begriff „**Kultur**“ wird in zwei relativ unterschiedlichen Zusammenhängen verwendet. Einerseits existiert die Definition von Kultur im Sinne von „Zivilisation“, die sich in Kunst, Handwerk und Erziehung manifestiert. Kultur wird hier in einem engeren Sinne interpretiert und bezüglich konkreter Artefakte umschrieben. Andererseits kann Kultur aber auch als die Aneignung von Denk- oder Verhaltensmustern betrachtet werden. Dieses weiter gefaßte Kulturverständnis wird häufig von Anthropologen zugrunde gelegt. Es öffnet die Perspektive und mündet in einem Konstrukt, das Kultur als „kollektiv programmierte Einstellungen“ (*Hofstede* 1980, S. 15) betrachtet. Beide Definitionen von Kultur spiegeln die Realität wider; sie sind insofern stark miteinander verbunden, als grundsätzliche Denk- und Verhaltensmuster das breite Spektrum an Artefakten, das für eine bestimmte geographische Region typisch ist, determinieren. Die engere Begriffsfassung fragt in aller Regel nicht nach den Ursachen für das Auftreten bestimmter Artefakte und deren Bedeutungsunterschiede in verschiedenen Gesellschaften. Der zweite Ansatz scheint dagegen nicht nur zur Beschreibung, sondern auch zur Erklärung des Entstehens kultureller Phänomene und deren Ausprägungen anwendbar. Dies liegt darin begründet, daß hier berücksichtigt wird, welche Ursprünge die Resultate menschlichen Handelns haben. Die Wurzeln der mit „mentaler Programmierung“ bezeichneten Kultur liegen in der Vergangenheit: Kultur – sei es nationale, regionale oder organisationale – verkörpert die „geronnene“ Geschichte des Denkens, Fühlens und Handelns von gesellschaftlichen Gruppierungen. (Aus-)Bildung und Sozialisation stellen hierbei die Mechanismen der Vererbung von „Kultur“ an nachfolgende Generationen dar.

2.1 Interdependenzen zwischen Kultur und Werten

Wenn im vorliegenden Zusammenhang das zweitgenannte Kulturverständnis verwendet werden soll, muß zunächst geklärt werden, in welcher Art und Weise kulturelle Phänomene einer managementrelevanten Untersuchung zugänglich gemacht werden können; im Kern handelt es sich hierbei um die allgemeinere Frage, wie Kultur gemessen werden kann. Diesbezüglich existiert in der Literatur eine breite Palette von Ansätzen, die Kultur über Konstrukte wie Werte, Einstellungen, Überzeugungen, Motive oder Bedürfnisse zu operationalisieren versuchen. Im Bereich des Managements scheint es sinnvoll zu sein, auf **Werte** zurückzugreifen, da sich das Wertkonzept sowohl auf Individuen als auch auf Gruppen, Gesellschaften und damit auch Organisationen anwenden läßt; zudem können Werte als über die Zeit hinweg verhältnismäßig stabil gelten, wodurch sich eine grundsätzliche Möglichkeit zu deren Identifikation und „Messung“ in Form von Ergebnissen kultur- bzw. wertgeprägter Handlungen ergibt (*Oesterle* 1993, S. 297 ff.). Werte nehmen hierbei die Funktion von Präferenzen oder Präferenzmodellen ein, die sich auf Verhaltensweisen, Eigenschaften und Lebensziele beziehen und somit als Standard oder Führungsgröße dienen. Sie werden als hoch abstrakte Ordnungskonzepte des Individuums betrachtet, welche aus wenigen, aber weitgehend kollektiv geteilten und langfristig stabilen Vorstellungen von wesentlicher individueller Bedeutung bestehen (*Kahle* 1987, S. 44). Werte rücken nach diesem Verständnis in die Nähe von Einstellungen, wobei sich jene aber analytisch von Werten durch ihren konkreten Objektbezug unterscheiden lassen. Der Objektbezug verweist direkt auf den geringeren Abstraktionsgrad und die gegenüber Werten deutlich höhere Anzahl (*Rokeach* 1968, S. 160, und 1973, S. 18). Allerdings muß unter pragmatischen Gesichtspunkten davon ausgegangen werden, daß zwischen beiden Konstruktionen lediglich graduelle Unterschiede bestehen. So liegt dem Vorgehen, Wertvorstellungen beispielsweise über die Erhebung von persönlichen Haltungen zu Unternehmenszielen, Führungsstilen, politischen oder sozialen Problemen zu ermitteln, die Annahme zugrunde, daß Einstellungen durch Werte bestimmt werden, d.h., daß Werte bestimmte Meta-Einstellungen repräsentieren. Als Konsequenz der aufgezeigten fließenden Übergänge zwischen Werten und Einstellungen wird im folgenden nicht dem theoretisch möglichen Weg einer Differenzierung und damit der ontologischen Frage, was nun Wert oder Einstellung sei, gefolgt; vielmehr soll eine Gleichsetzung von Werten und Einstellungen zugrunde gelegt werden.

2.2 Wert- und Einstellungsdifferenzen europäischer Kulturkreise

Die Erkenntnis, daß Kultur das Resultat historischer Entwicklungen darstellt, führt zu zwei unterschiedlichen Standpunkten bezüglich der Entstehung europäischer Kulturen, welche als **Konvergenz-** und als **Divergenzthese** bezeichnet werden können. Erstere gründet auf der Einsicht, daß europäische Länder in bezug auf ihre Geschichte so viel gemeinsam haben, daß sie deshalb in ihren fundamentalen Kulturmerkmalen weitgehend übereinstimmen. Das Römische Reich, die Bekehrung zum Christentum, die wachsende Macht der römischen Kirche und die Tatsache, daß im Mittelalter nur sehr wenige, nach vergleichbaren Lehrinhalten und allgemeinen Gestaltungsprinzipien aufgebaute Universitäten wie Bologna, Salamanca, Paris, Leyden und Oxford für die höhere Bildung bereitstanden, stellen Kräfte dar, die eine Konvergenz der europäischen Kulturen vorangetrieben haben könnten.

Dem kann entgegengehalten werden, daß nicht alle europäischen Länder Teil des Römischen Reiches waren. Darüber hinaus ist in Erwägung zu ziehen, daß Religion kein Äquivalent für Kultur sein muß. Es könnte ebenso argumentiert werden, daß es kulturelle Werte sind, die eine Religion modifizieren und in unterschiedlichen Ausprägungen in Erscheinung treten lassen. So ist auffällig, daß vor allem jene Länder Europas, die sich von der römischen Kirche wieder abgewandt haben, genau in jenen europäischen Regionen ausgemacht werden können, in denen das Römische Reich nicht oder nicht längerfristig wirksam war. Dies verdeutlicht, daß der Einfluß der Kirche nachhaltig von den Werten des römischen Staates und seiner Gesellschaft getragen wurde. Dazu kommt, daß nur wenige Personen die Möglichkeit besaßen, an fremden Universitäten oder in fremden Ausbildungssystemen zu studieren. Aufgrund ihrer geringen Zahl war ihr Einfluß nicht groß genug, die kulturelle Adaption in den jeweiligen Heimatländern wesentlich voranzutreiben. Diese Argumente stützen stark die zweite Theorie, wonach kulturelle Unterschiedlichkeit in Europa nach wie vor besteht. Unter Berücksichtigung dieses Konzeptes kann im Hinblick auf die zentrale Frage der vorliegenden Untersuchung vermutet werden, daß weder ein einzelner europäischer Stil der Unternehmensführung noch ein einheitliches Muster unternehmerischer Konzepte, Fähigkeiten oder Praktiken existiert. Trotz der Tatsache, daß Europa sich gegenwärtig verstärkt zu einer Einheit formiert, ist zumindest anzunehmen, daß Werte, Handlungen und Verhalten europäischer Führungskräfte innerhalb dieser Union weiterhin differieren.

Aufgrund der Plausibilität der Divergenzthese soll in den nachfolgenden Ausführungen des Beitrags eine differenzierte Analyse kultureller Unterschiede und Gemeinsamkeiten vorgenommen werden. Dazu bietet sich zunächst eine Stützung auf empirische Untersuchungen der Werthaltungen in unterschiedlichen europäischen Ländern an. Im Interesse einer möglichst hohen Aussagekraft ist hierbei allerdings die sorgfältige Prüfung der vorhandenen Studien durch Kriterien der Qualitätssicherung notwendig. Als solche bieten sich vor allem „Geltungsbereich" und „Bezug" von Werten zu unternehmensführungsrelevantem Verhalten an; bei Orientierung an diesen Kriterien dürfte zur Zeit nur eine Studie – die weithin bekannte von *Hofstede* (1980, 1991, 1993) – die Anforderung erfüllen, tiefere Einblicke in vorherrschende Werthaltungen in europäischen Ländern zu gewinnen und einen konzeptionellen Bezugsrahmen für kulturspezifisches unternehmerisches Verhalten zu entwickeln. Weitere Untersuchungen wie die von *Haire, Ghiselli* und *Porter* (1966), *Ronen* und *Kraut* (1977), *Inglehart* (1977) oder *Trompenaars* (1993) sind entweder in ihrer Auswahl der untersuchten Länder zu begrenzt oder zu lose mit unternehmensführungsrelevanten Phänomenen verbunden.

Unter den 53 von *Hofstede* in seinem Maastrichter Forschungszentrum untersuchten Ländern waren 18 europäische Staaten, wobei sich die restlichen 35 über Afrika, Asien, Amerika und die pazifischen Staaten (ausgenommen China und die früheren COMECON-Länder) verteilten. Ausgehend von den von *Hofstede* entwickelten Grunddimensionen der Kultur bietet Abb. 6.1 einen Überblick über die Wertprofile der bedeutendsten europäischen Länder.

	Macht-distanz	**Individua-lismus**	**Maskulini-tät**	**Unsicherheits-vermeidung**
oberes Drittel	Frankreich	Britannien Niederlande Italien Belgien Dänemark Schweden Frankreich Irland Deutschland	Italien Irland Britannien Deutschland Griechenland	Griechenland Portugal Belgien Frankreich Spanien
mittleres Drittel	Belgien Portugal Griechenland Italien	Spanien Griechenland Portugal	Belgien	Italien Deutschland Niederlande
unteres Drittel	Niederlande Deutschland Britannien Schweden Irland Dänemark		Frankreich Spanien Portugal Dänemark Niederlande Schweden	Britannien Irland Schweden Dänemark

Abb. 6.1: Relative Werte-Positionen europäischer Länder

Es zeigt sich, daß europäische Länder durch sehr unterschiedliche Wertorientierungen gekennzeichnet sind. Dieses Ergebnis steht als empirischer Beleg der These entgegen, daß eine gemeinsame Geschichte sozusagen automatisch zum gleichen Bündel grundlegender Werte führt. Die Daten weisen vielmehr darauf hin, daß zwar einige europäische Kulturen sehr ähnlich sind, gleichzeitig jedoch starke Unterschiede zwischen anderen bestehen. Um diesen Eindruck durch eine fundiertere methodische Analyse zu unterstützen, haben wir das Maastrichter Datenmaterial einer spezifischen Form der hierarchischen Clusteranalyse unterzogen. Bei der Berechnung der Daten über das Ward-Verfahren konnten wir drei Gruppen europäischer Kulturen ausfindig machen (vgl. Abb. 6.2).

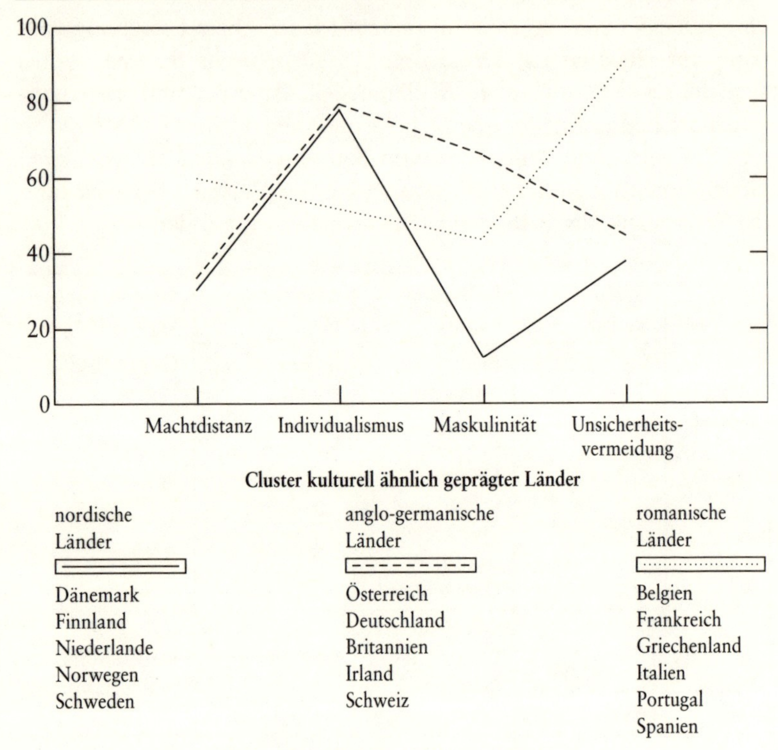

Abb. 6.2: EXTEC Werte-Analyse

Noch vor der Beschreibung und Interpretation der diesbezüglichen Befunde sollte darauf hingewiesen werden, daß es sich bei dem angewandten clusteranalytischen Verfahren um eine eindeutige Bündelungsmethode handelt, welche die Datenverdichtung einer interpretativen Beeinflussung durch den Forscher entzieht. Die gebildeten Cluster spiegeln somit ausschließlich die Struktur des herangezogenen Datenmaterials – die 116.000 *Hofstedeschen* Beobachtungen also – wider.

Insofern stellen die in weiteren Untersuchungen wie die von *Hampden-Turner* und *Trompenaars* (1993) oder von *Stewart et al.* (1996) herausgearbeiteten andersartigen Zuordnungen der Kulturkreise – insbesondere im Hinblick auf die nachfolgend vertretene Ähnlichkeit der britischen und der deutschen Kultur – keinen Widerspruch zu der von uns vorgenommenen Clusterung dar. Die Unterschiedlichkeit spiegelt ausschließlich die Strukturen der den Untersuchungen zugrundeliegenden Stichproben wider. Überdies gilt es zu bedenken, daß Großbritannien und Deutschland auch in der ebenfalls breit angelegten Untersuchung von *Hampden-Turner* und *Trompenaars* (1993, S. 300 ff.) bei fünf von sieben einbezogenen Wertedimensionen den gleichen Ausprägungen zugeordnet wurden (vgl. Abb. 6.3).

Universalism USA, Britain, Germany, Sweden	**Particularism** France, Japan
Analysis USA, Britain, Netherlands, Sweden	**Integration** France, Germany, Japan
Individualism USA, Britain, Netherlands, Sweden	**Communitarianism** France, Germany, Japan
Inner-direction USA, Britain, Germany	**Outer-direction** Sweden, Netherlands, France, Japan
Status by achievement USA, Britain, Sweden, Germany, Netherlands, Japan	**Status by ascription** France
Equality USA, Germany, Britain, Netherlands, Sweden	**Hierarchy** France, Japan
Time as sequence USA, Sweden, Netherlands, Britain, Germany	**Synchronized view of time** France, Japan

Abb. 6.3: Wertebezogene Länderähnlichkeiten nach *Hampden-Turner* und *Trompenaars* (1993)

Das erste Cluster der EXTEC Werte-Analyse kann mit dem Begriff „**nordisch**" umschrieben werden; es beinhaltet Länder wie Dänemark, Finnland, Niederlande, Norwegen und Schweden. Diese Länder weisen ein geringes Maß an Machtdistanz, eine hohe Tendenz zum Individualismus, ein geringes Ausmaß an Maskulinität (hohe Femininität) und vergleichsweise geringe Unsicherheitsvermeidung auf. Das zweite Cluster, das mit „**anglo-germanisch**" näher charakterisiert wird, umfaßt Österreich, Deutschland, Großbritannien, Irland und die Schweiz. Ein geringes Niveau an Machtdistanz, starke Tendenzen zum Individualismus, ein hohes Maß an Maskulinität und relativ geringe Unsicherheitsvermeidung sind typisch für Länder dieses Clusters. Im dritten, mit der Bezeichnung „**romanisch**" belegten Cluster finden sich Belgien, Frankreich, Griechenland, Italien, Portugal und Spanien wieder. Es scheint offensichtlich, daß sich in diesem Cluster die Einflüsse des Römischen Reiches und der römischen Kirche widerspiegeln. Es ist durch hohe Machtdistanz, gemäßigt ausgeprägten Individualismus, ein Mittelmaß an Maskulinität und ein auffallend hohes Ausmaß an Unsicherheitsvermeidung charakterisiert.

Auf der Grundlage der zuvor entwickelten Argumentationskette sollen in einem zweiten Schritt der Analyse die empirisch ermittelten Typen von Wertorientierungen dazu verwendet werden, Hypothesen über unternehmerische Ziele und unternehmerisches Verhalten zu generieren, die im entsprechenden kulturellen Kontext beobachtet werden können. Darüber hinaus muß berücksichtigt werden, daß Managementstile durch ein komplexes Bündel an Kontextfaktoren wie Branche, Globalisierungstendenzen oder Unternehmensgröße determiniert werden und im Rahmen der Hypothesengenerierung deshalb auf das breite Grundwissen über die Einflüsse dieser Kontextdimensionen zurückgegriffen werden muß.

3 Organisationale Konsequenzen kultureller Heterogenität in Europa

3.1 Ausrichtungen und Ziele europäischer Unternehmen

Die Diskussion über Kultur und Werte hat bereits Hinweise dafür erbracht, daß regionale Unterschiede in den Werten nachhaltig die dominierenden Ausrichtungen und Zielsetzungen in Unternehmen beeinflussen können. Dennoch muß beachtet werden, daß die engen Verbindungen zwischen Kulturkreis und Wertorientierung einerseits und unternehmerischen Orientierungen andererseits zum gegenwärtigen Zeitpunkt nicht von allen Richtungen der Managementlehre akzeptiert werden. Diejenigen, die das Vorliegen eines starken Zusammenhangs in Abrede stellen, dürften sich in ihrer Auffassung durch die Ergebnisse einer neueren empirischen Studie über 126 japanische, britische und US-amerikanische Unternehmen bestätigt sehen. Danach scheint die Nationalität des Unternehmens keine spezifische Zielkonfiguration zu bedingen (*Roth/Ricks* 1994, S. 103 ff.). Des weiteren müssen die Beobachtungen mehrerer Wissenschaftler angeführt werden, wonach Orientierungen und Ziele von Führungskräften innerhalb von – wie den von uns gebildeten – Clustern in gleichem Maße variieren wie deren Strategien, Strukturen und Koordinationssysteme. Beispielsweise zeigen die Studien von *Millar* (1979), *Budde et al.* (1982) und seit kurzem auch die von *Scholz* (1994), daß sich deutsche und britische Unternehmensführungsstile hinsichtlich einiger Aspekte – wie Intensität der Delegation, Einstellung gegenüber technischem Fortschritt oder Unternehmenskultur – zwar unterscheiden; diese Unterschiede erscheinen jedoch unbedeutend im Vergleich zu denen, die zwischen den oben ermittelten kulturellen Gruppierungen in Europa existieren. Die folgenden Aussagen über die generellen Zielsetzungen von Unternehmen unterschiedlicher kultureller Regionen müssen gleichwohl als vorläufig betrachtet werden. Sie werden zur Entwicklung von Hypothesen verwendet, die einer Überprüfung durch künftige empirische Untersuchungen bedürfen.

Hinsichtlich der übergeordneten Ziele europäischer Unternehmen verweisen die in Abb. 6.2 präsentierten Ergebnisse darauf, daß wesentliche Unterschiede zunächst im Bereich des wertgeleiteten Zielbildungsprozesses erwartet werden können.

- Es ist zu vermuten, daß die in romanischen Ländern verstärkt auftretende Machtdistanz zu einem Vorherrschen einzelner Interessengruppen führen kann. Dies könnte beispielsweise die nur vereinzelt vorhandenen Mitbestimmungsregelungen in den meisten dieser Länder erklären.
- Der in den anglo-germanischen und nordischen Ländern üblicherweise stark ausgeprägte Individualismus wird vermutlich eine Präferenz für kurzfristige Erfolgsdimensionen auslösen. Dies kann beispielsweise daran veranschaulicht werden, daß in individualistisch orientierten Ländern keine auf Dauer angelegten Beziehungen zwischen einem Unternehmen und seinen Interessengruppen vorhanden sind. Für den Bereich der Arbeitnehmer zeigt sich dies beispielsweise an der Neigung, Unternehmen des öfteren zu wechseln oder – aus der Perspektive der Unternehmen betrachtet – die Beschäftigung variabel zu gestalten; im Bereich der Aktionäre schlägt sich das kurzfristige Denken in einer – mittlerweile auch in Deutschland – verstärkten Tendenz zur Orientierung an schnell erzielbaren Renditeverbesserungen nieder. Das Verhalten von Mitgliedern einzelner Interessengruppen wird damit weder von kollektivistischen Belangen noch von einer langfristigen Verpflichtung gegenüber dem Unternehmen bestimmt.
- Individuen in maskulin orientierten Gesellschaften tendieren dazu, finanzielle Aspekte als wichtigste Zielgrößen zu betrachten. Maskulinität führt deshalb zu einer Konzentration auf effizienz- und erfolgsorientierte monetäre Anreize. In diesem Zusammenhang werden auch typische männliche Eigenschaften wie das Streben nach Anerkennung oder Bewahrung oder die Demonstration gewisser Fähigkeiten (über)betont.

- Schließlich kann erwartet werden, daß die in romanischen Ländern vorherrschende Unsicherheitsvermeidung zu einer Bevorzugung bereits bewährter oder traditioneller Unternehmensführungspraktiken führt und sich zudem in der Neigung widerspiegelt, regelgebunden zu handeln. Insofern werden Sicherheitsziele wie der Erhalt von Wettbewerbsvorteilen, Liquidität oder finanzielle Unabhängigkeit dominieren; demgegenüber werden die bezüglich der Unsicherheitsvermeidung anders geprägten anglo-germanischen und insbesondere die nordischen Länder Flexibilität, Innovation und Wachstum als Zielsetzungen bevorzugen.

3.2 Managementrelevante Arenen kultureller Besonderheiten

Der Begriff „Unternehmensführungsverhalten" beinhaltet ein breites Spektrum an Rollen, Aktivitäten, Entscheidungsprozessen und -stilen, die typisch für den Arbeitsbereich von Managern sind. Um die Diskussion auf kulturbezogene Unterschiede und Gemeinsamkeiten im Arbeitsverhalten von Führungskräften zu konzentrieren, muß folglich eine Kombination prägnanter Kriterien herangezogen werden. In Anlehnung an die in der Literatur vorherrschende Meinung werden im folgenden zur Operationalisierung von „Unternehmensführungsverhalten" die drei grundsätzlichen managementrelevanten Arbeitsgebiete – nämlich Strategie, Organisationsstruktur und Koordinationssysteme – verwendet.

3.2.1 Strategien

Strategien können als Grundmuster im Strom unternehmerischer Entscheidungen und Handlungen (*Mintzberg* 1978, S. 934ff.) interpretiert und identifiziert werden. Als derartige Entscheidungs- und Handlungsmuster können sie sowohl auf Gesamtunternehmensebene als auch in Geschäfts- und Funktionsbereichen beobachtet werden (*Macharzina* 1995, S. 226ff.). Obwohl auf dem Gebiet der Strategieforschung in den letzten Jahren sehr viel geleistet wurde, mangelt es bislang immer noch an einer kulturvergleichenden Analyse unternehmerischer Strategieinhalte und Strategieformulierungsprozesse. Als Konsequenz daraus hat die Diskussion um europäische, regionentypische Strategien eher einen einzelfallbezogenen und vorläufigen Charakter.

Ein überragendes Merkmal nordischer Unternehmen dürfte die starke Spezialisierung ihrer Geschäfte sein, die über eine relativ kleine Palette an (High-)Tech-Produkten erreicht wird. Die Positionierung im Wettbewerb erfolgt dabei vor allem über die Parameter Qualität, Service sowie generelle Marktnähe und weniger durch die Preisgestaltung. Unternehmen wie LM Ericsson, SKF, Electrolux, Volvo, Sandvik, Saab, Atlas Copco, Alfa Laval, Stora oder Philips sind typische Beispiele für nordische Unternehmen, die diesem Strategiemuster folgen und sich auf die Kernkompetenzen ihres Unternehmens beschränken. Sie können als Unternehmen identifiziert werden, die sich stark an einer Differenzierungsstrategie orientieren (*Porter* 1985, S. 11 ff.). So ist beispielsweise LM Ericsson im Bereich der Telekommunikation eines der fünf größten Unternehmen der Welt. SKF hat mit seinem weltweit größten Werk für Kugellager einen Weltmarktanteil von ungefähr zwanzig Prozent. Electrolux ist im Bereich Küchengeräte und bei Staubsaugern weltweit führend. Volvo zählt zu den bekanntesten und qualitativ hochwertigsten europäischen Automobilproduzenten. Unternehmen mit einem kleinen Heimatmarkt – wie dies typisch für die Länder der nordischen Region ist – könnten diese Positionen nicht erreicht haben, ohne ein hohes Maß an Internationalisierung aufzuweisen.

Offensichtlich färbt das ausgeprägte, durch die beschränkte Kapazität des Heimatmarktes erzwungene Engagement auf ausländischen Märkten stark auf die übergeordnete strategische Grundhaltung der nordischen Unternehmen ab. Mehr als andere europäische Unternehmen nähern sie sich einer Grundhaltung, die mit „transnationaler Lösung" bezeichnet werden kann. Diese versucht, einen Ausgleich zu finden zwischen der Notwendigkeit zur globalen Rationalisierung und den durch Kaufgewohnheiten sowie rechtliche Spezifika verursachten Anpassungserfordernissen an nationale Marktbelange. Abb. 6.2 verweist in diesem Zusammenhang darauf, daß die grundsätzliche Haltung der nordischen Unternehmen in hohem Maße dem für die nordischen Regionen typischen Wertmuster entspricht. So scheint zunächst der stark ausgeprägte Individualismus seine Entsprechung in einer hohen Toleranz gegenüber spezifischen Wünschen, Bedürfnissen und Werten fremder Kulturen zu finden. Zweitens bestehen kaum Zweifel daran, daß geringe Machtdistanz und schwach vorhandene Maskulinität in nordischen Kulturen zu einer liberalen Einstellung gegenüber fremden Märkten und deren besonderen Bedingungen führen. Schließlich könnte das geringe Ausmaß an Unsicherheitsvermeidung ausschlaggebend für eine strategische Grundhaltung sein, die aufgrund weitgehend unbekannter lokaler Gegebenheiten ein gewisses Risiko in Kauf nimmt. Andererseits muß hinzugefügt werden, daß der Erfolg von Unternehmen, die dieser Interaktionsstrategie folgen, nicht allein auf kulturellen Faktoren basiert, sondern darüber hinaus durch einen Komplex anderer Kontextfaktoren bedingt wird. So kann beispielsweise argumentiert werden, daß die Konzentration auf High-Tech-Branchen eine geringere Abhängigkeit von kulturspezifischen Phänomenen wie z. B. Geschmacksunterschieden mit sich bringt und damit auch einen einfacheren Einstieg in Auslandsmärkte ermöglicht, als das im Lebensmittel- oder Konsumgüterbereich der Fall wäre.

Im Vergleich zu den nordischen sind anglo-germanische Unternehmen häufiger durch eine starke Produktdiversifikation gekennzeichnet. Insbesondere seit Ende der 70er Jahre tätigen Unternehmen wie Daimler-Benz, Mannesmann, Bosch, Siemens, Lucas, General Electric oder British Leyland (inter-)nationale Akquisitionen und gehen neue Geschäftsverbindungen ein, um die Bandbreite ihrer unternehmerischen Aktivitäten zu erweitern und abzurunden. Klammert man branchenspezifische Faktoren wie Konzentrationsgrad, technologische Dynamik oder strukturelle Eigenheiten (beispielsweise das Ende industrieller Lebenszyklen) aus, so wird aus Abb. 6.2 ersichtlich, daß dem skizzierten Strategiemuster anglo-germanischer Unternehmen ein eher geringer Grad an Unsicherheitsvermeidung zugrunde liegt. Darüber hinaus kann davon ausgegangen werden, daß die Tendenz zur Diversifikation zusätzlich vom starken Individualismus getragen wird; insbesondere der Verpflichtung zu lebenslangem Lernen – was soviel bedeutet wie die andauernde Suche nach neuen Marktchancen – wird hierbei ein hoher Stellenwert beigemessen. Die Neigung individualistisch orientierter Gesellschaften zur Verallgemeinerung, d. h. ihr Bestreben, die eigenen Wertmuster auf andere Individuen zu übertragen, mag den Einstieg in bislang unbekannte Geschäftsfelder mitverursacht haben. Von kollektivistisch orientierten Individuen werden dagegen wenig vertraute marktliche Gegebenheiten als extrem hohe Eintrittsbarrieren wahrgenommen.

Die ausgeprägte Maskulinität der anglo-germanischen Kultur bringt eine Stabilisierung der Diversifikationstendenzen mit sich; Unternehmen dieser Regionen werden starke Anstrengungen unternehmen, ihre gesetzten ökonomischen Ziele zu erreichen. Dieses strategische Grundmuster der anglo-germanischen Unternehmen findet sich in ihren Internationalisierungsbemühungen wieder. Neben der signifikanten Produktdiversifikation betreibt die Mehrheit dieser Unternehmen gleichzeitig eine starke geographische Geschäftsfeldausweitung, die mit derjenigen nordischer Unternehmen vergleichbar ist. Trotzdem bedingt die besondere „mentale Programmierung“ der Anglo-Germanen, daß sich deren Unternehmenspolitik von der entsprechenden Ausrichtung nordischer Unternehmen abhebt. Der Hauptunterschied dürfte in einer stärkeren Präferenz der anglo-germanischen Unternehmen für die ethnozentrische Grundhaltung liegen. Diese strategische Orientierung findet ihren Ursprung hauptsächlich in der Kombination „starker Individualismus/starke Maskulinität". Ausgehend von der Vorstellung, daß heimische Gewohnheiten in fremden Märkten ebenfalls Gültigkeit besitzen, wird auch die Anwendung „hausintern" praktizierter Unternehmensführung auf fremden Märkten als sinnvoll und nützlich erachtet.

Im Gegensatz zu den nordischen und anglo-germanischen Unternehmen gestaltet sich die Analyse der Strategien und Strategiebildungsprozesse von romanischen Unternehmen schwieriger. Dies resultiert aus der extremen Vielfalt der im romanischen Cluster zusammengefaßten Länder. Auch die unterschiedlichen industriellen Entwicklungsstufen verursachen Probleme; so sind einerseits hoch entwickelte Länder wie Frankreich, Italien oder Belgien, gleichzeitig aber auch weniger entwickelte wie Spanien, Griechenland oder Portugal in diesem Cluster vereinigt. Um die Aussagekraft der Analyse nicht durch heterogene Rahmenbedingungen zu schmälern, beschränken sich daher die folgenden Ausführungen auf Unternehmen in Frankreich, Italien und Belgien. Ergebnisse volkswirtschaftlicher und betriebswirtschaftlicher Untersuchungen weisen darauf hin, daß Unternehmen dieser hoch entwickelten romanischen Länder zum heutigen Zeitpunkt noch nicht dasselbe Ausmaß an Internationalisierung erreicht haben wie die nordischen oder anglo-germanischen. Dies dürfte einer der bedeutendsten Gründe dafür sein, daß romanische multinationale Unternehmen nur in begrenztem Ausmaß Ressourcen an und von Auslandseinheiten transferieren. Üblicherweise verfolgen diese multinationalen Unternehmen eine ethnozentrische Strategie mit stark standardisierten Produkten, die für die weitgehend homogene Nachfrage des Heimatmarktes zugeschnitten sind. Auch Ansätze zu einer rein globalen Strategie lassen sich finden. Bekannteste Beispiele für Unternehmen, die diese Art der Strategie praktizieren, sind Olivetti, Barilla, Pirelli, Usinor Sacilor oder Rhone Poulenc.

3.2.2 Organisationsstrukturen

Die betriebswirtschaftliche Forschung hat zu einer großen Zahl von Studien geführt, welche die Gemeinsamkeiten und Unterschiede in der **Organisationsstruktur** und den Koordinationsmechanismen von Unternehmen unterschiedlicher Nationalität beleuchten. Auf den ersten Blick scheint es daher keine Probleme zu bereiten, das vorhandene Datenmaterial im vorliegenden Zusammenhang zu nutzen. Dennoch ergeben sich Beeinträchtigungen zum einen daraus, daß die meisten der Studien nicht zwischen rein strukturell-organisatorischen Mechanismen und allgemeinen Mechanismen der Koordination differenzieren und insofern eine Vermengung von Struktur und inhaltlichen Prozessen (*Macharzina/Oesterle* 1995) vorliegt. Zum anderen beschränkt sich die Mehrzahl der Untersuchungen auf die Analyse von Unternehmen jeweils eines Kulturkreises; direkte internationale Vergleiche sind noch relativ selten. Schließlich besteht auch die Schwierigkeit, daß viele der empirischen Vergleiche von Organisationsstrukturen auf organisatorische Sonderprobleme gerichtet sind; insgesamt ist daher im folgenden von einer nur begrenzten Stützung der Vermutungen durch Fremduntersuchungen auszugehen.

Die Konstruktionsprinzipien der formalen Organisation nordischer Unternehmen spiegeln in hohem Maße deren Selbstverpflichtung zur Marktnähe wider. Bereits zu einem im internationalen Vergleich frühen Zeitpunkt, d. h. während der 60er und 70er Jahre, versuchten Unternehmen wie Danfoss, Philips oder Eka Nobel die vorherrschende Produktions- durch eine Marktorientierung abzulösen und ihre Aufmerksamkeit demzufolge von internen Prozessen auf die Interaktion mit der Aufgabenumwelt zu verlagern. Der Brennpunkt des Interesses wurde auf Handlungsbedarfe gelenkt, die eher von den Kunden als vom Unternehmen selbst definiert wurden. All das zog Veränderungen im organisatorischen Bereich nach sich, unter denen die im folgenden dargestellten zu den bedeutendsten zählen dürften.

Ein großer Teil der nordischen Unternehmen ist in Hybrid-Formen strukturiert, die zwischen Matrix- und Netzwerkorganisationen angesiedelt werden können; sowohl Produkt- als auch Regionalmanager zeichnen für die Aktivitäten der entsprechenden Geschäftsbereiche verantwortlich. Der Netzwerkcharakter, der sich in dem für nordische Unternehmen so typischen Merkmal multipler informatorischer und entscheidungsorientierter „Interaktionsketten und -bedingtheiten" manifestiert, hat in der strategischen und operativen Dimension mehrere Vorteile. Zunächst wird die Hierarchie damit relativ flach gehalten; es verbleibt eine nur kleine Anzahl hierarchischer Stufen. Die Geschäftsbereichsleiter tragen in der Regel die volle Verantwortung für die strategischen Belange ihres eigenen Bereiches. Die Größe und Struktur der Unternehmenszentralen spiegeln diese Tendenz zur starken Entscheidungsdezentralisierung deutlich wider; sie sind meist durch eine relativ geringe Größe gekennzeichnet. Die

Restrukturierung von ABB nach dem Zusammenschluß von Asea und Brown Boveri kann hierzu als anschauliches Beispiel herangezogen werden. Trotz des schweizerisch-schwedischen Ursprungs scheint das Unternehmen in seiner organisatorischen Konfiguration ein typisch nordisches zu sein. Nach dem Zusammenschluß umfaßt die Kerngruppe der in der Zentrale ansässigen Führungskräfte nur ungefähr 100 Fachleute, die für die Entwicklung der das gesamte Unternehmen betreffenden, grundlegenden strategischen Prinzipien verantwortlich sind. Nordische Unternehmen können insgesamt als Netzwerke integrierter Geschäftseinheiten charakterisiert werden, wobei sich die einzelnen Geschäftsbereiche zunächst als unabhängig darstellen. Diese Unabhängigkeit ergibt sich aus der Art der einzelnen Geschäfte selbst und wird nicht künstlich mittels formaler Weisungen durch die Zentrale oder durch andere für die organisatorische Gestaltung verantwortliche Einheiten herbeigeführt.

Auch der beschriebene nordische Organisationstyp dürfte wiederum vom entsprechenden kulturellen Umsystem beeinflußt sein. Das geringe Ausmaß an Unsicherheitsvermeidung führt zu einem Managementstil, der die Delegation von Kompetenzen zuläßt, ohne dazu formale Regelungen überstrapazieren zu müssen. Daneben kann das geringe Maß an Maskulinität als ein tragendes Element der Dezentralisation angesehen werden. Weder die internen noch die externen Interessenträger des Unternehmens erwarten von den Führungskräften, daß sie über die hierarchisch zugesprochene Autorität Macht ausüben; die wichtigste Quelle ihres Erfolgspotentials liegt gerade darin, daß sie den notwendigen Freiraum zur Delegation von Verantwortung an untergeordnete Einheiten besitzen. Das Ausmaß an Delegation wird durch den deutlich ausgeprägten Individualismus verstärkt: Führungskräfte gehen davon aus, daß ihre eigenen Werte Gültigkeit für alle anderen Mitglieder des Unternehmens besitzen.

In bezug auf die Organisationsstruktur scheint es zunächst problematisch zu sein, britische (= anglo-) und deutsche (= germanische) Unternehmen in einer Gruppe zusammenzufassen. Beispielsweise identifizierten sowohl *Maurice*, *Sorge* und *Warner* (1980) als auch *Lutz* (1976) nachhaltige Unterschiede in der Art und Weise, wie britische und deutsche Unternehmen ihre Aufgabenerfüllungsprozesse gestalten. Während sich diese Erkenntnisse mehr auf die Produktionsbereiche konzentrieren, analysierten *Child* und *Kieser* (1975) organisatorische Aspekte nicht nur in der Produktion, sondern auch in den administrativen Einheiten. Sie betonen hierbei, daß deutsche und britische Unternehmen durch ähnliche Beziehungen zwischen Kontextvariablen und organisationalen Instrumentalvariablen gekennzeichnet seien; hierzu sind einerseits die Unternehmensgröße oder der Integrationsgrad von Arbeitsprozessen und andererseits organisatorische Merkmale wie Grad der Arbeitsteilung oder Ausmaß der Rollenspezialisierung zu zählen (*Child/Kieser* 1975, S. 12a ff.).

Der sich aus den skizzierten Untersuchungen ergebende Widerspruch kann durch ein erhöhtes Maß an interpretativer Differenzierung aufgelöst werden; die organisatorischen Unterschiede zwischen deutschen und britischen Unternehmen liegen danach hauptsächlich auf der operativen Ebene, während eher übergeordnete Managementaufgaben insgesamt in nicht allzu unterschiedlicher Weise strukturiert sind. Vergleicht man nun deren Struktur mit derjenigen nordischer und romanischer Unternehmen, so nehmen die anglo-germanischen Unternehmen eine Zwischenposition ein. Sowohl in bezug auf die Anzahl der Hierarchiestufen als auch auf die Konzentration der Entscheidungskompetenzen weisen sie höhere Werte als die nordischen und geringere als die romanischen Unternehmen auf. Andererseits ist bemerkenswert, daß neuere Untersuchungen sehr viel Aufmerksamkeit einer Hypothese widmen, nach der deutsche Firmen stärker dem nordischen Organisationsmodell als dem angelsächsischen folgen (*Warner/Campbell* 1993, S. 89 ff.). Vergleicht man die Werte-Cluster der nordischen und anglo-germanischen Länder, so kann argumentiert werden, daß wohl vor allem die unterschiedlichen Ausprägungen an Maskulinität und Unsicherheitsvermeidung verschiedenartige organisatorische Konfigurationen hervorrufen. Anglo-germanische Unternehmen scheinen klar strukturierte organisatorische Einrichtungen als Mittel zur Risikoreduzierung und zur Sicherung des ökonomischen Erfolges zu betrachten, während die stark individualistisch geprägten nordischen Unternehmen ein hohes Ausmaß an organisatorischer Strukturierung als ein Korsett empfinden, welches das im Unternehmen schlummernde kreative Potential engt.

Ergebnisse der kulturvergleichenden Organisationsforschung (*Rodrigues* 1993, S. 203 ff.) lassen des weiteren darauf schließen, daß die Organisationsstrukturen der romanischen Unternehmen durch einen Grad an Bürokratisierung gekennzeichnet sind, der höher ist als derjenige der nordischen und anglo-germanischen Unternehmen. Die romanische Organisation wird in erster Linie als eine Versammlung von Individuen verstanden, die geführt werden müssen, während die anglo-germanische, eher instrumentell-funktional ausgerichtete Perspektive Unternehmen als Aufgabensysteme auffaßt, die einer Erfüllung bedürfen. Im anglo-germanischen Kontext werden Organisationsstrukturen daher hauptsächlich im Sinne von Aktivitäten oder Handlungen begriffen. Das romanische Konzept der Organisationsstruktur reflektiert dagegen die Neigung, sehr feine Unterschiede im Autoritätsgrad und im individuellen Status zum Ausdruck zu bringen. Schließlich weisen romanische Führungskräfte auch Tendenzen zur Zentralisierung auf, wohingegen anglo-germanische weit stärker an nachgelagerte Ebenen delegieren (*Amado/Faucheux/Laurent* 1991, S. 62 ff.).

Neuere Untersuchungen unterstützen diese Erkenntnisse und weisen darauf hin, daß insbesondere von den Franzosen der Bürokratismus stark gepflegt wird (*Sorge* 1993, S. 65 ff.); so verfügen französische Unternehmen meist über zahlreiche hierarchische Stufen; zudem ist die laterale Differenzierung der Organisationen in Abteilungen, Arbeitsgruppen und einzelne Stellen sehr stark ausgeprägt. Stabs- und Linienverantwortung sind viel strenger voneinander getrennt, als dies vom französischen Ingenieur und betriebswirtschaftlichen Autor *Henri Fayol* ursprünglich angeregt wurde. Die Hierarchie ist eher kopflastig – sie umfaßt ungefähr eineinhalb bis zweimal mehr Aufsichtspersonen und Führungskräfte als durchschnittliche deutsche Organisationen. Französische Organisationen verfügen darüber hinaus vermehrt über „Nicht-Management-Spezialisten" in ihren kaufmännisch-administrativen oder technischen Funktionsbereichen. In dieser Hinsicht ist der Gegensatz zu den anglo-germanischen Unternehmen eindeutig: Französische Unternehmen haben ungefähr zwei- oder dreimal mehr Techniker als Arbeiter. Die von *Pugh* (1984) berichteten empirischen Ergebnisse lassen vermuten, daß sich in Frankreich die Tendenz verstärkt, technische, planerische, administrative und beaufsichtigende Aufgaben von der reinen Aufgabenausführung abzugrenzen. Dabei besteht die Aufgabe der Techniker und Planer darin, die Aufgabenerfüllung der einzelnen Stellen weitestgehend vorzubereiten. Bedingt durch die weitverbreitete Trennung operativer und technisch-vorbereitender Aufgaben bieten in Frankreich Arbeitsplätze in der Produktion verhältnismäßig wenig Verantwortung, Entlohnung und Status für den Ausführenden. Damit werden Unsicherheitsvermeidung (getrennte, detaillierte technische Planung) und Machtdistanz (in verstärktem Maße eingesetztes Aufsichtspersonal) klar zum Ausdruck gebracht. Sämtliche Bereiche sind so stark von der Neigung durchzogen, zu segmentieren, auszulagern, vorab zu analysieren, zu spezifizieren und zu spezialisieren, daß gleichzeitig in umgekehrter Weise eine starke Notwendigkeit besteht, die einzelnen Elemente der Organisation wieder zu einem kohärenten Ganzen zusammenzuführen und zu formen.

3.2.3 Koordinationssysteme

Koordination kann definiert werden als der Prozeß, der die Handlungen und Aktivitäten der Subsysteme des Unternehmens aufeinander abstimmt. Koordinationsmechanismen lassen sich in bezug auf Inhalt, grundlegende Ausrichtung, Art der Intervention, Tragweite der Eingriffe sowie Zeithorizont unterscheiden (*Ouchi/Maguire* 1975, S. 559 ff.). Trotz des breiten Spektrums an dazu einsetzbaren Instrumenten können diese nahezu alle auf eine einfache Klassifikation zurückgeführt werden; es handelt sich hierbei um die Zweiteilung in **technokratische** und **personenorientierte** Mechanismen.

Technokratische Mechanismen beinhalten Koordinationsinstrumente, die über ein von konkreten Personen unabhängiges Medium vermittelt werden. Anstatt Weisungen durch Führungskräfte oder andere personengebundene Instrumente zu nutzen, werden in anonyme Handbücher oder Leitsätze gegossene Regeln und Programme aufgestellt und erlassen, um die Untereinheiten des Unternehmens aufeinander abzustimmen; technokratische Instrumente werden daher häufig auch als formal bezeichnet. Zentralisation und Standardisierung von Entscheidungen, komplexe Planungssysteme, formales Berichtswesen und Budgetierungssysteme, vorstrukturierter Informationstransfer, Qualitätskontrollsysteme sowie Systeme zur Überwachung von Führungsprozessen und -ergebnissen können als typische technokratische Instrumente eingestuft werden.

Theoretische Argumente und empirische Erkenntnisse verweisen darauf, daß die Anwendung technokratischer Instrumente im Falle dynamischer Umwelten problematisch ist (*Burns/Stalker* 1961; *Galbraith* 1977). Der Hauptgrund hierfür besteht darin, daß diese Instrumente und die ihnen nachfolgenden Kontrollprozesse von Personen entwickelt und vorgenommen werden, die fernab des Umfeldes handeln, von dem die Dynamik ausgelöst wird. In dieser Situation wird es sehr wahrscheinlich sein, daß Entscheidungen sozusagen im „Elfenbeinturm“ entwickelt werden.

Personenorientierte Instrumente setzen demgegenüber die Mitglieder des Unternehmens als zentrales Mittel zur Koordination von Subsystemen ein. Koordinationsprozesse vollziehen sich hier auf der Grundlage einer direkten oder indirekten Interaktion von Führungskräften oder Angestellten, wodurch ein umfassendes Netz an lateralen und hierarchischen Beziehungen geknüpft wird. Wie im Falle der technokratischen Instrumente kann auch hier ein breites Spektrum angeführt werden, das den Führungskräftetransfer, die Einrichtung funktionenübergreifender Arbeitsgruppen, die Verwendung „traditioneller" (Briefe, Telefonate) und „moderner" Medien zur Informationsübermittlung (Videokonferenzen etc.), Besuche, informelle Kommunikation und schließlich eine starke Unternehmenskultur umfaßt. Insbesondere die Unternehmenskultur wird in zunehmendem Maße als hervorragendes Mittel zur indirekten Koordination diskutiert und favorisiert, da hierbei Möglichkeiten zur flexiblen Problemlösung eröffnet werden. Führungskräfte, die auf die Wirksamkeit der Unternehmensphilosophie vertrauen, sind loyal und verpflichten sich, in einer Weise zu handeln und zu entscheiden, die im Einklang mit den grundsätzlichen Zielen und Ausrichtungen des Unternehmens steht. Die Vorzüge personenorientierter Instrumente scheinen vor allem in solchen Situationen zum Tragen zu kommen, in denen ein hohes Maß an Komplexität, Diskontinuität und Mehrdeutigkeit besteht.

Typische Koordinationspraktiken europäischer Unternehmen können aus den allgemeinen, kulturkreisspezifischen Werthaltungen abgeleitet werden. Trotz der relativ schlüssigen Untersuchungsergebnisse der letzten zehn Jahre in bezug auf die Koordinationsmuster nationaler und internationaler Unternehmen (*Macharzina* 1993, S. 77 ff.) läßt allerdings die prädiktive Validität dieser Ableitungen dennoch zu wünschen übrig. Insofern sei nochmals der eher hypothetische Charakter der nachfolgenden Ausführungen betont.

Unternehmen nordischer Länder scheinen ein verhältnismäßig geringes Maß an zentraler Koordination zu bevorzugen. Entsprechend den Befunden von *Garnier* (1984, S. 74 ff.) sowie von *Daniels* und *Arpan* (1972, S. 306) tendieren die skandinavischen und niederländischen Unternehmen zu deutlich lockereren Koordinationsformen als andere europäische Unternehmen. Im Hinblick auf die Entscheidungsstandardisierung weisen überdies *Axelsson et al.* (1991, S. 70 ff.) nach, daß britische Unternehmen einen Entscheidungsstil praktizieren, der sehr viel mehr Konservativität beinhaltet als derjenige skandinavischer Unternehmen. Bezeichnende Unterschiede existieren auch im Hinblick auf die Verwendung schriftlich fixierter Entscheidungsregeln, die sehr viel häufiger in britischen Unternehmen zur Anwendung gelangen.

Forschungsarbeiten, die von Mitgliedern des IIB Stockholm (*Galbraith/Edström* 1976; *Hedlund/Åman* 1984; *Leksell* 1981) durchgeführt wurden, lassen vermuten, daß nordische Unternehmen die aus den nur sparsam eingesetzten technokratischen Instrumenten resultierenden Koordinationsdefizite durch den intensiven Einsatz personenorientierter Instrumente zu kompensieren versuchen. Vor allem

Führungskräftetransfer, informelle Kommunikation, reger Besucherverkehr und starke Unternehmenskultur sind Kernmerkmale nordischer Unternehmen. Unternehmen wie LM Ericsson, Sandvik oder Unilever haben ein personelles Netz zwischen den heimischen und ausländischen Führungskräften gesponnen, welches eine wesentlich höhere Dichte aufweist als das der anglo-germanischen oder romanischen Unternehmen. Wenn man diese einzelnen Befunde mit den in Abb. 6.2 gezeigten Wertclustern vergleicht, so könnten sowohl die wenig ausgeprägte Maskulinität als auch die geringe Unsicherheitsvermeidung diese Anwendungsunterschiede in den Koordinationsinstrumenten bedingen. Zentralisation und Entscheidungsstandardisierung werden ja in der Regel eingeführt, um Unsicherheit zu vermeiden und um sicherzustellen, daß die Hauptziele des Unternehmens erreicht werden. Dieser Argumentation folgend überrascht es nicht, daß das skandinavische Top-Management – charakterisiert durch geringe Maskulinität und geringe Unsicherheitsvermeidung – wenig Interesse daran hat, die Entscheidungen der Untereinheiten vorzustrukturieren, und statt dessen informale Koordinationsmethoden zur Steuerung der Auslandseinheiten bevorzugt.

Die Vorgehensweise bei der Implementierung von Koordinationsmechanismen in anglo-germanischen Unternehmen dürfte wesentlich von der Tatsache geprägt sein, daß diese Unternehmen sowohl durch Akquisitionen als auch durch die Errichtung neuer Auslandseinheiten rapide gewachsen sind. Die dynamische Fortentwicklung dieser Unternehmen hat nämlich zu einem erheblichen Mehrbedarf an Koordination geführt. Aus dieser Perspektive und vor dem Hintergrund der Überlegungen zur Koordination in nordischen Unternehmen ist es nicht weiter verwunderlich, daß anglo-germanische Unternehmen verstärkt technokratische Koordinationsinstrumente einsetzen. Empirische Befunde (beispielsweise *Kreder/Zeller* 1988, S. 63 ff.) lassen vermuten, daß anglo-germanische – und hier vor allem deutsche – Unternehmen ein komplexes Bündel an Entscheidungsregeln und -richtlinien zum Zwecke der Integration der Aktivitäten ihrer Subsysteme entwickelt haben. Es dürfte offensichtlich sein, daß das hohe Niveau an Planungsaktivitäten, das als typisch für anglo-germanische Unternehmen gilt, demselben Zweck dient. Anglo-germanische Unternehmen scheinen die Standardisierung einer Entscheidungszentralisation vorzuziehen; letztere ist dagegen eher typisch für romanische Unternehmen. Diese Vermutung wird getragen von den von *Horovitz* (1979, S. 305 ff.) und *Wolf* (1994, S. 202) herausgearbeiteten Befunden, die aufzeigen, daß deutsche Unternehmen ein höheres Maß an Standardisierung präferieren als

Unternehmen aller anderen europäischen Länder. Als Folge der tendenziell ethnozentrischen Strategieausrichtung versuchen die anglogermanischen Unternehmen die trotz des Einsatzes technokratischer Instrumente bestehende Koordinationslücke durch den intensiven Einsatz personenorientierter Instrumente zu schließen. In diesem Zusammenhang scheint das bedeutendste Koordinationsinstrument die Entsendung von Führungskräften an ausländische Tochtereinheiten zu sein. Damit ergibt sich quasi von selbst eine Homogenisierung der Werthaltungen von Führungskräften der Zentrale und der jeweiligen Tochtergesellschaften.

Wie im „nordischen Fall" so ist auch hier der Gebrauch technokratischer und personenorientierter Koordinationsinstrumente stark beeinflußt von kulturkreistypischen Werthaltungen. Zunächst könnte man vermuten, daß anglo-germanische Unternehmen eine intensive Verwendung von Planungssystemen anstreben, um hohe Leistungen gewährleisten zu können, die wiederum bedeutend in maskulin dominierten Gesellschaften sind. Überdies legt es die in maskulin orientierten Gesellschaften vorherrschende Tendenz zur direkten Konfliktaustragung nahe, Entscheidungsprozesse und -ergebnisse in Form von Plänen und Berichten zu dokumentieren; damit wird eine Kanalisierung und Versachlichung von Konflikten angestrebt. Schließlich ist es denkbar, daß der Hang der anglo-germanischen Kulturen zum Individualismus – was mit der Neigung von Individuen einhergeht, eigene Wertesysteme als allgemeingültig zu betrachten – ein kolonialistisches Verhaltensmuster hervorbringt. Dies würde sich dann in einem Transfer von Führungskräften niederschlagen, der vorrangig zur Koordination von Auslandsgesellschaften durchgeführt wird.

Die Koordinationsmechanismen der romanischen Unternehmen sind sehr stark von deren ausgeprägter ethnozentrischer Grundhaltung beeinflußt. Entscheidungsprozesse, insbesondere in Fällen hoher strategischer Brisanz, vollziehen sich in einem mit dem „centralized hub model" (*Bartlett* 1986, S. 374 ff.) vergleichbaren System; dieses ist dadurch charakterisiert, daß sich die Entscheidungskompetenz in den Zentralen ballt. Auslandseinheiten sind in diesem Modell stark an die Produkte und Prozesse der Muttergesellschaft gebunden, welche sehr intensiv von der Zentrale an die Auslandseinheiten fließen; dies gilt insbesondere dann, wenn letztere reine Produktionseinheiten sind und die meisten oder alle der Komponenten von der Mutter beziehen. Der Austausch zwischen den Auslandseinheiten wird dagegen auf ein Minimum reduziert oder ist überhaupt nicht vorhanden. Die

Interpretation von Abb. 6.2 verdeutlicht wiederum, daß die oben beschriebenen Mechanismen von den für das romanische Cluster typischen Werthaltungen getragen, wenn nicht gar ausgelöst werden. Aus der Sicht der Zentralen romanischer Unternehmen wird eine ungleiche Machtverteilung weitgehend toleriert, und es wird als normal erachtet, daß die Auslandseinheiten nur eine instrumentelle und das gesamte Unternehmen unterstützende Rolle einnehmen. Dieser Effekt wird durch die stark ausgeprägte Unsicherheitsvermeidung stabilisiert und äußert sich in der Beschneidung der Kompetenzen untergeordneter Einheiten; dies trifft insbesondere dann zu, wenn die Auslandsgesellschaften in unsicheren – beispielsweise fremden – Umwelten agieren. Das Gesamtbild wird dadurch vervollständigt, daß sich romanische Unternehmen sehr stark auf technokratische Instrumente stützen, welche den zentralen Einheiten eine erhöhte Transparenz bieten.

4 Zusammenfassung und Schlußfolgerungen

Die oben vorgestellte Analyse hat drei Archetypen europäischer Unternehmensführung herausgefiltert und diese in Beziehung zum kulturellen Hintergrund der entsprechenden Länder gesetzt. Die hypothesenartigen Überlegungen sollten zumindest ansatzweise verdeutlichen, daß die Art und Weise, wie Management als Aufgabe umgesetzt wird, durch kulturelle Besonderheiten geprägt sein kann; angesichts der kulturellen Heterogenität europäischer Länder und der langen Halbwertszeit kultureller Prägungen besteht damit Grund zu der Annahme, daß trotz des rechtlichen und wirtschaftlichen Zusammenwachsens Europas noch für geraume Zeit ein europäisches Potpourri an Managementstilen vorhanden sein dürfte. Dieses Potpourri genauer zu analysieren und zur Generierung eines vorteilhaften gesamteuropäischen Managements zu nutzen, sollte eine der zukünftigen Aufgaben der Managementforschung in Europa sein. Die wissenschaftliche Unterstützung auf dem Weg zu einem derartigen europäischen Management würde nicht nur den bereits durch intensivierte Wirtschaftsbeziehungen eingeleiteten natürlichen Prozeß der Harmonisierung beschleunigen, sondern auch dazu beitragen, bestehende Kommunikationsschwierigkeiten zwischen den Managern unterschiedlicher Regionen Europas gezielter zu beseitigen.

Darüber hinaus dürfte der Beitrag auf der Metaebene verdeutlichen, daß bis zum heutigen Zeitpunkt die „harten“ wissenschaftlichen Erkenntnisse über Muster, Stärken und Schwächen europäischer Unternehmensführung nur fragmentarischer und vorläufiger Natur sind. Der Hauptgrund dafür besteht darin, daß die seither durchgeführten Untersuchungen unterschiedliche konzeptionelle Bezugsrahmen und Systemvariablen verwenden und sich auf ausgewählte, meist bipolare Vergleiche zwischen bestimmten Ländern konzentrieren. Aus diesen Gründen muß leider festgestellt werden, daß die zur Zeit vorliegenden Fremdanalysen von Unterschieden und Gemeinsamkeiten europäischer unternehmerischer Werte, Orientierungen und Verhaltensweisen Mängel sowohl in der konzeptionellen als auch in der methodischen Dimension aufweisen. Einerseits fehlen den meisten der verfügbaren Untersuchungen gut strukturierte Bezugsrahmen, welche als Grundlage und feste Orientierungsgröße der theoretischen und empirischen Analyse dienen könnten. Darüber hinaus sind die meisten der Untersuchungen hinsichtlich der in der Analyse enthaltenen Länder unvollständig. Es werden meist nur zwei, in manchen Fällen auch drei Regionen miteinander verglichen und dabei deskriptive Variablen in einem sehr unausgewogenen Verhältnis verwendet. Als Folge ergibt sich, daß die gewonnenen Befunde größtenteils nicht vergleichbar sind und kaum auf internationale oder kulturübergreifende Kontexte ausgedehnt werden können. Eine unmittelbare Gegenüberstellung der verfügbaren Untersuchungen ist daher kaum möglich, da tendenziell nur einzelne Variablen zur Beschreibung von Unternehmensführungsstilen herangezogen werden, die dann auch häufig nur für das entsprechende Land von Relevanz sind. Abgesehen davon leiden vom methodischen Standpunkt aus die meisten der Untersuchungen unter einer zweifelhaften Art der Operationalisierung der verwendeten Konstrukte. Des weiteren beschränken sich die Wissenschaftler auf eine bloße Beschreibung der Daten und vernachlässigen kausale Analysen, die es erlauben würden, das Erfolgspotential unterschiedlicher unternehmensführungsrelevanter Instrumente und Stile vorherzusagen. Berücksichtigt man darüber hinaus, daß das „weiche“ Wissen größtenteils in Form von Mutmaßungen und Anekdoten repräsentiert wird, so muß dem gegenwärtigen Wissensstand eine immer noch zu schwache Aussagekraft bescheinigt werden.

Um die aufgezeigten Probleme meistern zu können, sollten künftige Projekte einen ausgereiften konzeptionellen Bezugsrahmen heranziehen, der auch Kombinationen mit culture-free Aspekten beinhaltet. Die konsequente Anwendung dieses Ansatzes wäre sowohl der Erläuterung der Ursachen als auch der Verdeutlichung der Konsequenzen europäischer Managementstile dienlich, wodurch letztendlich Gestaltungsempfehlungen ableitbar wären, welche Kombinationen europäischer Managementeigenarten besonders erfolgsstiftend sind.

Literatur

Amado, G., Faucheux, C., Laurent, A. (1991), Organizational Change and Cultural Realities. Franco-American Contrasts, in: International Studies of Management & Organization, 21. Jg., 3/91, S. 62–95

Axelsson, R. et al. (1991), Decision Styles in British and Swedish Organizations. A Comparative Examination of Strategic Decision Making, in: British Journal of Management, 2. Jg., 2/91, S. 67–79

Bartlett, C. A. (1986), Building and Managing the Transnational. The New Organizational Challenge, in: *Porter, M. E.* (Hrsg.), Competition in Global Industries, Boston 1986, S. 367–401

Brown, P. R., Soybel, V. E., Stickney, C. P. (1994), Comparing U. S. and Japanese Corporate-level Operating Performance Using Financial Statement Data, in: Strategic Management Journal, 15. Jg., 1/94, S. 75–83

Budde, A. et al. (1982), Corporate Goals, Managerial Objectives and Organizational Structures in British and West German Companies, in: Organization Studies, 3. Jg., 1/82, S. 1–32

Burns, T., Stalker, G. M. (1961), The Management of Innovation, London 1961

Child, J., Kieser, A. (1975), Organization and Managerial Roles in British and West German Companies. An Examination of the Culture-free Thesis. Arbeitspapier des Instituts für Unternehmensführung der Freien Universität Berlin, Berlin 1975

Daniels, J. D., Arpan, J. (1972), Comparative Home Country Influences on Management Practices Abroad, in: Academy of Management Journal, 15. Jg., 3/72, S. 305–315

Galbraith, J. R. (1977), Organization Design. Reading et al. 1977

Galbraith, J., Edström, A. (1976), International Transfer of Managers. Some Important Policy Considerations, in: Columbia Journal of World Business, 11. Jg., 2/76, S. 100–112

Garnier, G. (1984), The Autonomy of Foreign Subsidiaries. Environmental and National Influences, in: Journal of General Management, 10. Jg., 1/84, S. 57–82

Haar, J. (1989), A Comparative Analysis of the Profitability Performance of the Largest U. S., European and Japanese Multinational Enterprises, in: Management International Review, 29. Jg., 3/89, S. 5–18

Haire, M., Ghiselli, E. E., Porter, L. W. (1966), Managerial Thinking. An International Study, New York, London, Sydney 1966

Hampden-Turner, Ch., Trompenaars, F. (1993), The Seven Cultures of Capitalism. Value Systems for Creating Wealth in the United States, Britain, Japan, Germany, France, Sweden, and The Netherlands, New York 1993

Hedlund, G., Åman, P. (1984), Managing Relationships with Foreign Subsidiaries. Organization and Control in Swedish MNCs, Stockholm 1984

Hofstede, G. (1980), Culture's Consequences, Beverly Hills, London, New Delhi 1980

Hofstede, G. (1991), Cultures and Organizations. Software of the Mind, London 1991

Hofstede, G. (1993), Interkulturelle Zusammenarbeit. Kulturen – Organisationen – Management, Wiesbaden 1993

Horovitz, J. H. (1979), Chief Executives' Control Practices. A Cross National Study of France, Great Britain and Germany, in: *Mattsson, L. G., Wiedersheim-Paul, F.* (Hrsg.), Recent Research on the Internationalization of Business, Uppsala 1979, S. 305–318

Inglehart, R. (1977), The Silent Revolution. Changing Values Among Western Publics, Princeton 1977

Kahle, L. R. (1987), Social Values and Social Change. Adaptation to Life in America, New York et al. 1987

Kreder, M., Zeller, M. (1988), Control in German and U. S. Companies, in: Management International Review, 28. Jg., 3/88, S. 58–66

Leksell, L. (1981), Headquarters-Subsidiary-Relationships in Multinational Companies, Diss., Stockholm School of Economics, Stockholm 1981

Levitt, T., (1983), The Globalization of Markets, in: Harvard Business Review, 61. Jg., 3/83, S. 92–102

Lutz, B. (1976), Bildungssystem und Beschäftigungsstruktur in Deutschland und Frankreich, in: *Mendius, H. G., Sengenberger, W., Lutz, B.* (Hrsg.), Betrieb – Arbeitsmarkt – Qualifikation, Frankfurt/M. 1976, S. 84–151

Macharzina, K. (1993), Steuerung von Auslandsgesellschaften bei Internationalisierungsstrategien, in: *Haller, M. et al.* (Hrsg.), Globalisierung der Wirtschaft. Einwirkungen auf die Betriebswirtschaftslehre, Bern, Stuttgart, Wien 1993, S. 77–109

Macharzina, K. (1995), Unternehmensführung. Das internationale Managementwissen. Funktionen – Instrumente – Praxis, 2. Aufl., Wiesbaden 1995

Macharzina, K., Oesterle, M.-J. (1995), Organisation des internationalen Marketing-Managements, in: *Hermanns, A., Wißmeier, U. K.* (Hrsg.), Internationales Marketing-Management. Einige globale Perspektiven. Grundlagen, Strategien, Instrumente, Kontrolle und Organisation, München 1995, S. 309–338

Maurice, M., Sorge, A., Warner, M. (1980), Societal Differences in Organizing Manufacturing Units. Comparison of France, West Germany and Great Britain, in: Organization Studies, 1. Jg., 1/80, S. 59–86

Millar, J. (1979), British Management versus German Management. A Comparison of Organizational Effectiveness in West Germany and U. K., Westmead 1979

Mintzberg, H. (1978), Patterns in Strategy Formation, in: Management Science, 24. Jg., 9/78, S. 934–948

Oesterle, M.-J. (1993), Joint Ventures in Rußland. Bedingungen – Probleme – Erfolgsfaktoren, Wiesbaden 1993

Ouchi, W. G. (1981), Theory Z. How American Business Can Meet the Japanese Challenge, Reading 1981

Ouchi, W. G., Maguire, M. A. (1975), Organizational Control: Two Functions, in: Administrative Science Quarterly, 20. Jg., 1975, S. 559–569

Pascale, R. T., Athos, A. G. (1981), The Art of Japanese Management, New York 1981

Peters, T. J., Waterman, R. U. Jr. (1982), In Search of Excellence, New York et al. 1982

Porter, M. E. (1985), Competitive Advantage, New York, London 1985

Pugh, D. S. (1984), The Measurement of Organization Structures. Does Context Determine Form?, in: *Pugh, D. S.* (Hrsg.), Organization Theory, Harmondsworth 1984, S. 67–86

Rodrigues, C. A. (1993), Structuring Organizations in the European Community. Cultural and Situational Determinants, in: *Simoes, V. C.* (Hrsg.), International Business in Europe After 1992, 1. Bd., Lissabon 1993, S. 197–214

Rokeach, M. (1968), Beliefs, Attitudes, and Values, San Francisco 1968

Rokeach, M. (1973), The Nature of Human Values, New York, London 1973

Ronen, S., Kraut, A. I. (1977), Similarities Among Countries Based on Employee Work Values and Attitudes, in: Columbia Journal of World Business, 12. Jg., 2/77, S. 89–96

Roth, K., Ricks, D. A. (1994), Goal Configuration in a Global Industry Context, in: Strategic Management Journal, 15. Jg., 2/94, S. 103–120

Scholz, C. (1994), Deutsch-britische Zusammenarbeit. Organisation und Erfolg von Auslandsniederlassungen, München, Mering 1994

Sorge, A. (1993), Management in France, in: *Hickson, D. J.* (Hrsg.), Management in Western Europe. Society, Culture and Organization in Twelve Nations, Berlin, New York 1993, S. 65–87

Stewart, R. et al. (1996), A Comparison of British and German Managerial Roles, Perceptions and Behaviour, in: *Joynt, P., Warner, M.* (Hrsg.), Managing Across Cultures. Issues and Perspectives, London, Boston 1996, S. 202–211

Trompenaars, F. (1993), Riding the Waves of Culture. Understanding Cultural Diversity in Business, London 1993

Tsurumi, Y. (1976), The Japanese Are Coming, Cambridge 1976

Warner, M., Campbell, A. (1993), German Management, in: *Hickson, D. J.* (Hrsg.), Management in Western Europe. Society, Culture and Organization in Twelve Nations. Berlin, New York 1993, S. 89–108

Wolf, J. (1994), Internationales Personalmanagement. Kontext – Koordination – Erfolg, Wiesbaden 1994

Teil B
Die „Europäisierung“ und ihre Auswirkungen auf einzelne Unternehmensbereiche

Kapitel 7
Strategieformulierung und -umsetzung: ein Perspektivenwechsel

von *Joachim Zentes*

1 Prozeßkompetenz als Erfolgsfaktor

Traditionelle Konzepte der strategischen Planung, die meist durch Stufenmodelle, z. B. in verstärkter Form

- Analyse der externen und internen Umwelt,
- Festlegung strategischer Stoßrichtungen und Ressourcenallokation,
- Maßnahmenfestlegung,
- Realisierung und
- Kontrolle

gekennzeichnet sind, bildeten Mitte bzw. Ende der 80er Jahre die formale bzw. methodische Grundlage der Ausrichtung der meisten europäischen Unternehmen auf den damals bevorstehenden Europäischen Binnenmarkt. Dieser Vorgehensweise lag implizit die These einer weitgehenden Prognostizierbarkeit bzw. Beherrschbarkeit der Zukunft zugrunde. Aber es kam anders! Das in der Managementliteratur seit den siebziger Jahren thematisierte Problem der **Diskontinuitäten** der externen Umwelt, das in kaum oder nur schwer vorhersagbaren, plötzlichen Veränderungen des politisch-rechtlichen, sozio-ökonomischen, technologischen Umfeldes begründet ist und Unternehmen „über Nacht" zu grundlegenden Revisionen ihrer mittel- und langfristigen – oftmals sogar ihrer kurzfristigen – Planungen zwingt, wurde plötzlich vielen – um nicht zu sagen allen – Unternehmen bewußt. Man denke etwa an die deutsche Wiedervereinigung und die Öffnung der mittel- und osteuropäischen Märkte, die eine radikale Neuorientierung der Expansionspläne zur Folge hatten: Internationalisierungspläne, die im Zuge der Vorbereitung und Verwirklichung des Europäischen Binnenmarktes sorgfältigst ausgearbeitet waren und mit deren Realisierung bereits begonnen worden war, mußten ad hoc-Entscheidungen weichen. Neben oder gar an die Stelle des strategischen Going West trat das Going East.

Diskontinuitäten dieser oder ähnlicher Art stellen die traditionelle Mainstream-Vorgehensweise eines letztlich linearen Prolongierens zunehmend in Frage. Erforderlich wird immer häufiger die „schnelle" Aktion oder auch Reaktion, die andere Verfahren/Methoden und andere Kompetenzen, Fähigkeiten und Grundeinstellungen des Managements bzw. der Unternehmen voraussetzt.

Zu fragen ist daher: Erfordert ein erfolgreiches Agieren in turbulenten Märkten Fähigkeiten, die mit vorhandenen Kernkompetenzen übereinstimmen, oder sind derartige Kompetenzen in europäischen Unternehmen erst zu entwickeln? Gleichermaßen kann man die Frage aufwerfen, ob dieser Fit in unterschiedlichen Ländern bzw. Regionen Europas unterschiedlich ausgeprägt ist. Erwachsen Unternehmen Wettbewerbsvorteile, die nicht inhaltlich in ihren Leistungsprogrammen, z. B. der Einzigartigkeit ihrer Produkte, begründet sind, sondern in ihrer **Prozeßkompetenz** – Wettbewerbsvorteile, die letztlich dauerhafter sind und einen besseren „Kopierschutz" aufweisen?

Dynamische Kernkompetenz

Verlieren die klassischen Erfolgsfaktoren, „die in Zeiten kontinuierlichen Wachstums im Mittelpunkt standen, ... in turbulenten Märkten zunehmend ihre Bedeutung im Hinblick auf die Differenzierung?". Diese Frage stellen *Liebmann, Foscht, Jungwirth* (1996, S. 29) im GDI-Monitor II/96, einem Kooperationsprojekt des Gottlieb Duttweiler Instituts (GDI), Rüschlikon/Zürich, des Instituts für Handel und Internationales Marketing an der Universität des Saarlandes und des Instituts für Handel, Absatz und Marketing der Universität Graz, auf das in diesem Beitrag öfter verwiesen bzw. zurückgegriffen wird. So erweisen sich „Delegation von Verantwortung", „Offenheit des Unternehmens", „lernfreundliche Organisationskultur", „Schaffung von Freiräumen" als neue prozeßorientierte Erfolgsfaktoren. Diesen Dimensionen einer **dynamischen Kernkompetenz** (*Liebmann/Foscht/Jungwirth* 1996, S. 34) weist die Mehrzahl der am GDI-Monitor teilnehmenden europäischen Manager aus Industrie und Handel bereits heute eine hohe Bedeutung zu (vgl. Abb. 7.1). Differenziert man die Beurteilungen nach Ländern bzw. Sprachregionen, so zeigt sich, daß Unternehmen des englisch/nordischen Sprachraumes („englische Unternehmen") diesen Faktoren eine weitaus größere Bedeutung beimessen als Unternehmen aus

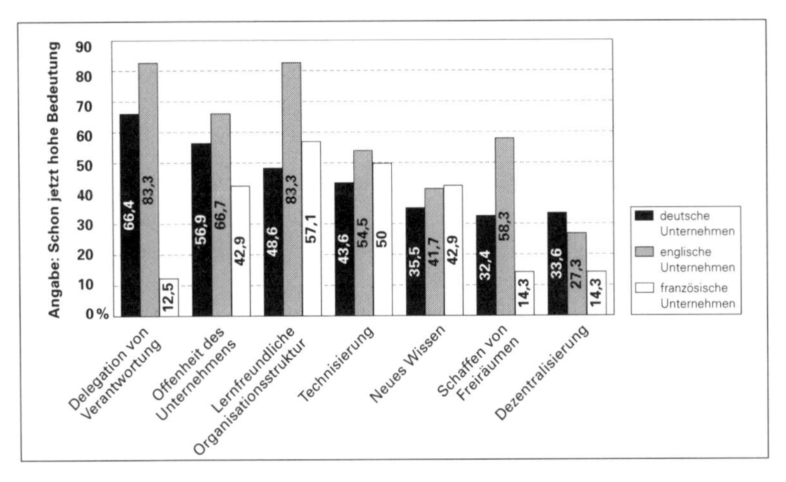

Abb. 7.1: Heutige Bedeutung von Erfolgsfaktoren zur Schaffung von Wettbewerbsvorteilen im eigenen Unternehmen

Quelle: GDI-Monitor II/96

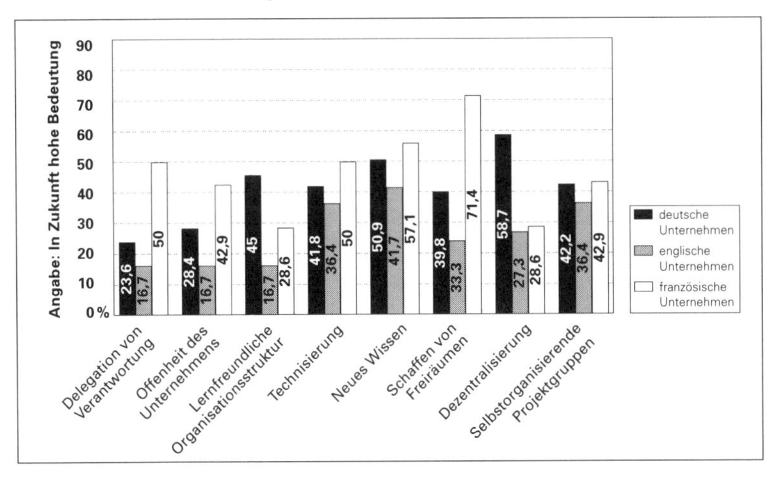

Abb. 7.2: Zukünftige Bedeutung von Erfolgsfaktoren zur Schaffung von Wettbewerbsvorteilen im eigenen Unternehmen

Quelle: GDI-Monitor II/96

deutschsprachigen Ländern („deutsche Unternehmen") und französischsprachigen Ländern („französische Unternehmen").

Vergleicht man diesen Befund mit der Einschätzung der zukünftigen Bedeutung dieser Kompetenzfaktoren, so zeigt sich, daß deutsche und insbesondere französische Unternehmen diese hoch einschätzen (vgl. Abb. 7.2). Offensichtlich nehmen deutsche und französische Unternehmen ein Defizit bzw. einen „Nachholbedarf" wahr. Die geringeren Einschätzungen der englischen Respondenten resultieren aus der bereits hohen Bedeutungseinschätzung heute.

2 Neues Wissen durch Interaktion

Da – wie bereits erwähnt und sicherlich empirisch bestätigt – Kunden und Märkte immer weniger planbar sind, verlieren Ergebnisse von vergangenheitsbezogenen Analysen zunehmend an Wert: „Neues Wissen" ist gefragt (vgl. auch Abb. 7.2).

Liebmann, Foscht, Jungwirth (1996, S. 33) fordern daher im GDI-Handels-Trendletter II/96 zutreffenderweise: „Aus einer erweiterten Sicht der Kompetenz ergibt sich hieraus als Konsequenz, Kompetenz aufgrund von Interaktionen z. B. mit Kunden oder Lieferanten zu entwickeln ...".

Diese Perspektive führt zu einer neuen Sichtweise von Beobachten und Wissen. Spielten die Instrumente der klassischen Marktforschung in traditionellen Management-Konzepten eine wesentliche Rolle, insbesondere zur Analyse der externen Umwelt, so muß dieses Instrumentarium heute durch neue Methoden ergänzt werden, vorrangig durch (**Trend–)Monitoring**. Während die klassische Marktforschung durch ein traditionelles Beobachten von Vergangenheitsdaten – auch von Istdaten – gekennzeichnet ist, ist Monitoring das „neue Beobachten", das die Quellen des Wandels erspürt und die Dinge neu ordnet (vgl. Abb. 3). So stellt *Liebmann* (1996, S. 50) zu Recht fest: „Den Statistiker oder den klassischen Marktforscher mag es schmerzen, doch über die Zukunft kann man nicht repräsentativ abstimmen. Das qualifiziertere Argument eines einzigen hochkarätigen Experten kann mehr zählen und den Weg in die Zukunft weisen. Schlechte Argumente werden dadurch nicht besser, daß 1000 Köpfe dafür gestimmt haben".

Vieles spricht daher dafür, daß klassische Marktforschung und Trendmonitoring sich stärker annähern und in einigen Jahren verschmelzen werden.

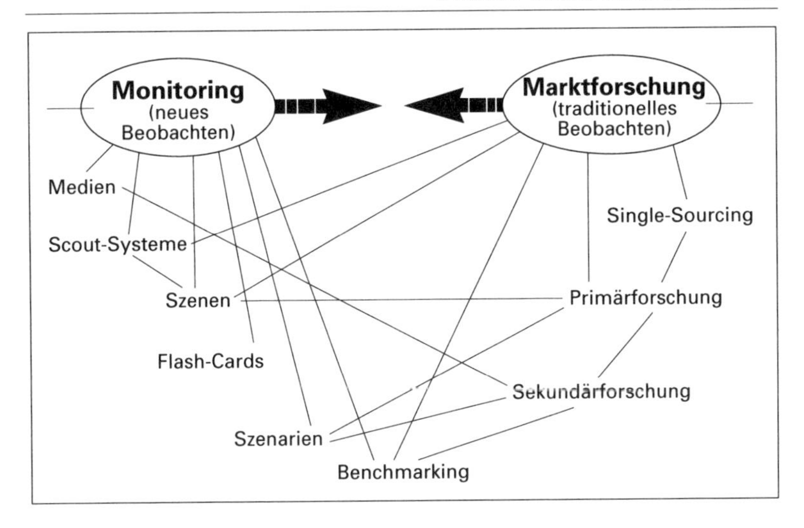

Abb. 7.3: Annäherung und Verschmelzung von Marktforschung und Monitoring

Quelle: *Liebmann* 1996, S. 50

Die Bedeutung von Monitoring, Benchmarking, Trendletter-Auswertung und Trendforschung kann beispielhaft an der Praxis der Zielgruppenforschung im europäischen Handel verdeutlicht werden. So zeigt Abb. 7.4 die Bedeutung unterschiedlicher Informationsquellen über den Zielgruppenwandel. Es überrascht, daß dem Thema „eigenes Monitoring" in allen Regionen bereits zum heutigen Zeitpunkt eine hohe Bedeutung beigemessen wird (vgl. Abb. 7.4): Über 50 Prozent der befragten Unternehmen sehen in diesem Instrument einen vielversprechenden und auch erforderlichen Ansatz. Dabei ist jedoch zu betonen, daß sich hinter dem, was man in der Praxis unter Monitoring versteht, eine große Spannweite verbirgt.

Differenziert man diesen Befund – analog zu den Ergebnissen der „neuen Erfolgsfaktoren" (vgl. Abb. 7.1 und 7.2) – nach Ländern bzw. Regionen, so zeigt sich ein deutlicher Bedeutungsvorsprung des Monitoring in englischen Unternehmen, deren Marktforschungsaktivitäten generell – einschließlich klassischer Vorgehensweisen – stärker ausgeprägt sind. Dieser Befund korrespondiert mit der Bedeutungseinschätzung der Faktoren Offenheit, lernfreundliche **Organisationskultur**, neues Wissen durch englische Manager.

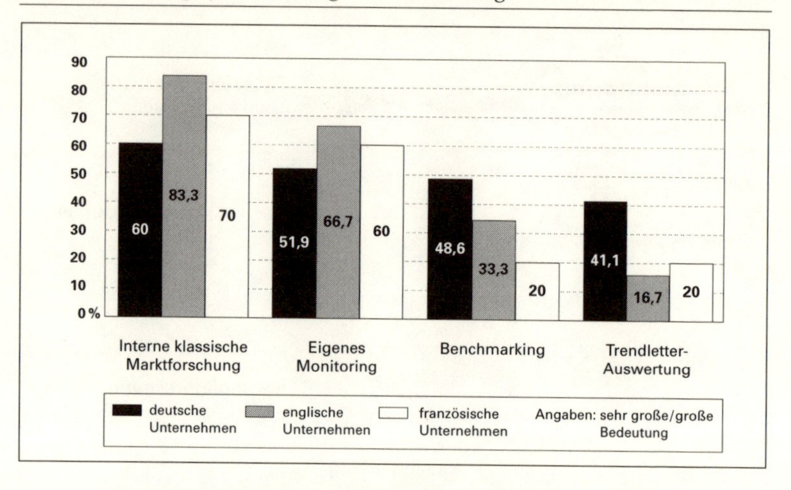

Abb. 7.4: Informationsquellen über Zielgruppenwandel
Quelle: GDI-Monitor II/95

Vernetzung des Mitarbeiter-Know-hows

Trend-Monitoring bedeutet auch die Einbeziehung des **Mitarbeiter-Know-hows,** das nach den Befunden des GDI-Monitors (II/95) in den meisten europäischen (Handels-)Unternehmen nur unzureichend genutzt wird. So stellten nur 34,3 Prozent der teilnehmenden Manager fest, daß das Mitarbeiterpotential (Wissen, Erfahrung) insgesamt genügend genutzt wird, während 65,7 Prozent die derzeitige Nutzung als eher ungenügend einschätzen bzw. in dieser Frage unentschieden sind. Damit ergibt sich ein großes internes Potential an Wissen und Erfahrung der eigenen Mitarbeiter, das für den zukünftigen Unternehmenserfolg verstärkt aktiviert werden muß.

Dieses Problem wird verstärkt durch „Schlankheitskuren", die sich viele Unternehmen (hier Handelsunternehmen) verordnet haben oder verordnen mußten, die in der Regel mit dem Abbau von Mitarbeitern verbunden sind. Dabei besteht stets die Gefahr, daß auch wertvolles Know-how der Mitarbeiter verlorengeht. So schätzt die überwiegende Mehrheit der europäischen Handelsmanager, daß durch Personalfreisetzungen den Unternehmen bis zu 25 Prozent des Wissens verlorengehen (vgl. Abb. 7.5).

Einen vielversprechenden Weg zur verbesserten Nutzung des teilweise „brachliegenden" Know-hows dürften die modernen Informations- und Kommunikationstechnologien eröffnen: So wird die Vernetzung des Mitarbeiter-Know-hows durch Informationstechnologie

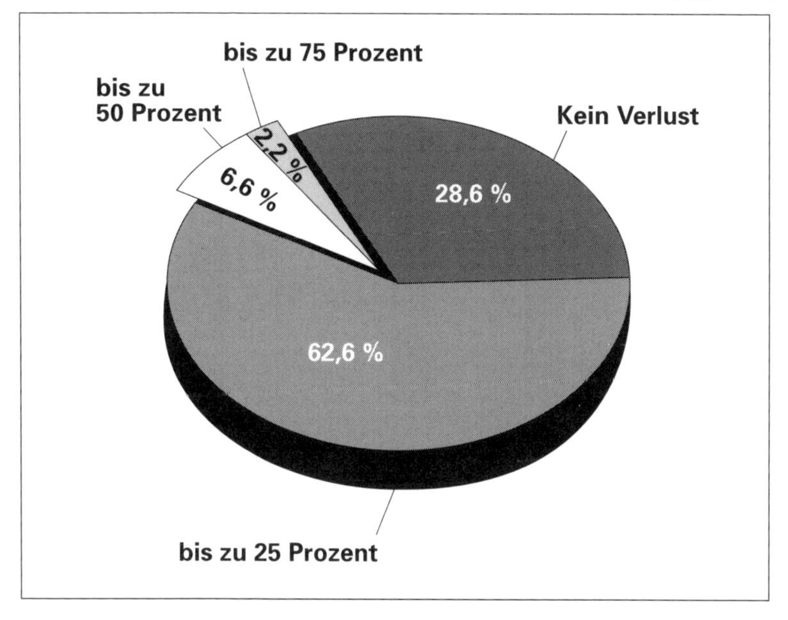

Abb. 7.5: Wissensverlust durch Personalabbau
Quelle: *Liebmann/Foscht* 1995, S. 37

möglich, die letztlich „neues Wissen" schafft. In der europäischen Handelspraxis steht diese Vernetzung erst am Anfang (vgl. Abb. 7.6). Aber auch diesbezüglich zeigt eine regionenspezifische Analyse einen – wenngleich geringen – Vorsprung englischer Unternehmen. Auch dieser Befund korrespondiert mit der Bedeutungseinschätzung der Faktoren einer dynamischen Kernkompetenz (vgl. Abb. 7.1). Der größere Stellenwert der „Technisierung" schlägt sich in dem höheren Vernetzungsanteil nieder (vgl. Abb. 7.6).

3 Implementierung als Managementaufgabe

Das Wissen um Veränderung und die strategische (proaktive) Ausrichtung des Unternehmens im Hinblick auf diese Veränderungen reichen jedoch nicht aus, um sich erfolgreich im Markt zu behaupten. Die Kompetenz der **Umsetzung** und der **Durchsetzung** der Strategien erweist sich zunehmend als ein weiterer zentraler Wettbewerbsvorteil: **Konsequenz** wird zu dem wichtigsten Erfolgsfaktor.

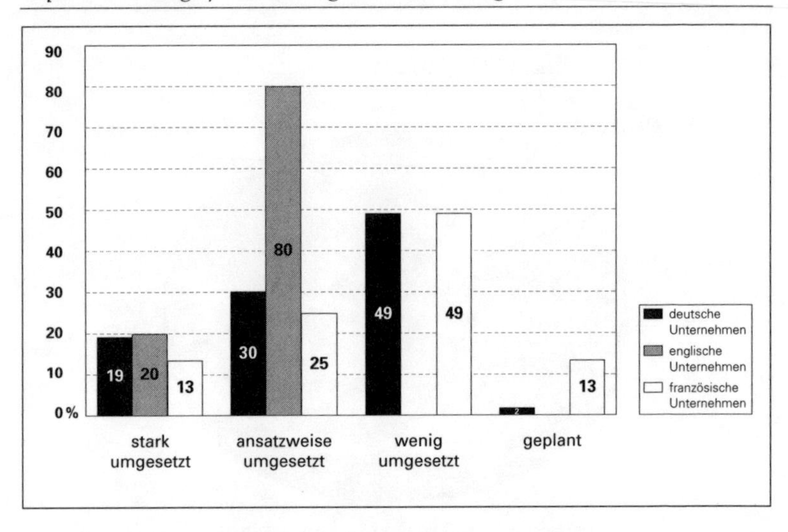

Abb. 7.6: Vernetzung des Mitarbeiter-Know-hows durch Informationstechnologie
Quelle: GDI-Monitor II/95

So stellt *Meffert* (1994, S. 35) zutreffend fest: „Die Realisation strategischer Konzepte scheitert häufig nicht nur an der fehlenden oder falschen Umsetzung der strategischen Vorgaben, sondern vielfach auch aufgrund der mangelhaften Durchsetzung bei den durch die Strategierealisation betroffenen Unternehmensmitgliedern." Nach *Meffert* (1994, S. 35) lassen sich die Aufgabenbereiche der Umsetzung und Durchsetzung wie folgt umschreiben: „Der Aufgabenbereich der Umsetzung der strategischen Pläne betrifft die Spezifizierung der globalen strategischen Vorgaben durch die Ableitung konkreter Maßnahmen sowie die Anpassung der für die Strategierealisation notwendigen Strukturen und Systeme. Die Durchsetzung der Strategien als zweiter Aufgabenbereich bezieht sich auf die Förderung ihrer Anwendung durch eine anzustrebende Strategieakzeptanz der betroffenen Unternehmensmitarbeiter."

Die Bedeutung der **Implementierungskompetenz** kann mit einem empirischen Befund des GDI-Monitors (II/94) belegt werden. So ist die Umsetzung von Strategien und Konzepten für rund 80 Prozent der befragten europäischen Handelsmanager das dominierende Problemfeld (vgl. Abb. 7.7). Eine regionenspezifische Analyse zeigte hier keine nennenswerten Unterschiede.

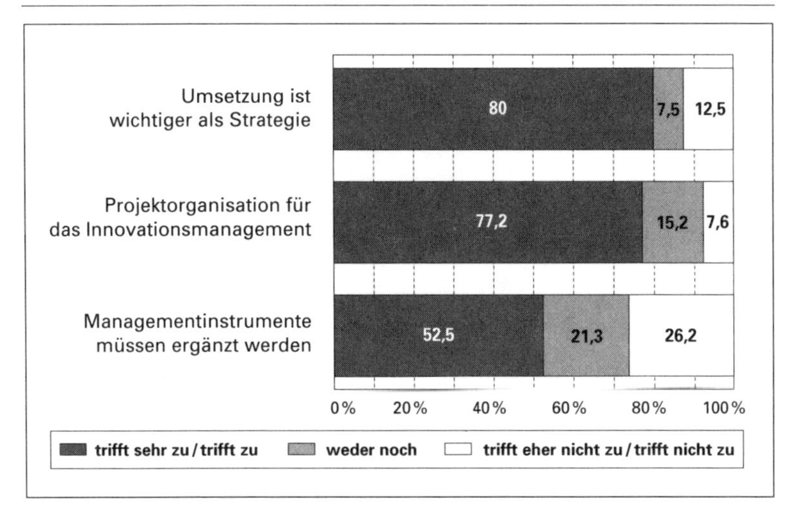

Abb. 7.7: Beurteilung der Managementsituation durch europäische Handelsmanager

Quelle: GDI-Monitor II/94

Einen ähnlichen Befund liefert der GDI-Monitor (I/95, II/95) hinsichtlich der Erschließung westeuropäischer und osteuropäischer Märkte – zwei zentrale strategische Stoßrichtungen europäischer Handelsunternehmen. So sind qualifizierte und mobile Führungskräfte die wichtigste Voraussetzung für die Erschließung ausländischer Märkte. Letztlich sind es die „Führungskräfte vor Ort", die das strategische Going International durchsetzen (vgl. Abb. 7.8).

Harte und weiche Flopfaktoren

Die Bedeutung der Umsetzungs- und Durchsetzungskompetenz zeigen auch Analysen der Mißerfolgs- bzw. Flopfaktoren, hier von Handelsunternehmen. So wurde bei der Mißerfolgsfaktorenanalyse im Rahmen des GDI-Monitors II/95 (vgl. Abb. 7.9) eine Einteilung in harte und weiche Faktoren vorgenommen. Die harten Mißerfolgsfaktoren finden sich eher auf Gebieten von Strategie, Struktur und Systemen; weiche Mißerfolgsfaktoren beziehen sich auf Fähigkeiten, Personal, Führungsstil und gemeinsame Wertvorstellungen und sind der „Software des Unternehmens" zuzuordnen.

Wenngleich auch Strategiefehler – vorrangig Fehler der Marktbearbeitung – einen bedeutenden Mißerfolgsfaktor darstellen, so erweisen sich Fehler im Personalmanagement (einschl. Führungsstil,

Spezialfähigkeiten, Selbstverständnis usw.) als ein gravierender Flopfaktor.

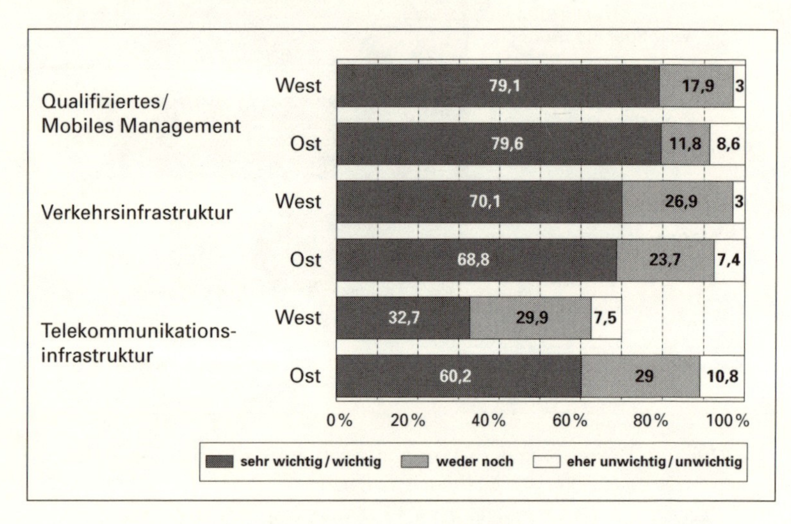

Abb. 7.8: Voraussetzungen für die Erschließung west- und osteuropäischer Märkte

Quelle: GDI-Monitor I/95, II/95

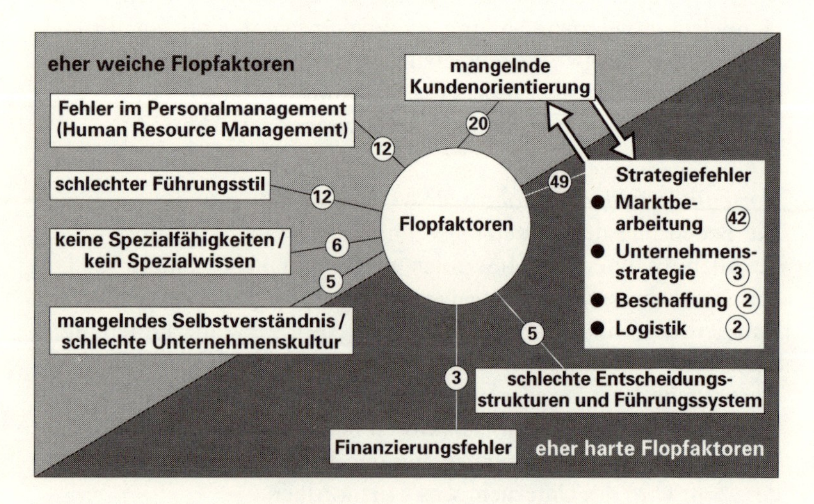

Abb. 7.9: Flopfaktoren im Handel

Quelle: GDI-Monitor II/95

Konzeptionelle Macher
Implementierungskompetenz bedeutet zugleich, über Führungskräfte verfügen zu können, die neben der Kompetenz zur Konzeption von Strategien auch die Kompetenz zur Implementierung, insbesondere zur Durchsetzung, besitzen. Überholt sind letztlich damit Stab-Linien-Konzepte der sechziger und siebziger Jahre: Nicht die Parallelität von „Denkern" (Stab) und „Machern" (Linie) ist gefragt, sondern deren Identität.

Diese Überlegungen führen zur Frage des künftigen **Anforderungsprofils** an europäische Manager. In Anlehnung an *Thommen* (1995) kann dabei zwischen

- der Fachkompetenz,
- der Methodenkompetenz,
- der Systemkompetenz und
- der Sozialkompetenz

unterschieden werden.

Liebmann, Foscht, Jungwirth (1996) leiten aus den Aussagen europäischer Handelsmanager zu diesen Dimensionen künftiger Managementkompetenz das in Abb. 7.10 dargestellte Ergebnis ab. Damit dominieren die Fähigkeiten auf dem Gebiet der Sozialkompetenz eindeutig das Bild des künftigen Managers (vgl. Abb. 7.10); diese beziehen sich insbesondere auf die Fähigkeit zum Handeln in einer sozialen Gemeinschaft.

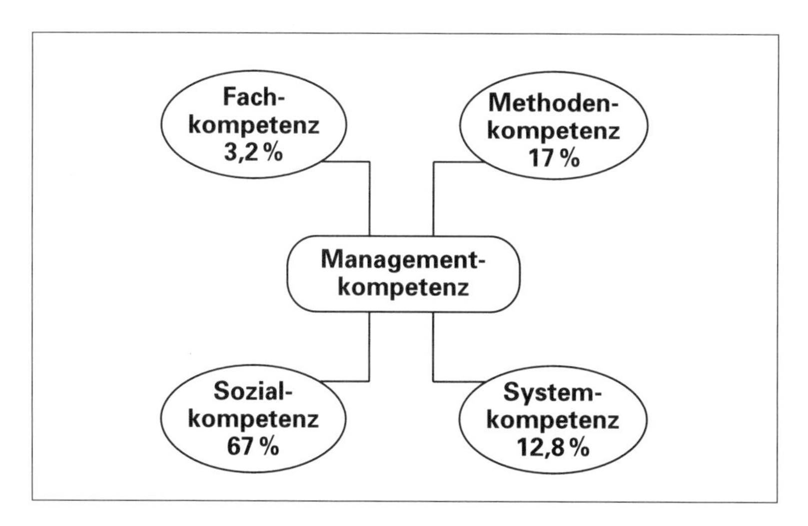

Abb. 7.10: Dimensionen künftiger Managementkompetenz
Quelle: GDI-Monitor II/96

Rapid Business Development and Tuning

Durch Turbulenzen und Diskontinuitäten geprägte Umwelten erfordern gleichermaßen, möglichst rasch eine „robuste erste Lösung" zu realisieren, die dann schrittweise – aber im praktischen Einsatz – verfeinert bzw. perfektioniert wird.

Damit gewinnt der **Prototyping-Ansatz**, der dem Software Engineering entstammt, zunehmende Bedeutung in der Strategieentwicklung und -umsetzung.

Diese Vorgehensweise des **Rapid Business Development** soll wiederum am Beispiel von europäischen Handelsunternehmen verdeutlicht werden. So sind – nach den Ergebnissen des GDI-Monitors II/95 – die beiden wichtigsten Motive für den Markteintritt in Osteuropa das Absatzpotential im Gastland mit 92,5 Prozent und die Marktsättigung im Stammland. An dritter Stelle folgt das Motiv der Erzielung eines Konkurrenzvorsprungs (60,2 %). Betrachtet man die Markterschließungsstrategien, so dominieren die Kooperationsstrategien einschließlich Joint Ventures mit 70 Prozent (vgl. Abb. 7.11).

Bei den Interviews zeigte sich, daß viele Unternehmen Joint Ventures, insbesondere bei hohen rechtlichen und/oder marktlichen Unsicherheiten, dazu benutzten, um zunächst auf dem jeweiligen Auslandsmarkt Fuß zu fassen und zu einem späteren Zeitpunkt die Kapital-

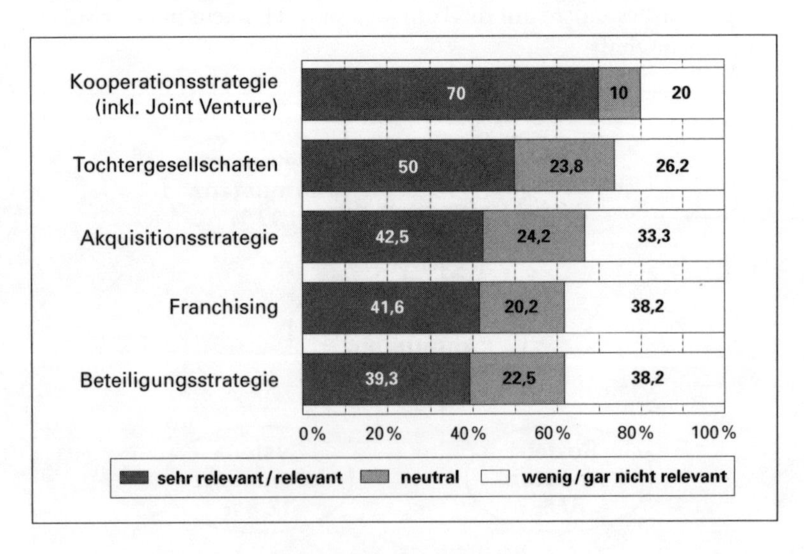

Abb. 7.11: Relevanz unterschiedlicher Erschließungsstrategien für osteuropäische Märkte

Quelle: GDI-Monitor II/95

beteiligung so weit auszubauen, daß es zu einer vollständigen Übernahme kam. Bei anderen Managern entstand im Verlauf der Interviews der Eindruck, sie „benutzten" Joint Ventures lediglich als eine Art „Probierstrategie", um Erfahrungen für eine spätere Filialisierung in den entsprechenden Märkten zu gewinnen.

4 Konvergenz oder Divergenz der Strategieformulierung und -umsetzung

Die skizzierten Veränderungen des sozial-ökonomischen Umfeldes gelten für alle europäischen Unternehmen gleichermaßen. Dies gilt nicht nur im Hinblick auf die Veränderungen in Europa selbst, sondern ebenso im Hinblick auf andere Regionen – man denke etwa an die Entwicklungen in Nord-, Mittel- und Süd-Amerika oder in Süd-Ost-Asien. Die daraus resultierenden Anforderungen an Systeme und Prozesse der Strategieentwicklung und -implementierung sowie an künftige Fähigkeiten von Unternehmen bzw. Führungskräften, die im wesentlichen darin liegen, dynamische Kernkompetenzen aufzubauen, durch Interaktion mit der Umwelt neues Wissen zu generieren und durch Um- und Durchsetzungskraft visionäre Ziele zu erreichen, werden – wie die Befunde des GDI-Monitors zeigen – von den europäischen (Handels-)Unternehmen weitgehend übereinstimmend beurteilt. Unterschiedlich ist dagegen die jeweilige Ausgangssituation bzw. das bereits erreichte Stadium im vorgezeichneten Prozeß des Wandels.

Damit erweist sich dieser Prozeß selbst als eine Wettbewerbssituation, in der die Zeit zu einem bedeutenden Faktor wird: Dynamische Kernkompetenz bedeutet letztlich auch die Fähigkeit, den erforderlichen Wandel möglichst rasch zu vollziehen.

Literatur

Anderer, M. (1995), Management internationaler Handelsunternehmen, Saarbrücken, Rüschlikon/Zürich 1995

Coca Cola Retailing Research Group Europe (CCRRGE) (1994), Kooperationen zwischen Industrie und Handel im Supply Chain Management, 1994

Liebmann, H.-P. (1996), Auf den Spuren der Neuen Kunden, in: *Zentes, J., Liebmann H.-P.* (Hrsg.), GDI-Trendbuch Handel No. 1, Düsseldorf, München 1996, S. 37–54

Liebmann, H.-P., Foscht, T. (1995), Fit für Innovationen durch neues Wissen und Vernetzung, in: GDI-Handels-Trendletter II/95, Rüschlikon/Zürich 1995, S. 1–42

Liebmann, H.-P., Foscht, T., Jungwirth, G. (1996), Handel und Industrie auf dem Weg zu neuer Kernkompetenz, in: GDI-Handels-Trendletter II/96, Rüschlikon/Zürich 1996, S. 1–73

Liebmann, H.-P., Jungwirth, G. (1994), Mit neuer Unternehmenskultur erfolgreich zur Jahrtausendwende, in: GDI-Handels-Trendletter II/94, Rüschlikon/Zürich 1994, S. 1–37

Meffert, H. (1994), Marketing-Management, Wiesbaden 1994

Osterloh, M., Frost, J. (1996), Prozeßmanagement als Kernkompetenz, Wiesbaden 1996

Scholz, C. (1995), Strategisches Euro-Management, in: *Scholz, C., Zentes, J.* (Hrsg.), Strategisches Euro-Management, Stuttgart 1995, S. 31–55

Thommen, J.-P.(1995), Management-Kompetenz durch Weiterbildung, in: *Thommen, J.-P.* (Hrsg.), Management-Kompetenz, Wiesbaden 1995

Welge, M. K., Al-Laham, A. (1995), Probleme der Implementierung von Wettbewerbsstrategien, in: *Scholz, C./Zentes, J.* (Hrsg.), Strategisches Euro-Management, Stuttgart 1995, S. 57–72

Zentes, J. (1995), Wettbewerbsstrategien auf europäischen Märkten, in: *Scholz, C., Zentes, J.* (Hrsg.), Strategisches Euro-Management, Stuttgart 1995, S. 3–30

Zentes, J. (1996a), ECR – eine neue Zauberformel, in: *Töpfer, A.* (Hrsg.), Efficient Consumer Response (ECR) – Wie realistisch sind die versprochenen Vorteile, Mainz 1996, S. 24–46

Zentes, J. (1996b), GDI-Monitor: Fakten, Trends, Visionen, in: *Zentes, J., Liebmann, H.-P.* (Hrsg.), GDI-Trendbuch Handel No. 1, Düsseldorf, München 1996, S. 10–36

Zentes, J., Anderer, M. (1994), Mit Customer Service aus der Krise, in: GDI-Handels-Trendletter I/94, Rüschlikon/Zürich 1994, S. 1–29

Zentes, J., Opgenhoff, L. (1995), Kundenzufriedenheit als Erfolgsfaktor im Handel, in: GDI-Handels-Trendletter I/95, Rüschlikon/Zürich 1995, S. 1–47

Zentes, J., Zimmermann, C. (1996), Kommunikation zwischen Handel und Industrie – das Diktat der Kunden, in: GDI-Handels-Trendletter I/96, Rüschlikon/Zürich 1996, S. 1–68

Kapitel 8
Organisations- und Personalarbeit in Europa: Von operativer Oberflächlichkeit zur eurostrategischen Grundausrichtung

von *Christian Scholz*

1 Ausgangslage

1.1 Europäisierung plus Globalisierung

Unbestritten ist: Die Vollendung des Europäischen Binnenmarktes stellt einen Schritt hin zu einer ganz neuen wirtschaftlichen Dimension in Europa dar, getragen von den Hoffnungen auf einen freien Verkehr von Waren, Dienstleistungen, Kapital und Personen.

Durch Liberalisierungs- und Harmonisierungstendenzen fallen Markteintrittsbarrieren weg und treten neue Wettbewerber in den Markt ein. Dies zeigt sich beispielsweise an dem entstehenden einheitlichen europäischen Finanzmarkt mit der Möglichkeit des freien Austausches von Finanzdienstleistungen sowie einer EU-weiten Niederlassungsfreiheit für Banken und Finanzinstitute (*von Köppen* 1996,

S. 15). Diese Tendenz läßt sich mit unterschiedlicher Intensität auch auf andere Märkte übertragen (*Schünemann* 1995, Sp. 539–540):

- In der Industrie führt der verschärfte Wettbewerbsdruck zu Kosteneinsparungen und zum Überdenken von Wettbewerbsstrategien insbesondere hinsichtlich Preissetzung und Produktpolitik.
- Im Handel, der bereits in der Vergangenheit zumindest auf der Beschaffungsseite europaweit tätig war, kommt es zu einer Forcierung und Intensivierung der Bearbeitung des europäischen Absatzmarktes.
- Die nachhaltigsten Veränderungen ergeben sich auf seiten der Dienstleistungsunternehmen, die infolge von Harmonisierungen und Deregulierungen unter einen enormen Konkurrenzdruck geraten.

Die europäische Einigung auf politischer Ebene ging mit einer zunehmenden wirtschaftlichen Verflechtung in Europa einher. Sie läßt sich in vier Phasen darstellen (Abb. 8.1): Zunächst kam für europäische Unternehmen eine Exportausweitung in Frage. In den siebziger Jahren entwickelte sich diese eher beiläufige Internationalisierung zu einer bewußten Wettbewerbsstrategie, bei der Unternehmen komparative Unterschiede von Ländern und Regionen nutzten. In der Mitte der achtziger Jahre kristallisierte sich dann ein Wettbewerb

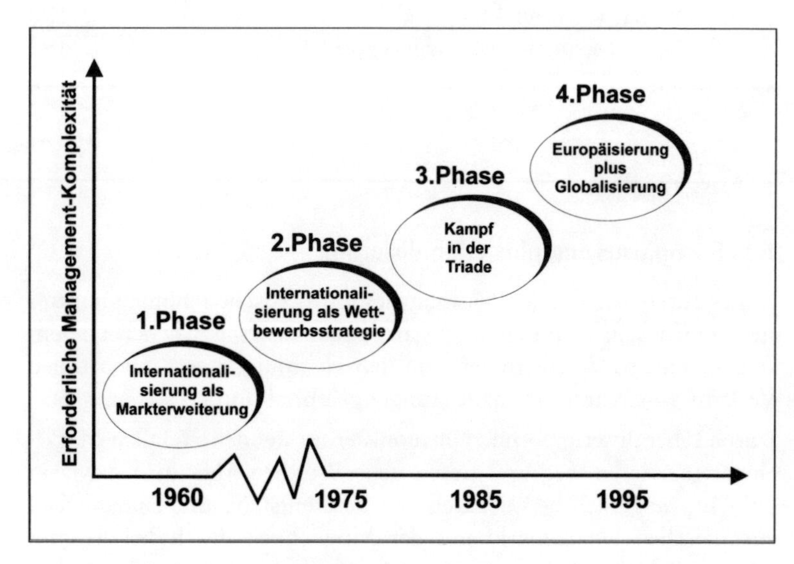

Abb. 8.1: Vier Phasen der Internationalisierung in Europa (*Scholz* 1995, S. 34)

zwischen den drei großen Wirtschaftsräumen USA, Europa und Japan (Triade) heraus (*Ohmae* 1985). Die vierte, heutige Phase ist geprägt von **Europäisierung** und **Globalisierung**, charakterisiert durch eine zunehmende **Vernetzung** zwischen Unternehmen, Branchen, Regionen und Ländern.

Während Globalisierung für eine Abstraktion von Ländergrenzen im Sinne einer standardisierten Marktbearbeitung des gesamten Weltmarktes steht, fokussiert Europäisierung die Aktivitäten auf den begrenzten europäischen Raum. Kennzeichnend für die Europäisierung ist zum einen die Beibehaltung von Grenzen unterschiedlicher Art um den Europäischen Binnenmarkt herum, gleichzeitig aber auch das Auflösen von Grenzen innerhalb des Binnenmarktes.

1.2 Regionalisierung

Die Ausgangssituation ist gerade für Fragen der Organisation und des Personalmanagements um eine Facette zu erweitern, mit der sich Unternehmen auseinandersetzen müssen.

Neben der Globalisierung und der Europäisierung ist nämlich auch die **Regionalisierung** zu berücksichtigen, also die deutlich hervortretende Bildung von **Euroregionen**. Regionale Kooperationen bildeten sich bereits in den siebziger Jahren (vgl. Presse- und Informationsamt der Bundesregierung 1994, S. 28): Interessenvertretungen fanden sich zu „Euroregionen" zusammen, von denen es mittlerweile in Europa ca. 200 gibt. Sie sind im „Ausschuß der Regionen" mit Sitz in Brüssel auf europäischer Ebene vertreten. Viele Regionen schlossen sich auch grenzübergreifend zu Großregionen zusammen, beispielsweise das Saarland, Lothringen und Luxemburg zur „Saar-Lor-Lux-Region".

Euroregionen sind zunächst politisch zu verstehen: Dahinter steht der Wille, auf regionaler Ebene die Zusammenarbeit zwischen den europäischen Nationen zu vertiefen. Zur Erreichung dieses Zieles werden in einem definierten geographischen Bereich von den betroffenen regionalen Regierungen mit Unterstützung der dahinterstehenden Nationen und europäischen Einrichtungen grenzübergreifende Infrastrukturen geschaffen. Diese Infrastrukturen beziehen sich auf kulturelle, soziale, wirtschaftliche und politische Bereiche. So wird zum Beispiel in der Saar-Lor-Lux-Region bereits auf Kindergarten-Ebene ein regelmäßiger Austausch des Erziehungspersonals praktiziert – damit sich die Kinder von klein auf an die Sprache des jeweiligen Partnerlandes gewöhnen (Saarland. Der Chef der Staatskanzlei 1996, S. 47).

Die Ausgestaltung von Euroregionen auf wirtschaftlicher Ebene betrifft eine Reihe gemeinsamer Maßnahmen:

- Strukturhilfen der Europäischen Union werden direkt an die ärmeren Regionen geleistet, insbesondere aus dem Strukturfonds, dem Sozialfonds und dem Ausrichtungs- und Garantiefonds für die Landwirtschaft (Presse- und Informationsamt der Bundesregierung 1994, S. 28).
- Im Bereich der Wirtschaftsförderung werden Anstrengungen unternommen, damit der Transfer von grenzüberschreitenden Dienstleistungen und den damit zusammenhängenden Finanztransaktionen ohne wesentliche Hemmnisse abgewickelt werden kann.
- Kooperationen auf dem Arbeitsmarkt, so beispielsweise die EURES-Initiative (Europäische Kommission 1995), bezwecken, daß auch grenzüberschreitend Arbeitsvermittlungen vorgenommen werden können. Schon heute werden beispielsweise von 100 geschaffenen Arbeitsplätzen in Luxemburg in der Regel 80 mit Deutschen, Lothringern und Belgiern besetzt (Arbeitskreis Wirtschaft der Carl Duisberg Gesellschaft Saarland 1996, S. 3).
- Die Ansiedlung neuer Industrien auch in Grenzregionen wird durch eine unbürokratischere Regelung von wichtigen Beschaffungsleistungen wie zum Beispiel Energie und Wasser ermöglicht. Projekte wie „Eurozone“ in der Saar-Lor-Lux-Region (Saarland. Der Chef der Staatskanzlei 1996, S. 8) beabsichtigen, durch die Schaffung grenzüberschreitender Industrie- und Gewerbeflächen Synergieeffekte zwischen den beteiligten Partnern zu erzielen.

Diese Beispiele belegen eindrucksvoll die wachsende Bedeutung der Regionalisierung.

2 Strukturelle Konsequenzen

Konzentriert man sich auf den europäischen Bereich, so liegt eine wichtige Herausforderung im planvollen und vor allem mentalen Umgang mit den Euroregionen. Ein wesentlicher Vorteil der Euroregionen besteht darin, daß durch ihre zunehmende Verflechtung ein System geschaffen wird, das im Laufe der Zeit an Stabilität gewinnt. Es ist nicht so anfällig gegen Aufweichungstendenzen, die auf der übergeordneten europäischen Ebene – aufgrund nationaler Egoismen – durch direkte Beschlüsse oder Versäumnisse herbeigeführt werden.

2.1 Die Basis: Euroregionen als „multiple Nuclei"

Wenn ein Land als Partner der Europäischen Union ein Gemeinschaftsvorhaben blockieren will, weil es für sich Nachteile befürchtet, dann ist dies „in Brüssel" leichter zu verwirklichen als in dem engeren Geflecht der Euroregionen: Hier sind die Widerstände „hautnah" zu spüren, und ein Engagement für die Infrastruktur zahlt sich zudem viel direkter aus, so daß man es nicht einfach aufgibt.

Es geht also in Zukunft weniger darum, „Europazentralen" nach Brüssel zu verlagern, als vielmehr um ein bewußtes Forcieren der Regionalisierung. Aus der Organisationsentwicklung ist dieser Sachverhalt als „**Multiple-Nucleus-Strategie**" (*Deppe* 1992, S. 852) bekannt: Die Initiierung von Veränderungsaktivitäten erfolgt ohne Schwerpunktsetzung in vielen Bereichen gleichzeitig. Diese Zentren der Aktivität liegen an den unterschiedlichsten Stellen im System verteilt und dienen als Kristallisationskerne für eine Ausbreitung der Aktivitäten über das gesamte System. Im Fall der Euroregionen breitet sich eine infrastrukturelle Verdichtung über die gesamte Europäische Union hinaus aus.

Die Multiple-Nucleus-Strategie hat den Vorteil, daß Probleme und Themenstellungen gerade dort, wo sie auftauchen, behandelt werden können. Zudem werden über das gesamte System hinweg Systemmitglieder an den anstehenden Entwicklungsaufgaben beteiligt. Risiken dagegen liegen nach *Deppe* (1992, S. 852) darin, daß es zu einer Verselbständigung der verschiedenen Bereiche kommen kann und im Sinne einer homogenen Gesamtstrategie die Koordination der einzelnen Bereiche schwer realisierbar ist.

Gerade dies aber kann und muß im Lichte der strategischen Managementliteratur durchaus positiv interpretiert werden: Im Konzept der **Kernkompetenzen** (*Hamel/Prahalad* 1990) ist es geradezu erwünscht, daß einzelne Bereiche eines Systems spezifische komparative Vorteile gegenüber anderen Bereichen erzielen. In diesem Sinne ist es folglich möglich, daß sich beispielsweise eine Euroregion als Kohle- und Stahl-Region präsentiert, eine andere als Schiffbau-Region und wieder eine andere als Hochtechnologie-Region.

Konsequenz daraus wäre, daß sich letztlich ein europaweites Netzwerk aus Euroregionen bildet, die für sich gesehen jeweils Kernkompetenzträger sind. Dies deutet sich bereits durch die Errichtung **transeuropäischer Netze** (Presse- und Informationsamt der Bundesregierung 1994, S. 137), beispielsweise in den Bereichen Hochgeschwindigkeitszugverkehr, Telekommunikation und Energie, an.

2.2 Die Konsequenz: strategische Entwicklung von Organisations- und Personalstrukturen

Gerade europäische Unternehmen können von der Entwicklung europäischer Netzwerke aus Regionen profitieren:

- Für europäische Unternehmen ist es ein Vorteil für ihr Selbstverständnis, wenn sich auf der wirtschaftspolitischen Ebene genau dieselben Trends wiederfinden wie auf organisationaler Ebene. Wenn sich die Herausbildung von Kernkompetenzen und von strategischen Allianzen europaweit durchsetzt, dann ist eine parallele Entwicklung in Unternehmen nur folgerichtig – und vice versa.
- Europäische Unternehmen können direkt von der intraregionalen Entwicklung der Infrastruktur profitieren. Sie können davon ausgehen, daß hier Regelungen institutionalisiert werden, die langfristig zur Verfügung stehen, da sie das direkte Interesse der beteiligten Regionen widerspiegeln.
- Europäische Unternehmen können durch die Nutzung der interregionalen Vernetzungen, die sich mit der Zeit entwickeln, ihren Tätigkeitsbereich ausdehnen. Sie nutzen damit die Multiple-Nucleus-Vorteile der Euroregionen als „Sprungbretter" für die eigene Europäisierung.

Nicht zuletzt die Einführung des Euro als gemeinsame Währung wird es ermöglichen, daß die vorhandenen und entstehenden Vorteile in grenzüberschreitenden Euroregionen noch intensiver genutzt werden können. Bereits die Frage der Gehaltsauszahlung an Mitarbeiter aus verschiedenen Ländern wird dadurch entproblematisiert.

Die Voraussetzung, eine Organisations- und Personalentwicklung unter Nutzung dieser Vorteile zu forcieren, besteht allerdings in einem bewußten strategischen Handeln: Dieses schließt die unternehmensspezifische Suche nach den Chancen und Entwicklungspotentialen ein, die sich durch die euroregionalen Infrastrukturen ergeben. Darüber hinaus muß auch eine Entscheidung darüber getroffen werden, ob das Unternehmen Vorreiter oder Nachahmer solcher regionenorientierter Entwicklungen sein will.

3 Kulturelle Herausforderung: der statische Aspekt

Ein Denken auf der Ebene von Regionen bedingt zwangsläufig eine Auseinandersetzung mit verschiedenen Kulturen. Hierbei sind sowohl einzelne Landeskulturen als auch die Unternehmenskulturen der europa- bzw. weltweit agierenden Unternehmen von Bedeutung, und zwar sowohl hinsichtlich der aktuellen Situation als auch hinsichtlich der sich abzeichnenden Tendenzen.

3.1 Die Basis: Kulturdimensionen

Wenn über Kultur (oder spezieller: **Landeskultur**) gesprochen wird, ist eine Konkretisierung hilfreich, wie sie *Schein* (1985) in seinem Drei-Ebenen-Modell anbietet:

- Die oberste Kulturebene ist die Ebene der **Artefakte**, die aus sichtbaren Objekten und Verhaltensformen besteht. Hierzu gehören unter anderem Gesetze, Verordnungen und auch Technologien.
- Auf der zweiten, tieferen Ebene liegen die **Werte** als akzeptierte Verhaltensmuster. Werte verändern sich tendenziell langsamer als Artefakte.
- Die dritte Ebene schließlich ist die Ebene der **Grundannahmen**, die innerhalb einer Gesellschaft, eines Landes oder einer Organisation kaum noch diskutiert werden und die langfristig konstante Annahmen einer Gesellschaft beispielsweise bezüglich der Weltordnung, der religiösen Ausrichtung und Menschenbildern wiedergeben.

Landeskultur wird in diesem Zusammenhang zunächst am unmittelbarsten über die Artefakte wahrgenommen, etwa über Begrüßungsrituale, Tischsitten oder Pünktlichkeit bei Verabredungen. Die Frage nach der Charakterisierung einer Landeskultur läßt sich allerdings nur vollständig unter Berücksichtigung der Werte und Artefakte beantworten. Der bekannteste Strukturierungsvorschlag hierzu stammt von *Hofstede* (1980; 1993), der auf Basis seiner empirischen Untersuchung fünf Dimensionen unterscheidet:

- **Unsicherheitsvermeidung** als das Ausmaß der Vermeidung von Risiko und Unsicherheit,
- **Maskulinität** als das Ausmaß der Betonung von „maskulinen" Werten in der Gesellschaft,
- **Individualität** als das Ausmaß der Betonung des Individuums gegenüber der Gruppe,
- **Machtabstandstoleranz** als das Ausmaß, in dem eine ungleiche Machtverteilung innerhalb einer Gesellschaft akzeptiert wird, und
- **Langfristorientierung** als die Ausrichtung auf langfristige Perspektiven.

Ein Alternativvorschlag von *Hall, Hall* (1989) umfaßt räumliche, zeitliche (Polychronie – Monochronie) und kontextbezogene Variablen.

Trompenaars (1993) konzentriert sich in seiner großzahligen empirischen Untersuchung auf die Dimensionen Universalismus – Partikularismus, Individualismus – Kollektivismus, neutral – emotional, speziell – diffus, Leistung – Zuschreibung, Haltung zur Zeit und Haltung zur natürlichen Umwelt zur Beschreibung von Kulturen. Obwohl durch *Hofstede* (1996) aufgrund methodischer und konzeptioneller Schwächen kritisiert, ist die Studie mittlerweile zu einem auch in Managerkreisen häufig rezipierten Buch avanciert.

Die Kulturdimensionen können sowohl für die Landeskultur des Heimatlandes als auch für die Kulturen anderer Regionen oder Nationen erfaßt werden, um sie einer Beurteilung hinsichtlich ihrer Strategierelevanz zugänglich zu machen. Unternehmen können dazu die Vergleiche mehrerer Landeskulturen, aber auch bilaterale Studien heranziehen. Neben umfangreicher Literatur (z.B. *Usunier* 1991; *Huo/McKinley* 1992; *Scholz* 1993) ist allerdings die Ergänzung durch eine direkte Auseinandersetzung mit einer fremden Kultur sinnvoll, etwa durch die Diskussion der gegenseitigen Stereotypen mit Managern aus anderen Kulturkreisen.

3.2 Die Konsequenz: Kulturstrategie

Der Umgang mit anderen Kulturen als zentralem Bereich europäischen Personalmanagements führt zu zwei alternativen Handlungsoptionen:

Nach dem **Kulturanpassungsansatz** versucht ein Unternehmen, Kulturunterschiede zu lokalisieren, und betreibt, gestützt auf konkrete Informationen über die andere Kultur, eine umfassende Systementwicklung und -adaption (*Scholz* 1994, S. 816). Die Personalentwicklung nimmt dabei eine zentrale Rolle ein: Hier geht es darum, Anreizsysteme, Aufstiegsmuster, Personalbeschaffung und Ausbildungsmaßnahmen den Wertesystemen der Mitarbeiter anzugleichen.

Eine Alternative dazu bietet der **Kulturstrategieansatz**, der sich nicht im einzelnen mit den landeskulturellen Unterschieden befaßt, sondern vorrangig mit der Grundstrategie im Umgang mit den jeweiligen Unterschieden. Beispiele hierfür sind die Internationalisierungsstrategien von *Perlmutter* (1965), der je nach Managementorientierung des Stammhauses **ethnozentrisch, polyzentrisch** oder **geozentrisch** orientierte Strategien unterscheidet. Auch die daraus abgeleiteten **Kulturtransferstrategien** (*Scholz* 1994, S. 808–809) beschäftigen sich mit der Unternehmenskultur eines international agierenden Unternehmens vor dem Hintergrund des Wechselspiels zwischen Landeskultur und der Unternehmenskultur der Stammgesellschaft:

- Bei der **Monokulturstrategie** dominiert die Kultur der Muttergesellschaft. Es erfolgt keine landeskulturelle Adaption oder Modifikation. Entsandte Führungskräfte des Stammhauses exportieren gleichermaßen die Unternehmenskultur ins Ausland, man spricht dabei auch von Kultur-Cloning.
- Bei der **Multikulturstrategie** entwickeln die Tochtergesellschaften länderspezifische Unternehmenskulturen. Unternehmenskultur der Mutter und Töchter stehen dabei in friedlicher Koexistenz nebeneinander. Diese Strategie wird häufig in Ländern gewählt, in denen eine hohe lokale Anpassung den kritischen Erfolgsfaktor darstellt.
- Zu einer Kultursynthese kommt es bei der **Mischkulturstrategie**. Auch hier ist das Ergebnis wie bei der Monokulturstrategie eine einheitliche Unternehmenskultur, die sich allerdings im Gegensatz zum Kultur-Cloning durch ein Vermischen landeskultureller Elemente ergibt.

Die Wahl einer Kulturtransferstrategie hat mitunter wettbewerbsentscheidende Bedeutung, zeigt aber insbesondere Auswirkungen auf Organisation und Personalmanagement. So können Tochtergesellschaften unterschiedliche strategische Rollen übernehmen (*Welge* 1990, S. 8), die von operativen Frühwarninstanzen bis hin zu Brückenköpfen und zur strategischen Führung reichen. Personalwirtschaftlich lassen sich Auswirkungen auf allen Feldern des Personalmanagements ableiten. Gerade bei Personalmarketing, Personalentwicklung und Personalführung ergeben sich je nach intendierter Strategie erhebliche Implikationen für die Rolle der einzelnen Führungskraft im grenzüberschreitenden Kontext. Ist der Manager innerhalb einer Monokulturstrategie gleichermaßen Kulturvermittler und „linkingpin" zur Heimatkultur, ergibt sich ein völlig anderes Instrumentarium an Entwicklungs- und Motivationsmaßnahmen, als wenn im Rahmen einer Multikulturstrategie ein homogenes Qualifikationsniveau der Beschäftigten europaweit angestrebt wird oder im Zuge einer Mischkulturstrategie strategische Job Rotation über die Landesgrenzen hinweg betrieben werden soll (*Scholz* 1994, S. 809). Studien in diesem Zusammenhang zeigen zum Beispiel, daß französische Unternehmen bevorzugt dem Leitbild der Omnipotenz des französischen Managers als Euro-Manager folgen, während deutsche Unternehmen tendenziell nur wenige zentrale Schlüsselpositionen mit deutschen Managern besetzten und um eine Integration zwischen deutschen und ausländischen Mitarbeitern bemüht sind (*Drumm* 1991, S. 803).

4 Kulturelle Herausforderung: der dynamische Aspekt

Die sich bereits vor Errichtung des Europäischen Binnenmarktes abzeichnenden Tendenzen einer kulturellen Entwicklung in Europa haben sich auch in den vergangenen vier Jahren nicht grundlegend verändert. Eher kann man von einer Bestätigung der bereits damals geführten Diskussion der Entwicklungsthesen ausgehen.

4.1 Die Basis: Entwicklungsthesen

Basierend auf dem Modell von *Schein* lassen sich drei Thesen einer europäischen Gemeinschaftskultur unterscheiden (*Scholz* 1994, S. 776–778; *Sparrow/Hiltrop* 1994, S. 195–197):

Der These der **Kulturkonvergenz** folgend impliziert eine zunehmende europäische Angleichung, Harmonisierung, Zusammenarbeit und gemeinschaftliche Politik zwangsläufig eine Kulturkonvergenz. Das Zusammenwachsen der Landeskulturen wird als logische Konsequenz der Harmonisierungsbestrebungen auf politischer Ebene angesehen. Gestützt wird diese These zum Beispiel durch zahlreiche Studien bezüglich eines einheitlichen Euro-Life-Styles aus der Konsumentenforschung. Abb. 8.2 zeigt Beispiele für entsprechende Typologien auf.

Vertreter der These der **Kulturdivergenz** argumentieren in die exakt entgegengesetzte Richtung (*Scholz* 1994, S. 777). Einerseits attestieren sie zwar eine Vereinheitlichung auf der sichtbaren Ebene der Landeskulturen, was sich insbesondere in den Bereichen Gesetzgebung und Verwaltung sowie gesamthaft im fortschreitenden europäischen Integrationsprozeß zeigt. Andererseits wird aber bezweifelt, daß aus dieser Oberflächenharmonisierung notwendigerweise eine Kulturkonvergenz folgt. Das zunehmende Aufflammen ethnischer und separatistischer Tendenzen spreche dafür, daß eine Oberflächenharmonisierung allein noch kein Garant für eine zwangsläufige Konvergenz der Werte ist. Trotz europaweiter Ähnlichkeiten bei den Grundannahmen erfolgt die Interpretation und Transformation jeweils länderspezifisch, so daß nach dieser These mit einer weiteren Divergenz auf der Werteebene zu rechnen ist.

Sprach in den achtziger Jahren noch vieles für eine Kulturkonvergenz, wird heute häufig eine eher kritische Perspektive bezogen. Nationale Alleingänge wie bei der hochaktuellen Diskussion der Rinderseuche BSE oder bei den Überlegungen zur Osterweiterung der Europäischen Union legen neben verschiedenen institutionellen Kon-

	Euro-Styles	**ACE**	**Euro-Milieu**
Institut	CCA/Europanel	RISC	SINUS
Charakteristik und Kriterien	Life Style/ Paneldaten	Life-Style	Lebensweltenansatz
Typen	1. Euro-Dandy	1. Traditionalisten	1. Konservatives gehobenes Milieu
	2. Euro-Business	2. Häusliche	2. Kleinbürgerliches Milieu
	3. Euro-Vigliante	3. Rationalisten	3. Traditionelles Arbeitermilieu
	4. Euro-Defense	4. Hedonisten	4. Aufstiegsorientiertes Milieu
	5. Euro-Prudent	5. Aufsteiger	5. Technokratisches Milieu
	6. Euro-Moralist	6. Trendsetter	6. Hedonistisches Milieu
	7. Euro-Gentry		7. Alternatives Milieu
	8. Euro-Scout		8. Traditionsloses Milieu
	9. Euro-Rocky Ego		
	10. Euro-Rocky Opportunist		
	11. Euro-Squadra		
	12. Euro-Protest		
	13. Euro-Pioneer		
	14. Euro-Citizen		
	15. Euro-Strict		
	16. Euro-Romantico		
	17. Euro-Olvidado		
Interviewzahl	24000 (2 Wellen)	3.000 jährlich	2.000
Erhebungs-rhythmus	5-jährig	jährlich	jährlich

Quelle nach *Cathelat, B.*: Socio-Styles, London 1993, S. 80ff., *Kramer, S.*: Europäische Life-Style-Analysen, Hamburg 1991, S. 229, Broschüren GfK Panel Service 1994, Broschüren Sinus 1994, *Mitchell, A.*: The Nine American Lifestyles, New York 1983, S. 174ff.

Abb. 8.2: Euro-Typologien (modifiziert nach *Hünerberg*, S. 391)

struktionsmängeln innerhalb der Gemeinschaft nicht zuletzt auch kulturelle Unterschiede zwischen den Staaten offen (Deutsches Institut für Wirtschaftsforschung 1995).

Eine Synthese der beiden Extrempositionen der Kulturkonvergenz und -divergenz läßt sich in einem durchaus realistischen Kompromiß bilden: der These vom **Kulturkorridor**. Durch Identifizierung eines Kulturkorridors wird es möglich, sowohl Gemeinsamkeiten als auch Unterschiede innerhalb verschiedener Kulturen zu erklären und einen gemeinsamen Rahmen eines europäischen Kulturverständnisses abzustecken.

Die These des Kulturkorridors geht dabei von einer Basismenge gemeinsamer Grundannahmen aus, die sich aufgrund von Interpretationsspielräumen zu einer größeren Menge gemeinsamer Werte, Normen und Standards ausweitet, was auf der sichtbaren Ebene der Artefakte und Symbole zu einer großen Menge an Übereinstimmungen führt. Geht man dabei davon aus, daß zwischen Kulturursache und Wirkung ein permanentes Wechselspiel besteht (*Scholz/Hofbauer* 1990, S. 55), d.h. Kultur einerseits Grundlage gemeinsamer Verhaltensweisen ist, sich andererseits aber auch gerade durch gemeinschaftliche Verhaltensmuster ergibt (Dualitätsprinzip), kann sich auf diesem Wege eine Art europäische Gemeinschaftskultur entwickeln.

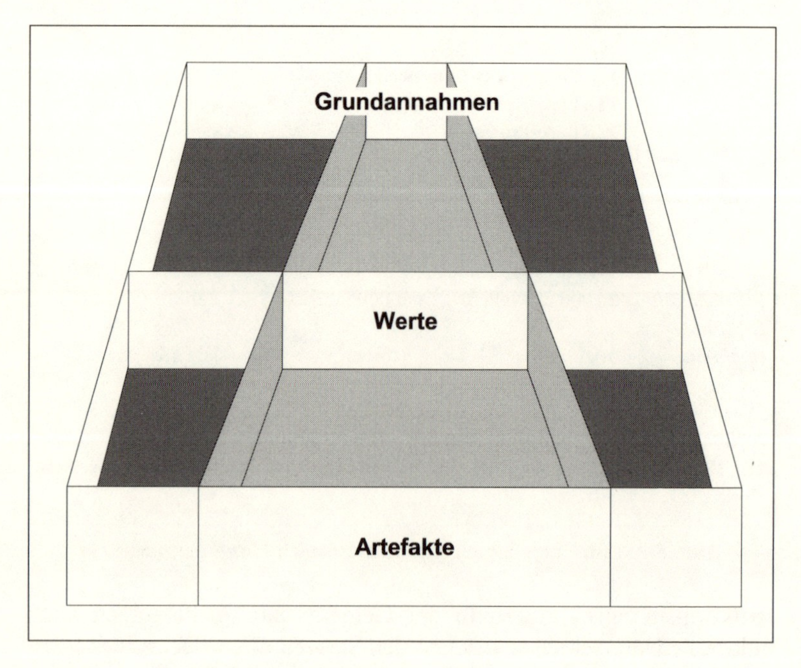

Abb. 8.3: Kulturkorridor Westeuropa (*Scholz* 1994, S. 779)

Als ein spezifisch europäisches Beispiel für einen Kulturkorridor ist die „Gemeinschaftscharta der sozialen Grundrechte der Arbeitnehmer" der Europäischen Gemeinschaft von 1989 (*Kaiser/Wiedermann* 1991; *Schreyögg/Oechsler/Wächter* 1995, S. 11) hervorzuheben, in der zwölf fundamentale soziale Rechte bezüglich ihrer Mindeststandards festgelegt werden. In 26 Artikeln werden die sozialen Grundrechte der europäischen Arbeitnehmer definiert: dazu zählen Themen der Freizügigkeit, Beschäftigung und Arbeitsentgelt, Verbesserung der Lebens- und Arbeitsbedingungen, sozialer Schutz, Koalitionsfreiheit und Tarifverhandlungen, Berufsausbildung, Gleichbehandlung von Frauen und Männern, Unterricht sowie Anhörung und Mitwirkung der Arbeitnehmer, Gesundheitsschutz und Sicherheit in der Arbeitsumwelt, Kinder- und Jugendschutz sowie ältere Menschen und Behindertenschutz. Hier spiegelt sich die europaweite Basis an geteilten Grundannahmen und Werten bezüglich der Bedeutung der Arbeit wider.

Eine faszinierende Perspektive – und gleichzeitig eine konsequente Verbindung von Kulturkorridor und Denken in Regionen – bietet die (den europäischen Länderclustern von *Leeds/Kirkbride/Durcan* 1994 ähnliche) Vision der neuen europäischen **„Superregionen"** (*Delamaide* 1994). Aufgrund historischer Muster in politischen Einflußzonen, Handelsverbindungen, ethnischen oder linguistisch-sprachlichen Gemeinsamkeiten werden zehn Gebiete definiert, die als regionale Kulturkorridore interpretiert werden können: der „Lateinische Halbmond" an der europäischen Mittelmeerküste, die „Atlantikküste" als Tor nach Europa, die „Baltische Liga" mit ihren Handelsfähigkeiten, „Mitteleuropa" als das europäische Kernland, der „Alpine Bogen" als Manifestation historischer Unabhängigkeit, das „Donaubecken" als Keimzelle übergreifender Reiche, die „Balkan-Halbinsel" als Mischung aus Stolz und Verarmung, die „Slavische Föderation" in Osteuropa als Problem- und zugleich Potentialregion, außerdem ein „Hauptstadtbereich" im Dreieck Paris-Brüssel-Straßburg und ein „Finanzzentrum" London. Die These der Superregionen unterstützt damit die Bedeutung von Traditionen zur Bildung kultureller Korridore. Gleichzeitig verdeutlicht sie die Möglichkeit, identitätsstiftende Wurzeln in Form von Kernkompetenzen zu nutzen.

4.2 Die Konsequenz: Manager-Typologie

Haben Unternehmen für die Bereiche Produktion und Marketing bereits europäisch ausgerichtete Konzepte entwickelt, bleibt auf seiten des Personalmanagements noch ein weitgehender Handlungsbedarf bestehen (*Hardes/Wächter* 1993, S. 6). Für ein europäisch tätiges Unternehmen lassen sich aus dem Konzept des Kulturkorridors Implikationen für das Personalmanagement ableiten. Eine **Kulturkorridor-orientierte Personalführung** reflektiert bewußt die Grundannahmen und Werte der zu führenden Mitarbeiter und setzt diese in Beziehung zu den strategischen Personalzielen, um so einen Führungskompromiß zwischen Unternehmens- und Mitarbeiterinteressen zu erreichen. Ausgehend von der europäischen Kulturdiskussion lassen sich zwei Extremszenarien aufspannen:

- Folgt man dem Leitbild der Kulturkonvergenz, bedeutet das für das Personalmanagement eine standardisierte Personalpolitik im gesamten europäischen Raum. Im Rahmen einer Monokulturstrategie werden Konzepte für Personalbeschaffung, -entwicklung und -erhaltung von der nationalen Aktionsebene auf die europäische Ebene übertragen. Ein „**Company Manager**“ agiert ethnozentrisch ausgerichtet im europäischen Ausland und exportiert damit nationale Verhaltensmuster (*Scholz* 1994, S. 826–831).
- Innerhalb eines auf der Kulturdivergenzthese basierenden Szenarios würde ein Unternehmen polyzentrisch operieren. Speziell ausgebildete „**Country Manager**“ (*Bartlett/Ghoshal* 1992) agieren dabei länderspezifisch direkt auf die Anforderungen der jeweiligen Länder ausgerichtet. Dies entspricht einer polyzentrischen Grundausrichtung, bei der letztlich nebeneinander verschiedene Unternehmenskulturen bei Muttergesellschaft und Tochtergesellschaft entstehen können (*Scholz* 1994, S. 826–831).

Beide Extrempositionen sind denkbar. Da jedoch die These vom Kulturkorridor als Kompromiß, wie sie oben begründet wurde, realistischer erscheint, sollte sich die nachfolgende Diskussion personalwirtschaftlicher Konsequenzen vor allem auf dieses Szenario beziehen.

Bisher wurde in diesem Zusammenhang das Leitbild des „**Euro-Managers**“ diskutiert (*Hardes/Wächter* 1993). Dieser soll sich idealerweise in Europa zurechtfinden, was die kulturellen, sozialen, wirtschaftlichen und politischen Belange betrifft. Gleichzeitig sollte er europaweite und landesspezifische Besonderheiten integrieren können, beispielsweise Rechtssysteme der Europäischen Gemeinschaft und nationale Rechtssysteme gleichermaßen beurteilen können.

Es kann jedoch die Frage aufgeworfen werden, ob der Euro-Manager das Leitbild ist, das am besten zu der gegenwärtigen Situation paßt. Ist es nicht sinnvoller, einen „**Kulturkorridor-Manager**“, einen „**Euroregionen-Manager**“ oder gar einen „**Superregionen-Manager**“ zu postulieren?

Im Gegensatz zum Euro-Manager sind diese Managertypen differenzierter zu betrachten. Sie sind – wie der Kulturkorridor selbst – ebenfalls ein realistischer Kompromiß: Sie sollen nicht alle Grundannahmen, Werte und Artefakte der europäischen Familie in sich vereinigen können. Dagegen sollen sie aber in der Lage sein, sich in einer Kulturregion zurechtzufinden. Dazu müssen sie – und das ist an dieser Stelle neu – auch spezifische Kernkompetenzen entwickeln: einerseits passend zu den Kernkompetenzen des entsprechenden Unternehmens, andererseits orientiert an der spezifischen Kernkompetenz der Region, in der der Kulturkorridor-Manager eingesetzt ist.

Ein Beispiel mag dies verdeutlichen: die Produktion des Smart-Autos. Seit 18. September 1996 ist das Produktionsvorbereitungszentrum in Hambach an der deutsch-französischen Grenze in Betrieb (Arbeitskreis Wirtschaft der Carl Duisberg Gesellschaft Saarland 1996, S. 3): Innerhalb von 400 Tagen soll die Produktion des Stadtwagens Smart anlaufen, die ab 1998 in einer jährlichen Stückzahl von 200 000 erfolgen soll. Dabei werden auf dem Produktionsgelände zur Realisierung einer integrierten Produktion sowohl der Produzent Micro Compact Car AG als auch verschiedene Zulieferer als Systempartner Produktionsstätten errichten. Ein adäquater Manager für diese dort angesiedelten Betriebe müßte als Kulturkorridor-Manager folgende Qualifikationen mitbringen: Er müßte deutsche und französische Kulturspezifika verstehen, weil er hauptsächlich mit deutschen und französischen Mitarbeitern zusammenarbeitet. Er muß schweizerische Denkweisen verstehen, weil die Produktionsgesellschaft des Smart-Wagens ein deutsch-schweizerisches Joint Venture ist. Er muß die jeweiligen (betriebsverfassungs)rechtlichen Vorschriften dieser drei Länder, aber auch die gesamteuropäischen Rechtsvorschriften kennen. Und er muß die Spezifika der Saar-Lor-Lux-Region in wirtschaftspolitischer und strukturpolitischer Hinsicht begreifen, weil diese die unmittelbaren infrastrukturellen Rahmenbedingungen setzt. Was er allerdings nicht muß, ist, ein Spezialist für alle anderen übrigen europäischen Regionen sein, in die er potentiell noch versetzt werden könnte.

Vor diesem Hintergrund muß geklärt werden, wie ein geeigneter Manager mit genau diesem Anforderungsprofil gefunden werden kann. Die Beschaffung adäquater Manager erfolgt im wesentlichen durch externe Rekrutierung oder interne Qualifikation (*Scullion* 1994). Dabei sind die Rekrutierungsquellen, also ob der Manager aus dem Stammhaus oder einer ausländischen Niederlassung kommt, sowie die Nationalität der Führungskräfte zunächst unerheblich. Wichtiger in beiden Fällen ist, daß vorher ein genau spezifiziertes Anforderungsprofil (*Kumar* 1993, S. 487; *Goffee/Jones* 1995, S. 249) durch das Unternehmen erstellt wird. Dieses muß die folgenden Kriterien umfassen:

- **Tätigkeitsbezogene Fähigkeiten** beziehen sich auf gute Unternehmenskenntnisse und Erfahrungen in der Koordination von Tätigkeiten über nationale Grenzen hinweg.
- **Personenbezogene Merkmale** betreffen Verhandlungsgeschick und -erfahrungen mit Angehörigen anderer Nationalitäten sowie Kooperationsfähigkeiten, die auf mehrere Regionen ausgerichtet sind.
- **Interkulturelle Fähigkeiten** betreffen schwerpunktmäßig Sprach- und Kulturkenntnisse der durch die Region betroffenen Gebiete.

Anhaltspunkte für nationale Besonderheiten, die zu regionenspezifischen Qualifikationsprofilen kombiniert werden können, finden sich in verschiedenen vergleichenden Studien (*Thyson* et al. 1993; *Brewster/Hegewisch* 1994; *Beardwell* 1996).

Von einem Kulturkorridor-Manager zu sprechen, ist somit mehr, als einen neuen Begriff für einen bisher bereits postulierten Euro-Manager zu finden. Der Kulturkorridor-Manager stellt eine differenzierte Weiterentwicklung dar. Die Regionalität einer Führungskraft ergibt sich einerseits durch seine persönlichen Kernkompetenzen, wie kumulierte Sprachkenntnisse, interkulturelle Sensibilität und Perzeptionsvermögen, sowie seine speziellen Kenntnisse über die Region, in der er eingesetzt wird. Andererseits kommt es darauf an, inwiefern eine Führungskraft in der Lage ist, die spezifischen Herausforderungen einer Region zu erkennen und im Sinne der eigenen Unternehmung zu nutzen.

Beim Aufstellen europäischer Führungsgrundsätze müssen dabei die oben erwähnten Qualifikationen aufgegriffen und bewußt gefördert werden. Der Regionengedanke an sich bildet jedoch bereits eine fruchtbare Basis, um aufbauend auf einem regionalen Erfahrungsaustausch zu einer interkulturellen Kompetenz zu gelangen.

5 Ergebnis

Die Auseinandersetzung mit der Europäisierung und deren Rahmenbedingungen führt dazu, gleichzeitig das übergeordnete Ziel des Aufbaus europaweiter Unternehmensstrukturen beziehungsweise der Potentiale dazu zu verfolgen und die Mittel regionenspezifisch einzusetzen. Dies kann jedoch auf keinen Fall durch rein operatives Handeln geschehen, das die Kulturproblematik auf oberflächliche Beobachtungen beschränkt und Handlungsziele jeweils von kurzfristigen Erfolgen und Mißerfolgen abhängig macht. Eine effektive Vorgehensweise zeichnet sich durch eine sorgfältige Definition der strategischen Grundlinie aus. Diese bezieht sich zum einen auf Produkt- und Marktstrategien, zum anderen auf die in diesem Beitrag diskutierte unternehmensinterne Umsetzung einer eurostrategischen Organisations- und Personalentwicklung.

Die Dynamik in der Organisations- und Personalarbeit ist zu groß, der Ressourceneinsatz zu umfangreich und die Auswirkungen von strategischen Fehlentscheidungen sind zu direkt spürbar, als daß es sich europäisierende Unternehmen leisten könnten, sich auf ein reines „Durchwursteln" zu beschränken.

Literatur

Arbeitskreis Wirtschaft der Carl Duisberg Gesellschaft Saarland (Hrsg.) (1996), AKW-Schnellbrief 9/96, Saarbrücken 1996

Bartlett, C. A., Ghoshal, S. (1992), What is a Global Manager?, in: Harvard Business Review 5/92, S. 124–132

Beardwell, I. (1996), Contemporary Developments in Human Resource Management, Paris 1996

Brewster, C., Hegewisch, A. (Hrsg.) (1994), Policy and Practice in European Human Resource Management. The Price Waterhouse Survey, London 1994

Delamaide, D. (1994), The New Superregions of Europe, New York 1994

Deppe, J., Organisationsentwicklung, in: *Wagner, D., Zander, E., Hauke, C.* (Hrsg.) (1992), Handbuch der Personalleitung. Funktionen und Konzeptionen der Personalarbeit im Unternehmen, München 1992, S. 839–875

Deutsches Institut für Wirtschaftsforschung (1995), Die Norderweiterung der Europäischen Union. Ende eines Integrationskonzepts, in: DIW Wochenbericht 62 (26.01.1995)

Drumm, H. J., Personalwirtschaftliche Konsequenzen des Europäischen Binnenmarkts, in: Zeitung für die Betriebswirtschaft 43 (1991), S. 797–810

Europäische Kommission (Hrsg.) (1995), EURES in Grenzregionen, Brüssel 1995

Goffee, R., Jones, G. (1995), Developing Managers for Europe. A Re-examination of Cross Cultural Differences, European Management Journal 13 (1995), S. 245–250

Hall, E. T., Hall, M. R., Understanding cultural differences: Keys to success in West Germany, France and the United States, Yarmouth 1989

Hardes, H.-D., Wächter, H. (Hrsg.) (1993), Personalmanagement in Europa. Anforderungsprofile, Rekrutierung, Auslandsentsendung, Wiesbaden 1993

Hofstede, G. (1980), Culture's Consequences. International Differences in Work-Related Values, Beverly Hills-London-New Dehli 1980

Hofstede, G. (1993), Interkulturelle Zusammenarbeit. Kulturen, Organisationen, Management, Wiesbaden 1993

Hofstede, G. (1996), Riding the Waves of Commerce: A Test of Trompenaars „Model" of National Culture Differences, in: International Journal of Intercultural Relations 20 (2/96), S. 189–198

Hünerberg, R. (1994), Internationales Marketing, Landsberg am Lech 1994

Huo, Y. P., McKinley, W. (1992), Nation as a Context for Strategy: The Effects of National Characteristics on Business-Level-Strategies, in: Management International Review 32 (1992), S. 103–113

Kaiser, H. D., Wiedermann, M. (1991), Mit sozialpolitischem Inhalt, in: Personalführung 24 (1/91), S. 28–33

Köppen v., J. (1996), Bankstrategie und Bankpolitik in Europa, Frankfurt a.M. 1996

Kumar, B. (1993), Globalisierung und internationale Personalpolitik, in: Wirtschaftswissenschaftliches Studium 22 (1993), S. 486–490

Leeds, C., Kirkbride, P. S., Durcan, J. (1994), The Cultural Context of Europe, in: *Kirkbride, P. S.* (Hrsg.), Human Resource Management in Europe. Perspectives for the 1990s, London, New York 1994, S. 11–22

Ohmae, K. (1985), Die Macht der Triade. Die neue Form des weltweiten Wettbewerbs, Wiesbaden 1985

Perlmutter, H. V. (1965), L'entreprise internationale. Trois conceptions, in: Revue économique et sociale 23 (1965), S. 151–165

Prahalad, C. K., Hamel, G. (1990), The Core Competence of the Corporation, in: Harvard Business Review 68 (3/90), S. 79–91

Presse- und Informationsamt der Bundesregierung (Hrsg.) (1994), Europa in 100 Stichworten, Bonn 1994

Saarland. Der Chef der Staatskanzlei (Hrsg.) (1996), Das Saarland auf dem Weg ins nächste Jahrtausend. Unser Zukunftsprojekt Saar, Saarbrücken 1996

Schein, E. H. (1985), Organizational Culture and Leadership. A Dynamic View, San Francisco etc. 1985

Scholz, C. (1993), Deutsch-Britische Zusammenarbeit. Organisation und Erfolg von Auslandsniederlassungen, München-Mering 1993

Scholz, C. (1994), Personalmanagement. Informationsorientierte und verhaltenstheoretische Grundlagen, 4. Aufl., München 1994

Scholz, C. (1995), Strategisches Euro-Management, in: *Scholz, C., Zentes, J.* (Hrsg.), Strategisches Euro-Management, Stuttgart 1995, S. 31–55

Scholz, C., Hofbauer, W. (1990), Organisationskultur. Die vier Erfolgsprinzipien, Wiesbaden 1990

Scholz, C., Messemer, T., Schröter, M. (1991), Personalpolitik als Instrument zur bewußten Kulturdifferenzierung und Kulturkoexistenz, in: *Marr, K.* (Hrsg.), Euro-Strategisches Personalmanagement, Band 1, München-Mering 1991, S. 43–74

Schreyögg, G., Oechsler, W. A., Wächter, H. (1995), Managing in a European Context. Human Resources – Corporate Culture – Industrial Relations, Wiesbaden 1995

Schünemann, W. B. (1995), EG-Binnenmarkt, in: *Tietz, B., Köhler, R., Zentes, J.* (Hrsg.), Handwörterbuch des Marketing, Stuttgart 1995, Sp. 531–542

Scullion, H. (1994), Creating International Managers. Recruitment and Development Issues, in: *Kirkbride, P. S.* (Hrsg.), Human Resource Management in Europe. Perspectives for the 1990s, London-New York 1994, S. 197–212

Sparrow, P., Hiltrop, J. M. (1994), Human Resource Management in Transition, New York et al. 1994

Trompenaars, F. (1993), Riding the Waves of Culture. Understanding Cultural Diversity in Business, London 1993

Tyson, S. et al. (1993) Human Resource Management in Europe. Strategic Issues and Cases, London 1993

Usunier, J.-C. G. (1991), Business Time Perceptions and National Cultures: A Competitive Survey, in: Managament International Review 31 (1991), S. 197–217

Welge, M. K. (1990), Globales Management, in: *Welge, M. K.* (Hrsg.), Globales Management, Stuttgart 1990, S. 1–16

Kapitel 9
Marketing und Vertrieb in Europa

von *Frank Azimont* und *Fred Seidel*

1 Wo liegt eigentlich das Problem?

Seit gut dreißig Jahren versuchen wir in Europa, durch die Schaffung eines die Ländergrenzen überschreitenden gemeinsamen Marktes die wirtschaftliche Integration voranzutreiben. Man hoffte allerorten, daß der politische Einigungsprozeß in Europa ebenfalls davon profitieren würde. Angesichts starker nationaler Vorbehalte in vielen Ländern gegen eine rasche politische Integration ist insbesondere in der Amtszeit von *Jacques Delors* als Präsident der EG-Kommission der ökonomischen Integration der Vorrang gegeben worden. Seit der zweiten Hälfte der 80er Jahre war klar, daß ganz Westeuropa und der überwiegende Teil von Süd-, Mittel- und Nordeuropa in absehbarer Zeit den einheitlichen europäischen Binnenmarkt bilden würden. Eine wahre Flut von Publikationen widmete sich nun der Frage, wie sich die europäischen Unternehmen auf diese neue Lage vorbereiten sollten. Industrieverbände, Handelskammern und diverse staatliche Stellen wetteiferten miteinander in der Einrichtung von Beratungsstellen für „europäisch Minderbemittelte". Dies hat wohl einigen Erfolg gehabt, denn viele Unternehmen haben sich nun mehr oder minder mit dem europäischen Markt arrangiert.

Kann damit auch das Thema „Einstellung der Unternehmen auf den europäischen Markt" mit allen sich daraus ergebenden Konsequenzen für Marketing und Vertrieb als erledigt abgehakt werden? Sicher nicht. Im Unterschied zum abstrakten **Marktbegriff** der Mikroökonomie (Markt = Mechanismus der Preisfindung und der Allokation von Ressourcen) geht es im Marketing um konkrete Märkte – existierende oder noch zu schaffende. Selbst eine minimalistische Definition von Marketing enthält folgende Kerngedanken: Marketing ist die zielgerichtete Interaktion zwischen Unternehmen und ihren Kunden. Diese besteht in der Entwicklung eines Waren- oder Dienstleistungsangebotes, das vorhandenem Marktpotential entspricht oder neues aufbaut, und in der Optimisierung des Absatzes.

Wir vertreten die These, daß der europäische Einigungsprozeß Herausforderungen für das Marketing mit sich bringt, für die es keine historischen Parallelen gibt. Diese Herausforderungen – und dies ist unsere zweite These – verweisen auf die Grenzen des herkömmlichen „main stream"-Marketingkonzepts und der daraus abgeleiteten Praxis. Wir sind der Meinung, daß es nicht ausreichen wird, den Konzepten und Praktiken des „traditionellen" Marketings lediglich das Adjektiv europäisch voranzustellen, um auch in Zukunft den europäischen Markt erfolgreich zu bearbeiten. Eine vollständige, theoretisch und praktisch abgestützte Beweisführung ist im Rahmen dieses Beitrags nicht möglich. Wir werden uns daher darauf beschränken, unsere Argumentationslinie zu skizzieren und anhand einiger Beispiele zu konkretisieren. Letztere werden sich in erster Linie auf das Konsumgütermarketing beziehen. Die in unserem Zusammenhang besonders interessanten Problemstellungen, die sich etwa im Dienstleistungs- oder Ausrüstungsgüterbereich stellen, können wir notgedrungen nur streifen.

Zunächst werden wir der Frage nach den Besonderheiten des entstehenden europäischen Binnenmarktes nachgehen. Diese liegen einerseits in den Entstehungsbedingungen dieses Marktes und andererseits in den bereits absehbaren Entwicklungstendenzen. Ein historisch argumentierender Vergleich der Konstituierung nationaler Märkte in Europa und in den USA wird zeigen, daß die Konstellation aus politischen, ökonomischen und kulturellen Rahmenbedingungen, unter welcher der europäische Markt seine Prägung erfuhr, ohne historische Beispiele ist und neuartige Anforderungen an die Unternehmen stellt.

Anschließend wollen wir versuchen, die Konsequenzen zu skizzieren, die sich daraus für Marketing und Vertrieb ergeben. Die wichtigste ist sicherlich die notwendige Höherbewertung eines marktschaffenden Angebotsmarketings gegenüber einem rein marktabschöpfenden Nachfragemarketing. An einigen Beispielen aus der Unternehmenspraxis wollen wir dann diese Konsequenzen und mögliche Marketing- und Vertriebsstrategien in Europa illustrieren.

2 Zunehmende Vereinheitlichung und fortbestehende Verschiedenartigkeit

Der europäische Einigungsprozeß ist zweifelsohne ein historisches Ereignis allerersten Ranges, wenn wir dies auch aus der europäischen Froschperspektive und angesichts andauernd zäher Meinungsverschiedenheiten unter den europäischen Partnern nicht immer so klar sehen. Von außerhalb der europäischen Union ist das wahrscheinlich leichter.

Davon zeugt nicht nur die ungebrochene Beitrittswilligkeit der osteuropäischen Staaten, sondern gerade auch die Reaktion japanischer und amerikanischer Unternehmen und Wissenschaftler. Japaner und Amerikaner haben in der Tat heftig investiert, um in der Union präsent zu sein. Der bekannte amerikanische Ökonom *Lester Thurow* (1993) beschreibt enthusiastisch die seiner Meinung nach zu erwartenden Wettbewerbsvorteile des vereinten Europas auf dem Weltmarkt.

Solch positiven Einschätzungen stehen natürlich auch sehr pessimistische Äußerungen gegenüber, die unter dem Eindruck anhaltender Konjunkturschwäche und struktureller Probleme des europäischen Wohlfahrtsstaates und angesichts anhaltend dynamischen Wachstums in anderen Teilen der Welt dem „alten Kontinent" ein stetiges Schwinden seiner wirtschaftlichen und politischen Rolle im Weltmaßstab prognostizieren.

Sicher ist heute die noch vor fünf bis sechs Jahren allerorten zu beobachtende Erwartung eines im Gefolge der Einführung des einheitlichen Binnenmarktes eintretenden Wachstums- und Wohlfahrtsschubes einer realistischeren Einschätzung gewichen, dennoch verweist das starke Auseinanderklaffen der Einschätzungen zur europäischen Zukunft vor allem auf eines: Für diesen Prozeß der wirtschaftlichen und politischen Einigung eines Kontinents, der noch in diesem Jahrhundert durch seine inneren Spannungen zwei verheerende Weltkriege auslöste, gibt es keine historischen Vorbilder.

2.1 Von fragmentierten zu vereinheitlichten Märkten: Was uns die Geschichte lehren kann

Die Bildung eines einheitlichen **Binnenmarktes** ist, historisch gesehen, natürlich nichts Neues. Im 19. und 20. Jahrhundert bildeten sich in Europa, Amerika und teilweise auch in Asien aus Lokal-, bestenfalls **Regionalmärkten** größere Einheiten. Voraussetzung und Maßstab dieses Prozesses war der jeweilige **Nationalstaat**. Verzögerungen und Schwierigkeiten im nationalen Einigungsprozeß führten regelmäßig zu Marktstrukturen, die im Vergleich mit anderen, bereits stärker geeinten Staaten rückständig waren. So etwa im vergangenen Jahrhundert in Deutschland und Italien und heute in vielen ehemaligen Kolonien.

Die jeweils besonderen Begleitumstände in der Entstehungsphase der nationalen Binnenmärkte prägten nachhaltig und langfristig die **Marktstrukturen** und das Marktverhalten der Unternehmen. Die Marketingpraxis und -theorie spiegelte diese nationalen Besonderheiten ebenfalls wider, was keinesfalls erstaunlich ist, wenn man unter Marketing nicht die Anwendung universal gültiger Techniken, sondern die bewußte Gestaltung der Interaktionen von Unternehmen mit ihren Märkten versteht.

Für die USA hat *R. Tedlow* (1990) aufgezeigt, wie „**mass-marketing**" entstanden ist, welche Entwicklung es genommen hat und warum mit seinem baldigen Ende zu rechnen ist. Er gibt ein interessantes Phasenmodell (Abb. 9.1) der Entwicklung des amerikanischen Marketing.

Demnach ist „mass-marketing" in der auf die Phase vorherrschender lokaler Mikromärkte (bis 1880) folgenden Phase der Ausdehnung der Geschäftstätigkeit der Unternehmen auf immer größere Teile des Territoriums der USA entstanden. Diese Phase 2 ist gekennzeichnet durch die Einführung der Massenproduktion, welche ihrerseits die Schaffung von **Massenmärkten** stimulierte. Bei weiterhin überwiegender Massenproduktion von Standardartikeln ist die Phase 3 (seit den 50er Jahren) durch immer weiter fortschreitende **Segmentierung** der Märkte gekennzeichnet. Tedlow erwartet nun den Übergang zu einer vierten Phase, die unter dem Zeichen des „micro-marketing", der **Hypersegmentierung** stehen sollte.

Tedlow veranschaulicht mit einer Reihe von Fallbeispielen (u.a. Coca-Cola und Pepsi, Ford und General Motors, A&P und Sears), daß „mass-marketing" amerikanischer Machart auf Grund ganz spezifischer Bedingungen zustande kam.

Phase	Merkmale	Periode
I: Zersplitterung	• hohe Spannen • kleine Produktionsmengen • zahlreiche kleine, lokale Märkte bei hohen Transportkosten und Mangel an Information	bis in die 80er Jahre des 19. Jahrhunderts
II: Vereinheitlichung	• Massenproduktion • kleine Spannen • Ausdehnung des Vertriebs auf den gesamten nationalen Markt	bis in die 50er Jahre des 20. Jahrhunderts
III: Segmentierung	• Massenproduktion • „value pricing" • demographische und psychographische Segmentierung des Marktes	seit den 50er Jahren

Abb. 9.1: Phasenmodell nach *Tedlow* (1990, S. 3–21)

An erster Stelle steht dabei die Entwicklung einer besonderen amerikanischen „Konsumkultur", die in der egalitären Pionierkultur wurzelte. *Tedlow* spricht in diesem Zusammenhang von „the emphasis on mass consumption in American society" (1990, S. 4). Erst diese spezifische Kultur konnte die Idee entstehen lassen, standardisierte Massenprodukte für alle anzubieten und dies bereits zu einer Zeit, als in Europa noch Konsumgewohnheiten und -möglichkeiten im wesentlichen durch die Zugehörigkeit zu sozialen Klassen bestimmt wurden.

Als dann in den 80er Jahren des vorigen Jahrhunderts das gesamte Territorium der USA verkehrsmäßig über die Eisenbahn erschlossen war und dank des Telegraphen auch bereits ein relativ dichtes Kommunikationsnetz bestand, konnte ein riesiges Marktpotential entstehen, welches seinerseits Massenproduktion und -vertrieb ermöglichte. Die das ganze 19. Jahrhundert anhaltende, durch die permanente Erschließung neuer Territorien im Westen und Norden stimulierte Mobilität verhinderte die Ausbildung starker regional geprägter Markt- und Konsumstrukturen. Pioniere und Emigranten wurden durch keinerlei traditionelle Denk- und Verhaltensmuster gehindert, neue standardisierte Produkte zu akzeptieren. Im Gegenteil konnte die Aufnahme dieser typisch amerikanischen Produkte doch leicht die gelungene Integration symbolisieren.

Die Vorraussetzungen für die Einführung von Massenproduktion und -absatz waren demnach denkbar günstig. Es bedurfte dennoch der Energie und Zähigkeit einzelner Firmen, um entsprechende Massenmärkte zu schaffen. *Henry Ford* schuf den Automobil(massen)markt nicht nur durch die Konstruktion und die Produktion des „Modell T“ in ständig steigenden Stückzahlen bei sinkenden Preisen, sondern auch und vor allem durch den Aufbau eines geeigneten Händlernetzes. Coca-Cola schuf den Markt für Softdrinks mit seinem Streben nach Ubiquität auf dem amerikanischen Markt, was dazu führte, daß man auf ein Netz lokaler Abfüller zurückgreifen mußte.

Ganz andere Gegebenheiten standen bei der Vereinheitlichung des deutschen Wirtschaftsraumes Pate. Zunächst hatte ihr die politisch-administrative Zersplitterung Deutschlands im Wege gstanden, die wohl auch der Hauptgrund für die im Vergleich zu Westeuropa erst verspätet einsetzende Industrialisierung war. Die mit der Gründung des Kaiserreiches (1871) sich rasant beschleunigende industrielle Aufholjagd Deutschlands gegenüber den bis dahin übermächtigen Konkurrenten England und Frankreich führte zwar zum Erfolg – 1913 war Deutschland die führende Industrienation auf dem Kontinent –, gab aber andererseits der deutschen Wirtschaft und ihren Unternehmen ein ganz spezifisches Profil. Der Unternehmenshistoriker *A. D. Chandler* (1990) nennt folgende Merkmale: frühe und starke Exportorientierung, die zum Teil auf die Schwäche des deutschen Binnenmarkts zurückzuführen war, und Konzentration auf Produktionsgüter.

1913 war nur ein verschwindend kleiner Anteil der 200 größten deutschen Unternehmen zum Konsumgütersektor zu zählen. Unter ihnen waren darüber hinaus viele rein regional tätige Brauereien zu finden. Amerikanische Unternehmen waren frei, einen riesigen und beständig wachsenden Markt zu gestalten. Sie schufen Konsumstandards. Den deutschen Unternehmen stand selbst nach der Einigung Deutschlands ein relativ kleiner, von zahlreichen Regionalismen geprägter Binnenmarkt gegenüber; im Gegensatz zu ihren englischen und französischen Konkurrenten standen ihnen auch keine gegen ausländische Konkurrenz abgeschirmten Kolonialmärkte zur Verfügung. Sie schufen Industrienormen, die vor allem die Zusammenarbeit unter Unternehmen erleichterten, und waren stolz darauf, sich permanent als „Exportweltmeister" sehen zu können.

Einen dritten, vom deutschen sowie vom amerikanischen Weg durchaus verschiedenen Weg zur Vereinheitlichung des Binnenmarktes schlug Frankreich ein. Von überwältigender Bedeutung war hier nämlich die Zentralisierung und Konzentration von Produktion und Konsum im Ballungszentrum Paris.

Politisch und auch wirtschaftlich bildete Frankreich bereits seit der Zeit *Colberts* und *Ludwig XIV.* (17. Jahrhundert) eine Einheit. Die große Revolution von 1789 und die sich anschließende napoleonische Ära brachten die Liberalisierung der Wirtschaft, die Modernisierung und Rationalisierung der Verwaltung und des Rechtswesens und die endgültige Niederlage föderalistischer Strömungen im Westen und Süden. In der ersten Hälfte des 19. Jahrhunderts entstand ein modernes Bankwesen und dank der Eisenbahn ein leistungsfähiges Transportsystem. Frankreich wurde nach England zur zweitgrößten Industrie- und Handelsnation in der Welt.

Wenn es dennoch in Frankreich in der Folgezeit und bis in die 50er Jahre dieses Jahrhunderts nicht zur Ausbildung von Massenproduktion und -marketing kam, so liegen die Gründe dafür in den spezifischen Strukturen des französischen Marktes. Die französische Wirtschaft wurde nämlich durch das Weiterbestehen eines bedeutenden Agrarsektors geprägt. Der überwiegende Teil der Bevölkerung lebte weiterhin in seinem Bannkreis auf dem Lande oder in kleinen Städten. Seine Konsumgewohnheiten veränderten sich nur wenig und blieben weitgehend der Tradition verhaftet.

Moderne Konsumgewohnheiten konnten sich so nur in Paris und in den Industriegebieten in Nord- und Zentralfrankreich entwickeln. Daß es dennoch auch dort nur in Ansätzen (man denke etwa an die Modernisierung des Handels mit dem Entstehen der großen Pariser Kaufhäuser) dazu kam, liegt wiederum an der früheren Spezialisierung auf hochwertige Produkte und den Luxussektor. Dieser arbeitete für eine schmale, aber sehr internationale Schicht von „Superreichen", die allein sich „Pariser Schick" leisten konnten.

Nichts verdeutlicht diese Spezialisierung und ihre Konsequenzen so klar wie die Pariser „haute couture". Entstanden in der Mitte des

19. Jahrhunderts, nutzte sie für damalige Verhältnisse moderne Produktions- und Vertriebsmethoden, die ihr für ein Jahrhundert die Vorherrschaft in der Modebranche sicherten, während sie unter den neuen Bedingungen einer „Mode für alle" nicht mehr in der Lage ist, der italienischen Konkurrenz im Bereich des „prêt-à-porter" standzuhalten. Auch die französische Automobilindustrie, die im ersten Drittel dieses Jahrhunderts in Europa dominierte, begann erst in den 30er Jahren sehr zaghaft damit, Massenmärkte zu bedienen.

Die notgedrungen kurze und summarische Darstellung der Bildung nationaler Märkte in drei Ländern belegt bereits eindeutig, daß es keine allgemeingültigen Regeln gibt, nach denen dieser Prozeß abläuft. Die Bedingungen räumlicher, zeitlicher und sozialer Natur, unter denen sich ein nationaler Markt bildet, schaffen eine ihm eigentümliche Dynamik. Es entsteht ein „**business system**", das heißt einer von vielen „equally effective but distinctive ways of structuring economic activities between market economies" (*Whitley* 1992, S. 271), der sich forthin gemäß seiner ursprünglich enfalteten Marktkräfte aber auch unter Druck von außen weiterentwickelt.

Vorstellungen einer „natürlichen" Konvergenz von Marktwirtschaften halten der historischen Analyse eben nicht stand. Die seit dem Kollaps der zentralwirtschaftlichen Systeme Osteuropas fehlende Systemkonkurrenz hat unseren Blick dafür geschärft, daß es nicht einen Kapitalismus gibt, sondern mehrere (*Albert* 1991). Und gerade Europa zeichnet sich durch die Vielfalt seiner Märkte und Wirtschaftssysteme aus, die sich ihrer Sozialkultur und ihrem institutionellen Unterbau entsprechend selbständig und damit unterschiedlich entwickeln (*Whitley/Kristensen* 1996). Diese Vielfalt nationaler „business systems" in Europa prägt das Bewußtsein auch von Marketing- und Vertriebsspezialisten so nachhaltig, daß sie häufig den europäischen Markt immer noch in erster Linie nach Nationalstaaten segmentieren und Konsumentenverhalten und Einzelhandelsstrukturen im europäischen „Ausland" nach in ihrem Heimatland üblichen Analyserastern verarbeiten (*Seidel* 1995).

Noch eine andere Lehre läßt sich aus unserem kurzen historischen Überblick ziehen: Systembildende und marktkonstituierende Perioden waren immer auch Epochen außerordentlicher Dynamik, die für gewaltige Innovations- und Modernisierungsschübe sorgten. In wenigen Jahrzehnten entstand in Amerika, wie wir sahen, moderne Massenproduktion und -konsum. Gleichzeitig wurden die USA zur Weltmacht, sowohl politisch als auch kulturell. Modernität wurde gleichbedeutend mit „amerikanisch".

Auch das kaiserliche Deutschland kannte in seinen „Gründerjahren“ eine vergleichbar stürmische Entwicklung. Technologische Innovationen wurden zur Grundlage der neuen Industrien der Chemie und der Elektrotechnik, die sehr schnell auf allen wichtigen Märkten der Welt starke Positionen eroberten. Sowohl Deutschland als auch Frankreich wurden in den Jahren nach dem zweiten Weltkrieg, in denen in beiden Ländern die Entwicklungskräfte des wirtschaftlich-gesellschaftlichen Um- und Wiederaufbaus dominierten, zu modernen Industriestaaten und Konsumgesellschaften.

Wir haben erwähnt, daß und inwieweit in den betrachteten Ländern die Voraussetzungen für innovative wirtschaftliche Aktivitäten gegeben waren. Diese Chancen zu nutzen bedurfte es aber überall und jederzeit dynamischer Unternehmerpersönlichkeiten und effizienter Organisationen. Somit gilt es schließlich auch noch – eine weitere mögliche Lehre aus der Geschichte –, dem Determinismus eine Absage zu erteilen.

Diese knappen Schlußfolgerungen sollen uns nun bei der Einschätzung der Dynamik des europäischen Marktes leiten. Es geht dabei nicht um eine quantitative Bestandsaufnahme der europäischen Märkte, solche liegen zuhauf vor, sondern um die möglichst präzise Benennung der Faktoren, die die Vereinheitlichung der Märkte fördern oder aber auch verhindern können.

2.2 Die Dynamik des europäischen Marktes

Im wesentlichen ist der **europäische Markt** heute immer noch ein Aggregat nationaler Märkte mit einem allerdings schon sehr hohen Niveau des Warenaustausches zwischen den Märkten. Ein Blick in einschlägige Fachzeitschriften aus verschiedenen europäischen Ländern belegt leicht, daß der wesentliche Bezugsrahmen immer noch der nationale Markt ist. Ein französisches Panorama des europäischen Handels (*Molle* 1992) setzt die Akzente anders als eine deutsche Übersicht über die Europäisierung des Einzelhandels (*Tietz* 1995a). Der Grund dafür liegt natürlich darin, daß das Naheliegende, Bekannte zur Norm wird und die Perspektive formt, nach der man dann die Umwelt analysiert und beurteilt. Eine Einkaufsreise durch die Supermärkte Europas zeigt, daß in den meisten Produktkategorien neben den internationalen Markenprodukten ein „nationales“ Warenangebot besteht.

Die meisten dieser nationalen Märkte sind reife Märkte: Auf der Nachfrageseite ist das hohe Niveau der Ausstattung der Haushalte mit Gebrauchsgütern, die große Vertrautheit der Konsumenten mit Marken und den verschiedenen Vertriebstypen des Handels zu bemerken. Auf der Angebotsseite komplettieren in den meisten Produktkategorien regionale und nationale Marken das reichhaltige Angebot an internationalen Marken. Stagnierende oder nur schwach wachsende Märkte für häufig austauschbare Produkte nationaler und internationaler Anbieter führen zu heftigem Preiswettbewerb und akzentuieren die Schiedsrichterrolle des Handels bei der Zuteilung von Absatzchancen.

Diese reifen Märkte sind eingebettet in hochentwickelte und zum Teil spezialisierte „business systems“. *A. Sorge* (1996 S. 80–81) hat gezeigt, daß die englische, französische und deutsche Maschinenbauindustrie bei der Konzeption numerisch gesteuerter Werkzeugmaschinen unterschiedliche Wege einschlugen. Die Deutschen hatten Erfolg bei der Herstellung von Universalwerkzeugmaschinen, während die französische Industrie mit Spezialanfertigungen besser zurecht kam. Sorge führt diese unterschiedliche Orientierung auf Systemmerkmale in der deutschen bzw. französischen Industrie zurück. Wir werden im vierten Abschnitt Beispiele für ähnliche Systembildungen im Handel anführen. Es ist daher wahrscheinlich, daß der Wettbewerb in Europa in einigen Branchen und Sektoren Züge einer regelrechten Systemkonkurrenz annehmen wird.

Bei der Präferenzbildung der Verbraucher gibt es nachweislich weiterhin eine starke nationale Orientierung. Wenngleich besserverdienende und besser gebildete Verbraucher sich weitgehend offen zeigen für „ausländische“ Produkte, besteht doch gerade bei sozial schwächeren Schichten eine gewisse Tendenz, betont national zu konsumieren. Es besteht durchaus die Gefahr, daß man Europa eine „Sündenbockfunktion“ für Arbeitslosigkeit und Konjunkturschwäche zuteilt und Zuflucht in der nationalen Identität sucht. Beispiele dafür gibt es in den östlichen deutschen Ländern beim demonstrativen Konsum von Produkten, die als „typische DDR-Produkte“ identitätsverstärkend wirken.

Insgesamt bestehen also nur geringe Chancen für ein völlig harmonisches Zusammenwachsen der europäischen Märkte. Dazu hätte es entweder ausgeprägterer struktureller Gemeinsamkeiten oder der totalen Vorherrschaft einer nationalen Volkswirtschaft bedurft. Die Vereinheitlichung der europäischen Märkte schreitet dennoch fort. Dies ist aber vor allem ein Ergebnis einer voluntaristischen, auf die Verstärkung ihrer europäischen Marktpositionen abzielenden Geschäftspolitik europäischer und außereuropäischer Unternehmen.

Auf welche Schwierigkeiten eine solche **Eurostrategie** stoßen kann, welche Perspektiven für eine verbesserte Ausgangslage im globalen Wettbewerb ein großer Euromarktanteil andererseits eröffnet, werden wir im dritten und vierten Abschnitt untersuchen.

3 Der Euro-Konsument – ein Phantom?

Im Zusammenhang mit europäischen Globalisierungsstrategien wird häufig über die Existenz bzw. Nichtexistenz des „Euro-Konsumenten" spekuliert. In den meisten Ländern existieren seit längerem „Life style"-Typologien als Basis für die Erfassung von Verbraucherverhalten. In den letzten Jahren ist versucht worden, nach diesem Konzept auch auf europäischer Ebene zu arbeiten, um „paneuropäische" Gruppen von Verbrauchern mit ähnlichen Konsummustern ausfindig zu machen. Viele dieser Analysen sind konzeptionsbedingt fragwürdig (*Seidel* 1995, S. 162–165). Eine Auseindersetzung mit ihren Ergebnissen scheint daher wenig interessant. Da aber im herkömmlichen Marketingverständnis die Existenz grenzüberschreitender, paneuropäischer Verbrauchersegmente zur Voraussetzung für **Euromarketing** erklärt wird, wollen wir zunächst der Frage nachgehen, welche Rolle der Verbraucher (und seine „Befriedigung") eigentlich im Marketing und im Selbstverständnis der Marketingleute spielt. Wir werden sehen, daß der Verbraucher, dessen **Bedürfnisbefriedigung** eine der Legitimationsgrundlagen des Marketing ist, eigentlich ein Konstrukt ist, und daß das „Zufriedenstellen von Kundenwünschen" besser anhand eines Interaktionsmodells als nach dem klassischen Stimulus-Response-Schema beschrieben werden kann.

Wenn auch die organisatorischen Strukturen des Marketing sowie seine konkrete Funktionsbeschreibung von Unternehmen zu Unternehmen verschieden sind, kann man ihm in jedem Fall zwei grundlegende Funktionen zuschreiben: Zunächst geht es um die Formulierung und die Validierung eines Produktkonzepts, anschließend um die Gestaltung des marktfähigen Produkts (*Marion/Michel* 1990). In jedem Stadium dieses Prozesses wird der Marketingspezialist versuchen, den Standpunkt des Verbrauchers einzunehmen, denn, so lehren die Lehrbücher, dieses Waren- oder Dienstleistungsangebot muß dessen Bedürfnissen und Wünschen entsprechen. Die Erforschung des Verbraucherverhaltens erhält damit für das Marketing einen sehr hohen Stellenwert, erbringt sie doch eine wesentliche Legitimationsgrundlage seiner Funktion im Unternehmen.

3.1 Verbraucherforschung ist ein problematisches Unterfangen

Die ersten „Modelle des Verbraucherverhaltens" wurden von Ökonomen erarbeitet und stellten den Aspekt der Maximierung des Nutzens in den Vordergrund. Ein solches Verbrauchermodell ist für das Marketing natürlich nicht von großem Nutzen, denn es abstrahiert von den konkreten Wünschen und Verhaltensweisen der Individuen. Das ökonomische Modell wurde deshalb um aus der Psychologie (Individualverhalten) und der Soziologie (Gruppenverhalten) entlehnte Konzepte ergänzt. Dazu kamen dann noch fallweise Ansätze aus der Anthropologie, Semiotik, Ökologie usw.

Alle diese Modelle und Forschungsansätze beruhen auf wissenschaftstheoretischen Grundannahmen (Paradigmen), von denen zwei in der Marketingforschung dominieren.

Der **positivistische** Ansatz geht von der Überzeugung aus, daß eine einzige objektive, materielle Realität existiert und daß das Verhalten vernünftiger Individuen kausal erklärt werden kann. Der Forscher wird als vom Forschungsobjekt unabhängig und der Verbraucher als mit klar bestimmten Bedürfnissen ausgestattet betrachtet. Aufgabe des Marktforschers ist es nun, diese Bedürfnisse aufzudecken und zu messen.

Aus **konstruktivistischer** Sicht (*Le Moigne* 1990) ist dagegen die Realität ein soziales Konstrukt, und somit können verschiedene Realitäten existieren. Individuen werden als nicht ausschließlich vernunftgeleitet betrachtet, ihrer Subjektivität wird Bedeutung beigemessen. Verhalten läßt sich demnach nicht auf verallgemeinerbare Kausalzusammenhänge reduzieren, es wird für den einzelnen auf Grund persönlicher oder mit anderen geteilter Erfahrungen sinnvoll. Der (Markt-)Forscher steht in einem permanenten interaktiven Sinnzusammenhang mit seinem Forschungsobjekt. Da die „Wünsche und Bedürfnisse" des Verbrauchers nicht absolut existieren, sind sie ihm folglich auch nicht unbedingt klar bewußt. Aufgabe des Produktmanagers ist es also nicht, bereits bestehende und klar definierte Verbraucherwünsche zu befriedigen. Vielmehr soll er „Produkthypothesen" entwickeln, sie auf dem Markt testen, bis er schließlich ein gleichermaßen profitables wie vom Verbraucher akzeptiertes Konzept besitzt.

Das im Marketing zentrale Konzept der (Markt)Segmentierung stützt sich auf beide Ansätze. Die alte mikroökonomische Hypothese eines homogenen Marktes und damit einer homogenen Verbraucherschaft beiseite lassend, geht es einfach darum, Verbrauchergruppen zu identifizieren, die in sich möglichst homogen sind und sich gleichzeitig möglichst stark von anderen Gruppen absetzen. Um solche Gruppen zu konstituieren, kann der Marketingspezialist versuchen, das Verhalten der Verbraucher zu beobachten. Er wird dann feststellen, daß dieses nach den verschiedensten Kriterien beschrieben und klassifiziert werden kann. So können ökonomische, demographische, kulturelle und andere Variablen zugrunde gelegt werden, wenn es z. B. darum geht, europaweit homogene **Verbrauchergruppen** zu konstruieren. Aus positivistisch inspirierter Sicht stellt sich die Frage nach den objektiv adäquatesten Kriterien, während sich aus konstruktivistischer Sicht kein letzlich objektiver Grund finden läßt, dieses oder jenes Kriterium zu bevorzugen. Man wird diejenige Segmentierung bevorzugen, die am besten geeignet ist, die spezifischen Wettbewerbsvorteile des Unternehmens auszuspielen oder solche Vorteile überhaupt erst aufzubauen.

3.2 Die Suche nach dem Euro-Verbraucher stellt die Existenz des „National"verbrauchers in Frage

Auf der Suche nach brauchbaren Kriterien zur Beschreibung des Verhaltens europäischer Verbraucher hat eine Segmentierung nach dem Gesichtspunkt der Nationalität die Marktforscher zuallererst interessiert. Dies war vor allem auch aus logistischen Gründen sinnvoll, waren doch die Verkaufsorganisationen häufig nach nationalstaatlichen Gesichtspunkten aufgebaut. An Versuchen, das typische Verhalten französischer Verbraucher mit demjenigen deutscher oder spanischer Verbraucher zu vergleichen, mangelt es daher nicht. Wir sind gewohnt, uns Europa aus Nationen zusammengesetzt vorzustellen. Das führt leicht dazu, allen Regionen eines fremden Landes ähnliche Verhaltensmuster zuzuschreiben, selbst wenn wir um die regionalen Unterschiede in unserem Heimatland wissen. Diese Sichtweise trifft aber nicht zu, wie verschiedene Untersuchungen gezeigt haben.

Anhand der Regionaldaten von Eurostat (Statistisches Amt der EU in Luxemburg) hat *G. Mermet* (1995) sieben europäische Länder untersucht. Ziel war die Erstellung einer Typologie der Regionen. Von ursprünglich 60 Variablen wurden für die statistische Analyse nurmehr 20 beibehalten, um redundante Korrelationen auszuschalten. Dabei handelt es sich um je 10 demographische und ökonomische Variablen. Es ergaben sich so fünf verschiedene Gruppen von Regionen, wobei diese Typologie 75 % der Varianz erklärt. Die solchermaßen neugezeichnete Karte der untersuchten Länder zeigt, daß 5 von 7 untersuchten Ländern keineswegs homogen sind. Vergißt man einen

Moment die üblichen politischen Grenzen, so zeichnen sich hier die Grenzen neuer „Länder“ mit homogenen Regionen ab. Erwähnen wir beispielshalber nur die vom Autor (in Anspielung an das längst vergangene karolingische Europa) „Neu-Lotharingien“ genannte Region. Diese demographisch-ökonomische Einheit zeichnet sich durch starke Homogenität in folgenden Bereichen aus: unterdurchschnittlicher Anteil der Jungen an der Gesamtbevölkerung, niedrige Arbeitslosenquote, hohe Einkommen, ein stark ausgebautes Netz von Autobahnen und eine sehr hohe Zahl von Automobilen pro Bevölkerungseinheit. Zu dieser Einheit gehören 18 Regionen, die sich auf vier Länder (Dänemark, Deutschland, Luxemburg und Italien) verteilen.

Ganz abgesehen von der vergeblich gesuchten europäischen Homogenität des Konsums verschwindet hier auch der „nationale“ Durchschnittsverbraucher. Händler beginnen auch bereits, sich darauf einzustellen. Allkauf gedenkt in Zukunft „verstärkt regionalen und lokalen Konsumprioritäten Rechnung zu tragen“ (Absatzwirtschaft, 7/96, S. 34–35), was konkret bedeutet, daß im Bereich der Verkaufsförderung „eine Kaffeeaktion künftig an den Grenzen Papenburgs sowie den Teehochburgen Schleswig-Holsteins (endet)“ (ebenda). Auch eine Drogeriemarktkette (dm) stellt fest, daß „relevante Nachfragedifferenzierungen in zum Teil nur 500 Meter voneinander entfernten Geschäften“ existieren können.

3.3 Der Euro-Konsument – ein notwendiges Konstrukt

Einen wie auch immer gearteten, real-existierenden **Euro-Konsumenten** haben wir also nicht ausmachen können. Damit bleibt aber noch die Frage, wie es zu erklären ist, daß sich viele Marketingspezialisten innerhalb und außerhalb von Unternehmen so nachhaltig bemühen, einen solchen zu fabrizieren. Um dies zu verstehen, mag eine kleine Fallgeschichte (Ähnlichkeiten mit realen Situationen sind keinesfalls zufällig) hilfreich sein.

Nehmen wir an, der amerikanische Marketingleiter eines großen US-amerikanischen Unternehmens auf dem Konsumgütersektor wünsche, sich ein Bild von den verschiedenen Kategorien von Verbrauchern auf dem europäischen Markt zu machen. Auf Grund des vorliegenden statistischen Materials und unter Zuhilfenahme etwa der oben erwähnten Typologie wird er zu dem Ergebnis kommen, daß ein deutscher Verbraucher in Freiburg und ein italienischer Verbraucher in Mailand mehr gemeinsam haben als der erwähnte Freiburger und sein Landsmann aus Leipzig.

Wenn wir nun einen deutschen Produktmanager im gleichen amerikanischen multinationalen Unternehmen nach seiner Vorstellung von Unterschieden und Ähnlichkeiten zwischen den erwähnten Individuen fragen, so wird sie wahrscheinlich ganz anders sein. Er wird sich erstaunt zeigen, daß sich ein deutscher und ein italienischer Verbraucher stärker ähneln sollen als zwei deutsche Verbraucher untereinander. Vielleicht wird er sogar insgeheim Unangenehmes über diese „Leute in der Zentrale" murmeln, die mit den Gegebenheiten vor Ort nun wirklich nicht vertraut zu sein scheinen.

Befragen wir nun zu guter Letzt die Verbraucher aus Freiburg, Mailand und Leipzig selbst, so werden sie wohl kaum mit den Kriterien einverstanden sein, anhand derer Marketingleute Ähnlichkeiten und Unterschiede im Verbraucherverhalten feststellen wollen. Möglicherweise werden sie sich schließlich einigen, daß diese Marketingleute sich doch nie darum kümmern, was „die Verbraucher eigentlich wirklich wollen". Dabei sind sie sich ganz sicher, durchaus repräsentative Verbraucher zu sein.

Welche dieser Versionen soll man nun für die europäische Marketingpraxis berücksichtigen? Sicherlich keine von den dreien alleine. Man wird einen Verbrauchertypus konstruieren, der aus statistischen Individuen besteht. Darüber hinaus wird man die Erfahrungen aus der Praxis berücksichtigen und schließlich auch das Interesse des amerikanischen Marketingleiters an einer möglichst globalen Veranschaulichung des Verbraucherverhaltens sowie den ebenso verständlichen Wunsch des deutschen Produktmanagers nach einer möglichst differenzierten Sicht des Verbrauchers.

Wenn ein typischer europäischer Verbraucher real ebenso wenig existiert wie sein nationaler Kollege, so besteht dennoch für die Unternehmen und für ihre europäische Marketingpraxis die Notwendigkeit, eine ihren Bedürfnissen entsprechende Typologie des europäischen Verbraucherverhaltens zu konstruieren. Nur sie kann nämlich die Leitlinie für die konkrete Marketing- und Vertriebspraxis, vom Produktdesign bis zur Werbung, darstellen. Dabei muß eben in Kauf genommen werden, daß man die Ähnlichkeiten stärker akzentuiert als die Unterschiede und daß eine außereuropäische Perspektive mehr Homogenität zutage bringt, als eine binneneuropäische Perspektive für akzeptabel halten möchte.

4 Handel in Europa: das Elefantenrennen

So wie die Hersteller sich seit längerem bemühen, ihre europäischen Märkte zu entwickeln und zu pflegen, verstärkt auch der Handel sein globaleuropäisches Engagement. In dem Maße, wie sich das „Machtverhältnis" zwischen Herstellern und Handel zugunsten des letzteren zu verschieben scheint, wird das Europa des Handels in Zukunft wohl noch stärker marktstrukturierend in Erscheinung treten. Wir werden zunächst versuchen, die europäische Handelslandschaft kurz zu charakterisieren, um anschließend, ausgehend vom Beispiel der großen französischen Handelsunternehmen, die Europastrategien der Handelsriesen und deren Konsequenzen zu diskutieren.

4.1 Die Entwicklung der europäischen Handelslandschaft

Je nach den Kriterien, die man bei der Analyse des europäischen Handels anlegt, kommt man zu unterschiedlichen Klassifikationen. Zur Einschätzung des Entwicklungsniveaus des Handels in einem Lande benutzt *Tietz* (1995a S. 89) nur das Kriterium der Vollständigkeit der vorhandenen (bekannten) Betriebstypen. Er schreibt daher Deutschland und der Schweiz das höchste Niveau zu, während allen anderen europäischen Ländern irgend etwas fehlt. Verwendet man jedoch ein ganzes Bündel von Kriterien, kommt man zu weniger „ethnozentrischen" oder nationalstolzen Einschätzungen. Dabei sollten Aspekte der Struktur des Handels ebenso berücksichtigt werden wie Aspekte, die die Strategie der Handelsunternehmen betreffen (*Molle* 1992):

- Struktur des Handels
  - Anteil des (unabhängigen) Kleinhandels
  - Versorgungsdichte (Anzahl von Verkaufsstellen pro 1000 Einwohner)
  - Anteil des Selbstbedienungshandels
  - Konzentration der Verkaufsstellen (Umsatz von 2 % aller Verkaufsstellen)
  - Konzentration der Organisationen (Umsatz der 10 größten Handelsunternehmen)
- Strategie der Handelsunternehmen
  - Anteil von Handelsmarken am Angebot
  - Anteil von Dienstleistungen
  - Werbung und Kommunikation
  - Segmentierung des Angebots

Auf dieser Basis lassen sich in Europa nun drei verschiedene Stadien der Entwicklung des Handels ausmachen. In drei Regionen Europas (Portugal, Griechenland und Süditalien) dominiert noch der „traditionelle Handel“. Seine Merkmale sind eine große Anzahl von kleinen, unabhängigen Verkaufsstellen, simple Organisationsstrukturen und die große Bedeutung, die den „persönlichen Beziehungen“ im Verhältnis zwischen Handel und Herstellern zukommt.

In den meisten anderen Ländern hat sich bereits seit längerem ein „moderner, organisierter Handel“ etabliert. Eine starke Konzentration der Handelsunternehmen, Zentralisierung und Rationalisierung des Einkaufs, zunehmende Spezialisierung der internen Funktionen und die Existenz von Handelsmarken kennzeichnen den Handel in Deutschland, Frankreich, den Beneluxstaaten und der Schweiz. Italien und Spanien sind auf dem Wege, ähnliche Strukturen aufzubauen.

In einigen Ländern ist der Konzentrationsprozeß bereits so weit fortgeschritten, daß sich der Wettbewerb, den sich einige riesige Unternehmen liefern, enorm verschärft und die Entwicklung des gesamten Handels dominiert. Diese dominanten Handelsunternehmen sind gezwungen, Differenzierungsstrategien zu entwickeln, um sich im Wettbewerb zu behaupten. Dabei entwickeln sie ein eigenständiges Marketing und stützen sich auf hochentwickelte Einkaufs-, Logistik- und Kontrollsysteme. Solch dominante Handelsunternehmen gibt es bereits seit längerem in Großbritannien und sie entwickeln sich in Deutschland, Frankreich und den Beneluxstaaten sehr schnell.

4.2 Die Europäisierung der Handelsunternehmen

Wir haben den massiven Konzentrationsprozeß, den die Handelsunternehmen in den letzten 20 Jahren erlebt haben, bereits erwähnt. In seinem Gefolge sind Handelsriesen entstanden, deren Umsatz die Grenze von 20 Mrd. DM überschritten hat und die insbesondere einen großen Teil dieses Umsatzes, bis zu 50 % und mehr, außerhalb ihres Stammlandes realisieren. Letzteres ist von herausragender Bedeutung für die veränderten Beziehungen zwischen Handel und Industrie. Mindestens fünf Handelsgruppen gehören in diese Kategorie: Metro, Tengelmann, Aldi, Promodes und Carrefour.

Um die Auswirkungen dieser Internationalisierungsstrategien im Handel zu verstehen, wollen wir vom Beispiel des französischen Handels ausgehen, der in den letzten Jahren in Europa eine führende Rolle als Auslandsinvestor einnahm (*Tietz* 1995a, S. 90–91). Hier dominiert das **Hypermarktkonzept**, worunter man riesige SB-Warenhäuser zu verstehen hat, deren Verkaufsfläche häufig 10 000 m^2 übersteigt. Natürlich hat diese Dominanz den Widerstand des traditionellen Einzelhandels auf den Plan gerufen, der sich schließlich in einem Gesetz (Loi Royer) niederschlug. Demnach können Geschäfte mit einer Verkaufsfläche von mehr als 1000 m^2 in Kommunen mit weniger als 40 000 Einwohnern und von mehr als 1500 m^2 in größeren Kommunen nur mit ausdrücklicher behördlicher Genehmigung eröffnet werden. Solche Genehmigungen sind heute nur noch ausnahmsweise zu erhalten; die französischen Stadtränder sind nämlich mit Hypermärkten reich gesegnet. Darüber hinaus werden die großen Handelsgruppen seit kurzem auch angeklagt, an der Arbeitslosigkeit mit schuldig zu sein, indem sie den arbeitsintensiveren Kleinhandel zum Verschwinden bringen und durch rabiate Einkaufspolitik auch Arbeitsplätze in der Konsumgüterindustrie gefährden. Die gegenwärtige Regierung scheint durchaus geneigt, diesen Klagen Gehör zu schenken. In dieser Situation und angesichts härtesten Wettbewerbs unter den großen Hypermarktunternehmen bleiben für weiteres Wachstum nur folgende strategische Alternativen:

- Diversifizierung in andere Handelskonzepte; so hat Carrefour versucht, eine Discountlinie (Ed) zu entwickeln, während Auchan mit der Eröffnung verschiedener Fachmärkte Erfolg hatte;
- externes Wachstum durch den Aufkauf anderer Unternehmen mit ähnlichem Konzept; so wurde Euromarché von Carrefour übernommen und kürzlich auch Docks de France von Auchan;
- Entwicklung von Aktivitäten im Ausland.

Mit ihrem Versuch, Hypermärkte in Spanien, Portugal und Italien zu eröffnen, haben Unternehmen wie Carrefour und Auchan darauf gesetzt, daß die südeuropäischen Verbraucher, wie ihre französischen Nachbarn zuvor, diese riesigen Verkaufsflächen am Stadtrand schätzen würden. 20 Jahre lang haben sie das Konzept des „alles unter einem Dach“, mit Öffnungszeiten bis in den späten Abend und Dauerniedrigpreisen entwickelt. Heute scheint die Rechnung aufgegangen zu sein. Gleichzeitig haben aber auch die spanischen und italienischen Verbraucher die gleiche Erwartungshaltung wie die Franzosen entwickelt: Man will eine große Auswahl, niedrige Preise und die Möglichkeit, an sechs Tagen in der Woche einkaufen zu können.

Aber Frankreich hat nicht nur exportiert, seine eigene Handelslandschaft ist auch durch die Ankunft deutscher Lebensmitteldiscounter „bereichert“ worden. Die gesetzlichen Restriktionen, die den Hypermärkten eine weitere Expansion erschwerten, erlaubten umgekehrt den mit Verkaufsflächen von weniger als 1000 m², reduzierten Sortimenten, vorbildlicher Logistik und deutlich niedrigeren Kosten operierenden deutschen Discountern Aldi und Lidl sich niederzulassen, wo es ihnen beliebte. So wie die französischen Hypermärkte die südeuropäischen Verbraucher mit französischen Produkten vertraut gemacht hatten, brachten die deutschen Händler zuvor unbekannte Produkte nach Frankreich: Multivitamingetränke, Yoghurt in großen Bechern, deutsches Bier und anderes mehr. Mit ihren qualitativ einwandfreien Produkten zu besonders niedrigen Preisen brachten sie zudem den Verbraucher auf den Geschmack. Dieser erwartet nun von den Hypermärkten die gleichen Leistungen.

4.3 Der Handel braucht und schafft europäische Märkte

Die Europäisierungsstrategien des Handels verschärfen den Wettbewerb, der teilweise Züge einer wahren „Systemkonkurrenz" zeigt. Die Handelsunternehmen exportieren, wie wir gesehen haben, Konzepte, mit denen sie in ihren Heimatländern erfolgreich waren. Das Auftauchen solcher „systemfremder" Konkurrenten dynamisiert natürlich die einheimischen Unternehmen, die selbstverständlich nur ungern Marktanteile abgeben. So geschehen in Frankreich nach der „Invasion" deutscher Discounter. Die Übertragung der Konzepte in ein anderes Land reüssiert nicht immer. Carrefour hat sein Engagement in Deutschland und der Schweiz wieder aufgegeben. Amerikanische Supermarktunternehmen haben sich aus Europa wieder zurückgezogen.

Zwei Konsequenzen ergeben sich aus der Verschärfung des Wettbewerbs: Die Handelsunternehmen sind zuallererst gezwungen, ihre Kosten insbesondere im Bereich der Logistik und des Einkaufs zu senken. Dies soll vor allem durch einen stärkeren Einsatz von EDV-Systemen zur Lagerverwaltung, von Scannerdaten zur Sortimentsoptimierung und durch den Einsatz elektronischen Datenaustausches mit den Lieferanten erreicht werden. Die Händler bemühen sich zweitens, ihre Position gegenüber ihren Lieferanten weiter zu verstärken. Eine starke Position in Europa ist Vorraussetzung für größeres Marktgewicht und damit für eine noch günstigere Verhandlungsposition, wenn es um Preise, Konditionen und sonstige „freiwillige" Leistungen der Hersteller geht. Für den Handel stellt sich damit die Frage nach der Existenz des „Euro-Verbrauchers" gar nicht, ihre Sorge ist es, das Einkaufsverhalten so zu homogenisieren, daß sie mit ihrem Konzept europaweit agieren können.

Die großen Handelsorganisationen haben auch durchaus Erfolg dabei. Bei Neueröffnungen im Ausland präsentieren sie ja einen großen Teil ihres heimischen Sortiments. Ihre heimischen Lieferanten erhalten damit automatisch die Chance, im Laufe der Zeit ihre Produkte über ihren angestammten Markt hinaus europaweit bekannt zu machen. Umgekehrt treten die Einkaufsorganisationen des Handels auf den ausländischen Märkten natürlich auch mit lokalen Lieferanten in Kontakt. Diese erhalten damit häufig die Chance, nun auch im Stammland des Händlers gelistet oder aber als Hersteller von Handelsmarken tätig zu werden. Da aber die Händler nur eine begrenzte Zahl von Herstellern listen können, wird die steigende Präsenz und Marktmacht europaweit agierender Handelsorganisationen eine erhebliche Anzahl von Lokal- oder Regionallieferanten zur Aufgabe zwingen. Gerade mit der Selektion ihrer Lieferanten auf europäischer Ebene und der damit verbundenen Standardisierung von Teilen des Sortiments leistet der Handel dann auch wieder einen Beitrag zur „Uniformisierung" des Konsums in Europa.

5 Der europäische Markt ist bereits zu eng

Es ist wohl nicht die geringste Paradoxie des europäischen Einigungsprozesses, daß der europäische Binnenmarkt noch vor seiner endgültigen Durchsetzung den großen Unternehmen bereits zu eng wird. Auch dies wird im Bereich des Handels besonders deutlich. So ist Carrefour in Frankreich nicht nur der Händler mit der stärksten Europapräsenz, sondern auch auf dem Gebiet der transkontinentalen Internationalisierung mit Geschäften in Lateinamerika und Asien führend. In Deutschland ist die Metro-Gruppe auf diesem Gebiet besonders aktiv, aber auch Aldi baut Brückenköpfe in den Vereinigten Staaten.

Dieses internationale – europäische und transkontinentale – Engagement der Handelsunternehmen ist ohne jeden Zweifel Ausdruck des harten Wettbewerbs in diesem Sektor, es hat aber vor allem erhebliche Konsequenzen für die Vertriebspolitik der industriellen Hersteller. Diese internationale Präsenz der Händler verstärkt ihre Verhandlungspositionen der Industrie gegenüber dermaßen, daß sich das Machtverhältnis immer mehr zu ihren Gunsten entwickelt. So verlangt beispielsweise Carrefour in Taiwan, wo das Unternehmen mit nur drei Geschäften minimale Marktmacht besitzt, von einem US-amerikanischen Hersteller die gleichen Einkaufsbedingungen, die es in Frankreich erhält, wo es natürlich einen unverhältnismäßig höheren Absatz garantieren kann. Es scheut sich nicht, diesen führenden Hersteller auch in Frankreich auszulisten, wenn dessen Vertriebsteam in Taiwan die geforderten Vorzugskonditionen nicht akzeptiert. Die Konsequenzen, die eine solche Einkaufspolitik auf die Vertriebspolitik und -organisation der Hersteller haben muß, kann man sich leicht vorstellen. Die Auswirkungen dieses mehr und mehr globalen Wettbewerbs sind in Europa und auch in den einzelnen Ländern sofort zu spüren. Jeder Vorteil, der durch die internationale Präsenz erzielt wird, verbessert die Position in Europa und natürlich auch im eigenen Land.

Der Kampf zwischen Handel und Industrie um die Macht im Vertriebskanal hat die Frage aufgeworfen, ob Kooperation statt Konflikt nicht für beide Seiten vorteilhafter sein könnte. Maßnahmen zur Verbesserung der Logistik in Vertrieb und Einkauf, Verringerung des beidseitigen Verwaltungsaufwandes und der Kosten für Verkaufsförderung sind diskutiert worden und teilweise schon in Erprobung. Dies setzt in erster Linie den Einsatz elektronischer Datenerfassung und -übermittlung und die Vereinheitlichung der entsprechenden Software voraus. Auch die EU engagiert sich auf diesem Gebiet mit dem Projekt GROW (Global Real Order Web), das sich zum Ziel setzt, den Kontakt zwischen Herstellern und Händlern in allen Regionen Europas zu erleichtern. Der dazu notwendige problemlose Datenaustausch soll über einen im Internet installierten Server ablaufen.

Die oben kurz skizzierte Entwicklung macht die Hypothese plausibel, wonach der stärkste Impuls zur Vereinheitlichung der europäischen Märkte aus der Verschärfung des innereuropäischen und transkontinentalen Wettbewerbs resultiert.

Die nationalen Märkte der europäischen Staaten haben weitgehend autonome Strukturen entwickelt, die sich zum Teil erheblich voneinander unterscheiden. Im Rahmen dieser nationalen „business systems“ gibt es aber dynamische Untersysteme, die über die Landesgrenzen hinaus expandieren, wie wir es am Beispiel verschiedener Handelsbetriebstypen haben zeigen können. Damit kommt es tendenziell zu einer „Systemkonkurrenz“, die notwendigerweise auf europäischer Ebene ausgetragen wird.

Regional- und oder Nationalbewußtsein prägt weiterhin, zumindest teilweise, das Verbraucherverhalten in Europa. Dem trägt gerade auch der europaweit expandierende Handel mit seinen Überlegungen zur regionalen Differenzierung des Sortiments Rechnung. Damit wird zwar ein Beitrag zur Bindung des Verbrauchers an ein Handelsunternehmen geleistet, Wachstum und damit Überlebenschancen in der europäischen Systemkonkurrenz erreicht der Händler aber nur durch Expansion in bisher fremde Märkte auf der Basis eines Standardsortiments.

Die enormen politischen Schwierigkeiten bei der Vorantreibung der europäischen Integration, insbesondere zum Beispiel die gerade gegenüber der bevorstehenden Einführung einer europäischen Währung sich artikulierende Euroskepsis bei weiten Teilen der Bevölkerung, zeigen, daß in Europa das nationale Hemd noch immer näher sitzt als die europäische Jacke. Dem steht nun allerdings für ambitionierte europäische Unternehmen die absolute Notwendigkeit gegenüber, ihre Chancen im globalen Wettbewerb zu wahren, und dazu müssen sie die Vereinheitlichung der europäischen Märkte vorantreiben.

Literatur

Albert, M. (1991), Capitalisme contre capitalisme, Paris, 1991

Bunk, B. (1996), Handel und Markenartikelindustrie: In Wertschöpfung vereint? Absatzwirtschaft, 7/96, S. 30–37

Calori, R., Seidel, F. (1994), The dynamics of management systems in Europe, in: *Calori, R., de Woot, Ph.* (Hrsg.), A European Management Model. Beyond Diversity, Hemel Hempstead 1994, S. 55–78

Chandler, A. D. Jr. (1990), Scale and Scope, The Dynamics of Industrial Capitalism, Cambridge (Mass.) 1990

Eggert, U. (1995), Ariadnefaden im Trendlabyrinth. Was den Handel verändert, in: Absatzwirtschaft, 5/95, S. 48–59

Institut Français du Libre Service (1996), Le commerce en Europe, Etudes et Statistiques IFLS, Paris 1996

Le Moigne, J. (1990), Epistémologies constructivistes et Sciences de l'organisation, in: *Martinet, A.-Ch.* (Hrsg.), Epistémologie et Sciences de Gestion, Paris 1990, S. 82–133

Marion, G., Michel, D. (1990), Marketing – Mode d'emploi, Paris 1990

Marion, G. (1995), Le concept de produit et l'art de faire croire, Cahier de recherche N° 7, Ecully (Groupe ESC Lyon) 1995

Mermet, G. (1995), Euroscopie, Paris 1995

Molle, P. (1992), Panorama du commerce et de la distribution en Europe (Panorama des Handels und des Vertriebs in Europa), Paris 1992

Seidel, F. (1995), Interkulturelles Marketing im europäischen Kontext, in: *Scholz, Ch., Zentes, J.* (Hrsg.), Strategisches Euro-Management, Stuttgart 1995, S. 157–174

Sorge, A. (1996), Societal effects in cross-national organization studies: conceptualizing diversity in actors and systems, in: *Whitley, R., Kristensen, P.*

(Hrsg.), The Changing European Firm – Limits to Convergence, London 1996

Tedlow, R. (1990), New and Improved: The Story of Mass Marketing in America, New York, 1990

Tedlow, R., Jones, G. (Hrsg.) (1993), The Rise & Fall of Mass Marketing, London 1993

Tietz, B. (1995a), Europäisierung des Einzelhandels, in: *Scholz, Ch., Zentes, J.* (Hrsg.), Strategisches Euro-Management, Stuttgart, 1995, S. 87–113

Tietz, B. (1995b), Die Metamorphose der Industrie. Auf dem Weg zur Handels -und Dientsleistungsgesellschaft, in: Absatzwirtschaft, 1/95, S. 76–81

West, M. (1995), Fairer Einstieg für jeden, in: Absatzwirtschaft, 8/95, S. 28–30

Whitley, R. (Hrsg.) (1992), European Business Systems. Firms and Markets in their National Contexts, London 1992

Whitley, R. (1996), The social construction of economic actors: institutions and types of firm in Europe and other market economies, in: *Whitley, R., Kristensen, P.* (Hrsg.), The Changing European Firm – Limits to Convergence, London 1996

Kapitel 10
Die Europäisierung von Kompetenz: Neue Organisationsmodelle für Forschung und Entwicklung, Produktion und Umweltschutz

von *Alexander Gerybadze*

1 Von der „Europäisierung der Wirtschaft" zur „Europäisierung von Kompetenz"

Die dem Europäisierungsprozeß zugrundeliegenden Denkmuster und Modelle sind bislang eindeutig durch materielle Produktions- und Handelsstrukturen und durch die klassische Außenwirtschaftstheorie geprägt. Ehemals eigenständige Volkswirtschaften wachsen immer stärker zusammen und realisieren Wohlfahrtsgewinne durch Handel, verstärkten Wettbewerb und durch die Nutzung von Skaleneffekten. Diese Interpretation findet sich in allen Schriften und Reden seit Formulierung der Verträge von Rom wieder und hat selbstverständlich viel für sich. Sie beschreibt jedoch nur die eine Seite der Medaille des Europäisierungsprozesses, den wir im folgenden als schlichte Europäisierung der Wirtschaft auf der Basis mehr oder weniger gleichbleibender Ressourcen und Prozesse bezeichnen wollen.[1]

Europäisierung ist nach dieser verbreiteten Auffassung primär auf Harmonisierung und größere Effizienz ausgerichtet, jedoch weitgehend geprägt durch:

- vorgegebene Produktions- und Wirtschaftsstrukturen,
- mehr oder weniger bekannte Produkte, Prozesse und Produktionsfunktionen,
- ein Denken in klar abgegrenzten Funktionen und Organisationsstrukturen sowie
- ein Dominieren von Kostenüberlegungen bei der Bestimmung betrieblicher Standortentscheidungen.

Im Gegensatz zu dieser Sichtweise der Europäisierung *bestehender* Märkte, Geschäftsprozesse und Strukturen sollte jedoch vor allem auch die Europäisierung von Zukunftsmärkten und die Gestaltung *neuer* Geschäftsprozesse und Strukturen in den Vordergrund treten. Diese zweite Form der Europäisierung ergibt sich nicht als lineare Fortschreibung der ersten Form der Europäisierung. Die zu ausgiebige Beschäftigung mit den eher tradierten Formen der Effizienzsteigerung stand bislang beim Europäisierungsprozeß im Vordergrund. Dies hat die Transformationskraft des Systems und dem Prozeß der nachhaltigen Modernisierung der europäischen Wirtschaft lange beeinträchtigt.

Ein zunehmender Teil der Wirtschaftskraft und Wertschöpfung entfällt in den 90er Jahren auf Industrie- und Dienstleistungsbereiche, die durch hohe Dynamik, revolutionäre Veränderungen und ein hohes Ausmaß an Innovationen geprägt sind.[2]

---

[1] *Joseph A. Schumpeter* sprach in diesem Zusammenhang in seiner Theorie der wirtschaftlichen Entwicklung (1934) eher von stationärer Entwicklung bzw. vom zirkulären Kreislauf; im Gegensatz zu diesem Typus von Entwicklung war es seiner Auffassung nach Aufgabe des dynamischen Unternehmers, durch Innovation und durch die Schaffung neuer Strukturen ein Ausbrechen aus diesem zirkulären Kreislauf in die Wege zu leiten. Die neuere Managementliteratur unterscheidet entsprechend zwischen Exploration, dem Aufbau neuer Kompetenzen und Exploitation, d.h. der Ausnutzung vorhandener Kompetenzen. Vgl. dazu die Übersicht in *Gerybadze* (1997, Kapitel 1 und 2). Der Europäisierungsgedanke ist bislang noch weitgehend durch Exploitation und viel zu wenig durch Exploration geprägt.

[2] Vgl. dazu insbesondere die neuere Sichtweise von Wettbewerbsprozessen in: *Hamel/Prahalad* (1994), *Hamel* (1996), und *Bartlett/Goshal* (1989), *Sanchez/Heene/Thomas* (1996) und *Gerybadze* (1997).

Der Wettbewerb in diesen dynamischen Bereichen (z. B. Computer, Telekommunikation, Biotechnologie, Medizin, Verkehr und Umwelt) läuft in andersartigen Arenen ab und ist durch folgende Kennzeichen geprägt:

- Produktions- und Wirtschaftsstrukturen werden bewußt geschaffen, verändert und gestaltet;
- Produkte, Prozesse und Leistungskonfigurationen sind permanenten Veränderungen unterworfen;
- Firmen gehen immer stärker dazu über, in funktionsübergreifenden Prozeßketten zu denken und laterale Formen der Organisation aufzubauen;[3]
- Dynamische Wertschöpfungsüberlegungen („wo realisiere ich die besten Leistungen zur Absicherung von Wettbewerbsvorteilen auf neuen Märkten?“) erhalten eine mindestens gleiche Bedeutung wie statische Kostenüberlegungen.

Die europäische Wirtschaft, die traditionell eher durch reife Industrien und starre Strukturen geprägt war[4], muß vor diesem Hintergrund unbedingt eine weitere Dynamisierung erfahren. Die klassische Sichtweise der „Europäisierung der Wirtschaft“, die eher darauf gerichtet war, etablierte Strukturen (z. B. große Unternehmen aus dem Stahl-, Maschinen- und Fahrzeugbau, dem Bausektor oder der Nahrungs- und Genußmittelindustrie) leistungsfähiger zu machen, reicht nicht mehr aus. Die zweite Seite der Medaille muß nach oben gedreht werden.

Dynamische Unternehmer auf zunehmend wettbewerbsintensiven internationalen Märkten haben diese Zeichen der Zeit erkannt. Im Verlauf der 90er Jahre haben viele europäische Unternehmen einen Prozeß der Emanzipation eingeleitet und erstklassige europäische Kompetenzfelder aufgebaut. Nunmehr kommen nicht mehr alle Impulse der Veränderung aus den Vereinigten Staaten oder aus Japan. In vielen attraktiven Geschäftsfeldern und Technologiebereichen (Pharma/Gesundheit, Werkstoffe, Verkehr, Umwelt) sitzen die Schrittmacher wieder in Europa. In diesen Feldern setzen Unternehmen aus Großbritannien, Deutschland, Frankreich ebenso wie aus kleineren Staaten (Schweden, Niederlande, Schweiz) mittlerweile auf

---

[3] Vgl. *Galbraith* (1994), *Galbraith/Lawler* (1994) und *Harms* (1994).

[4] Man bedenke, daß die Europäische Wirtschaftsgemeinschaft aus der Montanunion hervorging und ein großer Teil der Europapolitik noch heute auf die Konservierung von Strukturen (Stahl, Werften, Agrarmarkt, Abschottung von Wettbewerbern außerhalb der EU) ausgerichtet ist.

einzigartige europäische Stärken und Kompetenzbereiche. Sie suchen aktiv neue Produkte und Geschäftsfelder; sie betreiben nicht mehr nur die beschriebene tradierte „Europäisierung der Wirtschaft" in dem Sinne, daß sie vorgegebene Produktdesigns in mehreren Ländern vermarkten und in diesen Produktionsniederlassungen mit gleichartigen Fertigungsstrukturen aufbauen. Sie betreiben vielmehr eine vorwärtsgerichtete **„Europäisierung von Kompetenz"** in dem Sinne, daß sie

- permanent erkunden, wo in Europa die größten Impulse und Anstöße für Innovationen und neue Strukturen ausgelöst werden;
- systematisch überprüfen, welches die wesentlichen Erfolgsfaktoren und die kritischen Leistungsbereiche in den neu entstehenden Märkten sind;
- immer wieder aufs neue analysieren, welches die maßgeblichen Kompetenzen, Leistungen und Know-how-Bereiche sind und anschließend
- die verschiedenen Standorte in Europa systematisch auf ihre Kompetenzprofile und Wertschöpfungsvorteile hin scannen.

Europäisierung von Kompetenz ist gleichzusetzen mit agiler Suche nach neuen unternehmerischen Lösungen und intelligenten Leistungssystemen, für die sich an verschiedenen Standorten in Europa einzigartige Kompetenz- und Fähigkeitsprofile abzeichnen. Das bedeutet mitunter auch, aus tradierten Organisationsformen (Länderbereichsdenken, Profit-Center-Organisationen) großer Firmen auszubrechen. Alle dynamischen Unternehmen experimentieren mit intelligenten neuen Organisationsmodellen. Auf der Ebene einzelner Unternehmen, wie auch durch unternehmensübergreifende Allianzen und Netzwerke werden neue Leistungsverbünde aufgebaut. Diese zielen darauf ab,

- daß Anstöße und Impulse für neue Produkte und Märkte möglichst frühzeitig genau dort beobachtet und erfaßt werden, wo die höchste Innovations- und Veränderungsdynamik vorliegt;
- daß parallel dazu Kompetenzzentren und Leistungseinheiten an verschiedenen Standorten in Europa insbesondere dort aufgebaut werden, wo die jeweils höchstentwickelten Ressourcen und Fähigkeiten vorgefunden werden;
- daß neue Modelle der Organisation standortverteilter Kompetenz in Europa entwickelt, erprobt und durchgesetzt werden.

2 Aufspüren der einzigartigen europäischen Kompetenzfelder

Europäisierung von Kompetenz heißt vor allem, Felder der Einzigartigkeit in Europa aufzuspüren. Wo gibt es in Europa herausragende Kompetenzen, und wo gelingt es durch spezifische europäische Verbünde, einzigartige Leistungssysteme aufzubauen? Strategien von Unternehmen und Regierungsstellen in den 80er Jahren waren vielfach noch durch einen „Bandwagon-Effekt" geprägt. Es wurde immer wieder versucht, einem schnell fahrenden Zug auf einer globalen Schiene hinterherzurennen. In Feldern, in denen Kompetenz schnell globalisiert und weltweit verteilt wird, bzw. wo von vornherein die maßgeblichen Fähigkeiten und Ressourcen in den USA oder in Asien liegen, bringt eine „Europäisierung von Kompetenz" herzlich wenig.[5] Viel wichtiger ist es, solche Kompetenzfelder und Leistungsverbünde auszumachen, in denen an verschiedenen Standorten in Europa einzigartige Vorteile ausgemacht, und auch im globalen Maßstab aufgebaut und abgesichert werden können. Folgende Faktoren sprechen für die Vorteilhaftigkeit spezifisch europäischer Lösungen und Kompetenzen:

- Europa ist ein sehr großer Binnenmarkt mit dem größten Differenzierungsgrad, was Kundenpräferenzen, nationale Verhaltensweisen und Distributionssysteme anbetrifft. Dies erzeugt auf bestimmten Märkten, die durch anspruchsvolle Kunden, hohe Kaufkraft und länderspezifische Veränderungsmuster gekennzeichnet sind, ausgesprochen starke Impulse für hochgradig differenzierte neue Produkte.[6] Wir sprechen in diesem Zusammenhang von **europäischen Lead-Märkten.**[7]
- Europa verfügt über ausgesprochen vielschichtige Zulassungs- und Regulierungssysteme, die auch nach der europäischen Integrationswelle ab 1993 und nach Maastricht noch lange fortbestehen werden; dies erzeugt Kopfzerbrechen für bestimmte Arten von

---

[5] Ergebnis ist dann eher die oft zu beobachtende „Europäisierung von Dekadenz".

[6] Die Binnenmarktdiskussion achtet zu sehr auf die Größe, nicht aber auf den Differenzierungsgrad eines Binnenmarkts. Wenn es um Größe geht, hat Nordamerika tendenziell Vorteile, bei Größe und Differenzierung eher Europa.

[7] Kennzeichen von Lead-Märkten werden in *Gerybadze/Meyer-Krahmer/Reger* (1997), Kapitel 6 und 7 ausführlich dargestellt. Zum Konzept des Lead-user-Marketings vgl. *Von Hippel* (1977, 1988) und *Herstatt* (1991).

Innovationen, kann aber für „regulierte Innovationsprozesse" eigenständige Impulse und Vorteile bieten. Trifft eher der letztere Fall zu, so sprechen wir von innovationsförderlichen **europäischen Regulierungssystemen.**

- Europa hat infolge seiner hohen Bevölkerungsdichte und seiner überalterten Industriestrukturen ein latent großes Umweltproblem und besonders sensitive Bevölkerungsgruppen. Umweltschutz ist ein zentrales Thema auf lange Sicht, und **umweltinduzierte Innovation** ist eine spezifisch „europäische Karte".
- Europa verfügt über ein ausgesprochen hochentwickeltes und ausdifferenziertes System von **Forschung und Entwicklung** auf Unternehmensebene ebenso wie im Bereich der Grundlagenforschung und Ausbildung.
- In wichtigen Industriezweigen verfügt Europa über höchstentwickelte Produktions- und Zuliefersysteme, die zum Teil bereits europaweit organisiert, teilweise aber auch einem nachhaltigen Restrukturierungsprozeß unterworfen sind und auf modernstes Niveau gebracht werden.

Europäisierung von Kompetenz heißt entsprechend vor allem, Leistungsverbünde herzustellen, durch die gerade diese beschriebenen komparativen Vorteile besonders betont werden. Einzigartige europäische Leistungsvorteile entstehen demzufolge gerade im Verbund von

- hochentwickelter F&E,
- hochentwickelten Produktions- und Zuliefersystemen,
- hochentwickelten und stark differenzierten europäischen Lead-Märkten, sowie von
- Umweltschutz und regulierten Innovationsprozessen.

Es ist unserer Auffassung nach insbesondere die **enge Interaktion** zwischen diesen vier Kompetenzfeldern, die für die Leistungsdifferenzierung europäischer Unternehmen im weltweiten Kräftemessen ausschlaggebend ist. In der Vergangenheit haben Unternehmen und nationale wie auch supranationale Illustrationen versucht, einzelne dieser Kompetenzbereiche isoliert zu optimieren. Der Aufbau hochentwickelter F&E-Kompetenz, lange Zeit der Schwerpunkt nationaler und europäischer Innovationspolitik, führte häufig zu Insellösungen und unzureichender Umsetzung neuer Technologien in Produkten und Geschäftsprozessen. Das US-amerikanische Forschungssystem ist oft wirksamer als das europäische, was die Umsetzung radikaler, forschungsgetriebener Innovationen anbetrifft. Auch die isolierte Optimierung des Produktions- und Zuliefersystems schafft keine europäischen Wettbewerbsvorteile; mitunter sind hier Wettbewerber aus Asien und den Schwellenländern sehr viel schneller in der Umsetzung.

Hochentwickelte F&E- und Produktionskompetenz muß primär in denjenigen Feldern aufgebaut und verstärkt werden, in denen Europa über einzigartige Lead-Märkte verfügt, in denen regulierte Innovationen eine vergleichsweise große Rolle spielen und in denen einzelne europäische Länder über innovationsgerechte Regulierungssysteme verfügen. Dabei sollte auch nicht unbedingt die Analyse von F&E- und Produktions-Kompetenzen an den Anfang gestellt werden nach dem Motto: „Nun haben wir die hochentwickelten F&E- und Produktionssysteme, was machen wir jetzt damit?". Vielmehr sollte gemäß der Darstellung in Abb. 10.1 gefragt werden:

(1) In welchen Ländern und Regionen Europas gibt es echte Lead-Märkte, die spezifisch europäische Lösungen vorantreiben und eine entsprechend hohe Wertschöpfung „vor Ort" ermöglichen?
(2) In welchen dieser identifizierten Lead-Märkte gibt es aufgrund des Käuferverhaltens, der Zulassungsverfahren, der Umweltpolitik, der Gesetzgebung usw. das geeignete Umfeld dafür, daß sich neue technische und organisatorische Lösungen durchsetzen, die zu einem dominanten Design führen.[8]
(3) Läßt sich die in dem Lead-Markt gefundene technisch-organisatorische Lösung in vergleichbarer Form auf mehrere Ländermärkte in Europa übertragen, so daß sich dadurch Skalenvorteile der Entwicklung, Produktion und der Nutzung ergeben? Ermöglicht dies anschließend die erfolgreiche Durchsetzung europäischer Anbieter auf globalen Märkten?
(4) Verfügen Unternehmen an verschiedenen Standorten in Europa über nachhaltige Vorteile im Bereich der Produktion, der Beschaffung, Logistik und Distribution, durch die es gelingt, auch auf Dauer wesentliche Anteile der Wertschöpfung in Europa zu halten?
(5) Verfügen Unternehmen an verschiedenen Standorten in Europa über nachhaltige Vorteile im Bereich der Forschung, Entwicklung und im Bereich der universitären und außeruniversitären Qualifi-

[8] Unter dem Begriff des dominanten Designs wird eine technisch-organisatorische Konfiguration verstanden, die in gleicher Form von vielen Kunden in einem Markt nachgefragt und von vielen Firmen angeboten wird. Beispiele sind das Windows-Betriebssystem im PC-Markt. Vgl. dazu *Arthur* (1989), *Teece* (1989) und *Gerybadze* (1997).

zierung, durch die es gelingt, immer neue Wissensvorsprünge zu generieren und vorhandene technisch-organisatorische Lösungen weiter zu verbessern?

Frage zur Identifikation europäischer Kompetenzfelder ...	... daraus ergibt sich folgendes Bewertungskriterium
1. In welchen Ländern und Regionen Europas gibt es echte Lead-Märkte, die spezifisch europäische Lösungen vorantreiben und eine entsprechend hohe Wertschöpfung „vor Ort" ermöglichen?	Gibt es einen hochentwickelten europäischen Lead-Markt?
2. In welchen dieser identifizierten Lead-Märkte gibt es aufgrund des Käuferverhaltens, der Zulassungsverfahren, der Umweltpolitik, der Gesetzgebung usw. das geeignete Umfeld, daß sich neue technische und organisatorische Lösungen durchsetzen, die zu einem dominanten Design führen?	Gibt es das geeignete regulatorische System zur Durchsetzung eines dominanten Designs?
3. Läßt sich die in dem Lead-Markt gefundene technisch-organisatorische Lösung in vergleichbarer Form auf mehrere Ländermärkte in Europa übertragen? Ermöglicht dies die Durchsetzung europäischer Anbieter auf globalen Märkten?	Ist dieses dominante Design übertragbar auf mehrere europäische Länder/zu einem weltweiten Standard?
4. Verfügen Unternehmen an verschiedenen Standorten in Europa über Vorteile im Bereich der Produktion, der Beschaffung, Logistik und Distribution, durch die es gelingt, wesentliche Anteile der Wertschöpfung in Europa zu halten?	Verfügen wir über hochentwickelte Produktions-Kompetenzen und Zuliefersysteme?
5. Verfügen Unternehmen an verschiedenen Standorten in Europa über Vorteile im Bereich der Forschung & Entwicklung/im Bereich der Qualifizierung, durch die es gelingt, immer neue Wissensvorsprünge zu generieren und vorhandene technisch-organisatorische Lösungen weiter zu verbessern?	Verfügen wir über hochentwickelte F&E-Kompetenzen und das entsprechende Know-how?

Abb. 10.1: Zentrale Fragen zur Identifikation und Auswahl europäischer Kompetenzfelder

Nur dort, wo diese Fragen entsprechend positiv beantwortet werden können, wird es gelingen, langfristig interessante Felder der Europäisierung von Kompetenzen zu schaffen. Diese setzen primär voraus, daß Umsetzungs- und Lead-Market-Kompetenz in Europa gesichert werden kann[9] und daß kritische Masseneffekte realisiert werden. Viele der interessanten neuen Entwicklungen im Bereich der Umwelttechnologie, der Informationsstechnik, der Verkehrs- und Energietechnik sind interessante Kandidaten für die Europäisierung von Kompetenz. Solange die aufgeführten Fragen jedoch nicht eindeutig positiv beantwortet werden können, lassen sich aus der Verfolgung dieser „Innovationsideen" keine nachhaltigen Wettbewerbsvorteile ableiten.

3 Ein Fallbeispiel des Managements europäischer Kompetenz im Bereich der Energie- und Umwelttechnik.

Im Rahmen eines empirischen Forschungsprogramms, das an der Hochschule St. Gallen 1991 begonnen wurde und seit 1995 an der Forschungsstelle Internationales Management und Innovation systematisch fortgeführt wird, wurde eine Datenbank zu europäischen Innovationsprojekten angelegt. Diese umfaßt 500 Fälle, von denen 60 in schriftlichen Dossiers erfaßt sind und 15 im Rahmen von vertiefenden Dissertationen und Diplomarbeiten näher analysiert wurden. Ziel des Forschungsprogramms ist es, im Rahmen empirischer Längsschnittuntersuchungen Entwicklungsverläufe, Erfolgs- und Mißerfolgsfaktoren und Entscheidungssequenzen zu analysieren und daraus Verallgemeinerungen und Handlungsempfehlungen abzuleiten.[10] Die analysierten Innovationsprojekte legen bislang einen Schwerpunkt auf Deutschland, die Schweiz sowie auf EU-Projekte. Es wurden daneben auch Projekte aus multinationalen Unternehmen analysiert, die ihren Stammsitz in Großbritannien, Frankreich, Schweden, den Niederlanden sowie in Japan und USA haben. Die Projekte repräsentieren typische Fälle aller wichtigen Wirtschaftszweige im deutschsprachigen Raum; ein Teil der Projekte bezieht sich auf stark regulierte Innovationsprozesse (u. a. in den Bereichen Umwelt, Verkehr, Energie und Telekommunikation).

---

[9] In *Gerybadze* (1997), Kapitel 2 und 4 wird explizit ausgeführt, daß Umsetzungskompetenz immer parallel zur Wissenskompetenz aufgebaut werden muß. Höchstgezüchtete Wissenskompetenzen sind unergiebig, wenn sie nicht zur erfolgreichen Umsetzung neuer Produkte auf Märkten führen und dort nennenswerte Wertschöpfung generieren.

[10] Die Methodik des Forschungsprogramms SIR (Stuttgart Innovation Research Panel, vormals St. Gallen Innovation Research Panel) orientiert sich an dem von *Van de Ven et al.* (1989) erarbeiteten Minnesota Research Programm (MIRP).

3.1 Typische Entwicklungsmuster erfolgreicher Innovationsprojekte

Die vergleichende Analyse von erfolgreichen und gescheiterten Innovationsprojekten legt den Schluß nahe, daß nachhaltige Innovationserfolge nur dann gelingen, wenn drei Stufen möglichst eng verzahnt miteinander ablaufen:

(1) ein möglichst konsequentes frühes **Screening** von Kompetenzen und einzigartigen Erstanwendungen;

(2) die gezielte Umsetzung einer **Primäranwendung,** die zur Durchsetzung eines dominanten Designs führt;

(3) die anschließende Verbreitung und konsequente Weiterentwicklung dieser Innovation in mehreren wachstumsträchtigen **Sekundär-Anwendungsmärkten.**

In der ersten Phase des Screenings werden Innovationen und technologische Kompetenzfelder gezielt danach überprüft, ob es einen Lead-Markt in Europa gibt, der aufgrund von Kundenpräferenzen oder regulatorischen Anforderungen einzigartige Bedingungen für die Wertrealisierung bietet. Ein Emissionsstandard im Kraftwerksbau kann eine Unique-selling-proposition (USP)[11] für denjenigen Hersteller bieten, der eine bestimmte Beschichtungstechnologie beherrscht, und sie kann diesem Anbieter mitunter einzigartige Vorteile der Positionierung im Markt bieten. Diese Unique-selling-proposition (USP) ist Auslöser bzw. Treiber eines weiteren Kompetenzausbaus (vgl. dazu die Darstellung im oberen Teil der Abb. 10.2).[12]

In dem betreffendem Innovationsfeld werden außerordentliche Initiativen und Investitionsmaßnahmen ausgelöst, die auf eine trächtige Primäranwendung ausgerichtet sind. Diese treibt:

- den Aufbau einer weltweit führenden F&E-Kompetenz und parallel dazu
- den Aufbau einer weltweit führenden Produktionskompetenz voran, der begleitet sein muß von geeigneten Qualitätssicherungsmaßnahmen und von dem Aufbau adäquater Zulieferstrukturen.

---

[11] Unter einer **Unique-selling-proposition** (USP) versteht man in der Marketing-Literatur ein Produkt oder Leistungsmerkmal, das gezielt nachgefragt wird und das nur ein einziger bzw. ganz wenige Anbieter beherrschen, die infolgedessen ausgesprochen hohe Margen erzielen können.

[12] Im modernen Kraftwerksbau haben Anbieter wie ABB und Siemens in Ländern mit strengen Emissionsauflagen aufgrund bestimmter Technologien vorübergehende Monopolstellungen erlangt. Hohe Margen ermöglichen ihnen dort außerordentliche hohe Investitionen für F&E in weitere Produktverbesserungen.

- Die Primäranwendung gelingt in der Regel bei komplexen Innovationen nur dann, wenn ein innovationsförderliches regulatives Umfeld vorliegt, das die Formierung eines dominanten Designs ermöglicht.[13]

Die erfolgreiche Durchsetzung einer Primäranwendung und eines dominanten Designs ist Voraussetzung für Nachhaltigkeit und für die anschließende Übertragbarkeit auf wachstumsträchtige Sekundäranwendungen.[14]

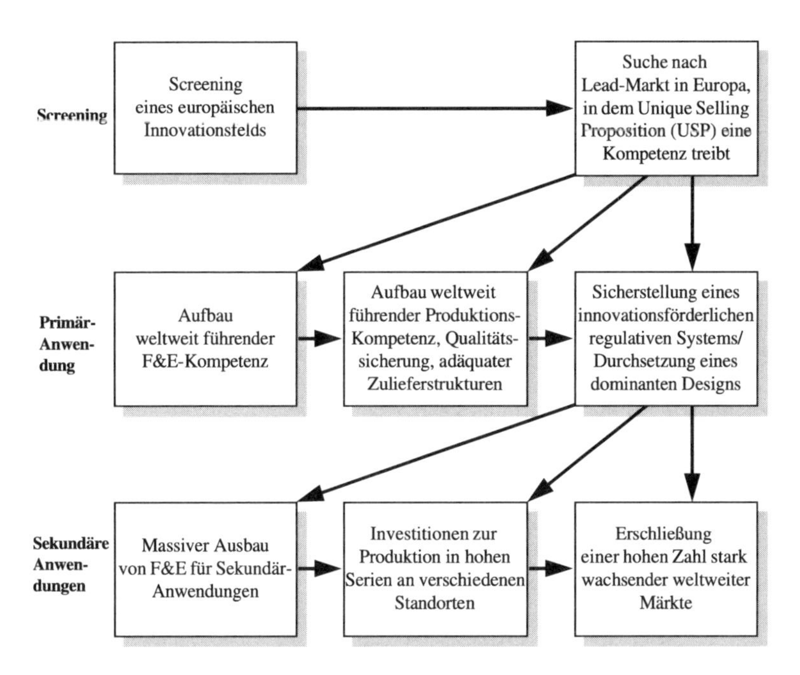

Abb. 10.2: Entwicklungs- und Durchsetzungszyklus für erfolgsversprechende Innovationsprojekte in Europa

[13] *Teece* (1991) unterscheidet entsprechend zwischen einer prä-paradigmatischen und einer paradigmatischen Phase von Innovationsprozessen. In prä-paradigmatischen Phasen hat derjenige Hersteller extreme Vorteile, der ein dominantes Design beeinflussen bzw. setzen kann (z. B. Microsoft beim Windows-Betriebssystem).

[14] Ein dominantes Design erzeugt eine hinreichende Ökonomie der Wissensübertragung: Wissen aus der Primäranwendung wird kostengünstig für Sekundäranwendungen repliziert, statt immer wieder in neuer Form gewonnen werden zu müssen.

3.2 Fallbeispiel COST 501: die Entwicklung emissionsmindernder neuer Werkstoffe im Bereich der Energieerzeugung

Die Grundlagen für diese Innovation im Bereich des Turbinenbaus, die die heutige Wettbewerbsposition europäischer Anbieter entscheidend geprägt hat, wurden zu Beginn der 70er Jahre gelegt. Die Initiative ging von mehreren namhaften Gesellschaften in Deutschland, Großbritannien, Frankreich und der Schweiz aus, die das Ziel verfolgten, den damals bestehenden technologischen Rückstand gegenüber führenden Anbietern aus den USA zu überwinden. Neuentwicklungen in bestimmten Bereichen der Werkstofftechnik, in denen europäische Grundlagenforschungszentren eine vorteilhafte Position erarbeitet hatten, wurden als Schlüssel für die Erlangung einer verbesserten Wettbewerbsposition gesehen. Hinzu kam, daß entscheidende Märkte, die die Erstanwendung neuer Turbinengenerationen und entsprechende Entwicklungen in der Werkstofftechnik vorantreiben konnten, in Europa lagen.

Enge Kontakte zu den Primäranwendern in den einzelnen europäischen Ländern (Kraftwerksbauer, Energieversorgungsunternehmen) ermöglichten verbindliche Vorhersagen, was gesetzgeberische Anforderungen, Umweltauflagen, Investitionszyklen und Phasen der Technologienutzung anging. Kritische Parameter wie Lebensdauer, Betriebskosten und erwartete Emissionsstandards deuteten darauf hin, daß Werkstoffe für korrosionsmindernde Beschichtungen von Turbinenschaufeln eine entscheidende Schlüsseltechnologie für die nächsten Ausrüstungszyklen darstellten. Diese Technologie lag aber außerhalb des originären Kompetenzfelds der europäischen Turbinenbauer und erforderte erhebliche Anstrengungen, bei denen jede einzelne Firma zunächst überfordert war.

Es ergab sich für die beteiligten Firmen eine vorteilhafte „Win-win-Konstellation“: Sie verständigten sich auf ein Kooperationsdesign, bei dem die kooperative Materialforschung der gemeinsame Nenner war, jede Firma aber weiterhin autonom und in kompetitiver Weise bestimmte Anwendungen und europäische Teilmärkte verfolgte.[15] Für diese Konstellation erwies es sich als förderlich, daß zum damaligen Zeitpunkt die sogenannte COST-Initiative gestartet

[15] Diese Art der komplementären Forschung und Entwicklung, bei der es gemeinsam verfolgte Kompetenzfelder, zugleich aber auch proprietäre Know-how-Bereiche der einzelnen Firmen gibt, ist ein Schlüssel für erfolgreiche Konsortial-Lösungen in Westeuropa, ebenso wie für japanische Verbundprojekte. Vgl. dazu *Gerybadze* (1994) und (1995b).

wurde, die länderübergreifende kooperative Vorlaufforschung unterstützte.[16]

Zunächst war das Marktfenster und das Ziel klar vorgegeben: korrosionsfreie Beschichtungen von Turbinenschaufeln zur Emissionsminderung und Lebensdauerverlängerung. Offen blieb vorerst die einzuschlagende technologische Trajektorie: es wurden zwei konkurrierende technologische Entwicklungslinien verfolgt (sog. ODS-Werkstoffe und Verfahren der Kristallzüchtung). Für beide Entwicklungslinien wurden zwei separate Projektgruppen etabliert, durch die in einer ersten Phase bis 1984 generische Basismaterialien entwickelt und erprobt wurden.[17]

Die allererste Screening- und Forschungsphase führte zur Demonstration der technischen Durchführbarkeit und zur Eingrenzung des Optionsraums (technologische Entwicklungslinien, Erstanwendungen). Die zweite Phase ab 1984 sah die gezielte Anwendung neuer Materialien für bestimmte Klassen von Turbinen vor. Die beteiligten Firmen konnten sich auf bestimmte Primäranwendungen konzentrieren, dafür spezifische Werkstoffkompetenzen ebenso wie Erfahrungen im Bereich der Verfahrens- und Anwendungstechnik sammeln. Eine gemeinsame Plattform blieb im Bereich der Verbundforschung und des Erfahrungsaustauschs im Bereich der generischen Materialforschung.[18]

Zu Beginn der 90er Jahre stellte sich zunehmend klar heraus, welche technologische Entwicklungslinie für welche Anwendungen und Ländermärkte besonders ergiebig ist. In einer dritten Phase wurden verstärkt auch die Endanwender (ausgewählte Energieversorgungsunternehmen) in die Projekte miteinbezogen. Dies war ein ausgesprochenes Novum für europäische Entwicklungsvorhaben und stellte sich später als besonders vorteilhaft heraus. Unterschiedliche Vorgehensweisen in der Umweltpolitik ebenso wie in der Deregulie-

[16] Die COST-Initiative (Cooperation Européenne dans la Domaine de la Recherche Scientifique et Technique) wurde 1971 durch 19 europäische Staaten gestartet. Sie bildete sozusagen den Nukleus der späteren EU-Forschungsprogramme. COST hat einige recht interessante Projekte hervorgebracht, zu denen das beschriebene Projekt COST 501 sicher zählt.

[17] Phase 1 dauerte von 1973 bis 1984, und es wurden von Seiten der COST-Initiative 19 Mio. ECU investiert zuzüglich der komplementären Investitionsaufwendungen der beteiligten Firmen.

[18] Für Phase 2 des COST 501-Projekts wurden zwischen 1984 und 1992 59 Mio. ECU investiert.

rung in einzelnen europäischen Ländern führten zu Vorteilen des experimentellen Lernens mit verschiedenen technisch-organisatorischen Lösungen. Strenge Emissionsauflagen in Dänemark begünstigten dort besonders „saubere" Technologien. Die Privatisierung der Energieversorger in Großbritannien führte zur stärkeren Betonung von Lebenszyklus-Kosten und trieb entsprechend kostensenkende Innovationen voran.

Die beteiligten Unternehmen haben bei der Ausrichtung ihrer Innovationsvorhaben und im Bereich der Organisation entsprechend nachgezogen. Ausgewählte Länderstandorte in Europa haben sich für bestimmte Entwicklungslinien als besondere Taktgeber herauskristallisiert. Die Kompetenz von Endanwendern und Regulierungsinstanzen ermöglicht in diesen Ländern besonders ausgiebiges Lernen vor Ort. Firmen siedeln in diesen innovationstreibenden Märkten vorzugsweise auch ihr Engineering-Know-how an. Sie bilden dezentrale Kompetenzzentren, denen mitunter selbst die Forschung folgt, um in der Nähe der impulsgebenden Märkte zu sein.[19] Firmen wie ABB, Siemens, MTU und Rolls-Royce haben durch ein gut organisiertes Netz europäischer Kompetenzen die Basis für weitergehende Globalisierungserfolge gelegt. Sie zählen in bestimmten Segmenten zu den führenden internationalen Anbietern.

4 Gegenüberstellung von Projekten europäischer Innovation mit signifikant unterschiedlichen Prozeßverläufen

Die Beschreibung von Prozeßabläufen bei der Durchsetzung radikaler Innovationen legt nahe, daß mehrere Ebenen der Kompetenz gleichzeitig abgedeckt werden müssen und daß die beschriebene Abfolge des Screenings ebenso wie der Primär- und Sekundäranwendung beherrscht werden muß. Defizite auf einer dieser Stufen können den gesamten Durchsetzungsprozeß in Frage stellen und entscheidende Auswirkungen auf die europäische Kompetenzabsicherung haben.

---

[19] Vgl. hierzu auch die detaillierten Analysen zum globalen Management von Forschung und Innovation in *Gerybadze/Meyer-Krahmer/Reger* (1996). In Kapitel 2 wird explizit auf diesen Trend verwiesen, Forschung immer stärker in den Lead-Markt zu verlagern.

4.1 Beispiel GSM-Standard der Mobilkommunikation

Die Durchsetzung verschiedener Entwicklungen und Standards im Bereich der Mobilkommunikation im Zeitraum 1985 bis 1995 bietet interessante Hinweise für Strategien der Kompetenzgewinnung und -absicherung auf europäischer Ebene. Aufgrund frühzeitiger Deregulierungsmaßnahmen waren zunächst die USA, aber auch Großbritannien führend auf diesem Gebiet. Ab Mitte der 80er Jahre setzte ein zweiter Entwicklungsschub durch die Liberalisierung von Diensten und durch neue Technologien (Digitalisierung, Miniaturisierung) ein. Die europäischen Länder mit ihrer Vielfalt an (De-)Regulierungssystemen, geographischen Ausgangsbedingungen, Infrastrukturen und Forschungssystemen boten ein ideales Experimentierfeld fur diese Innovation.

Interessant war, daß in mehreren Ländern Europas parallel Forschungsprojekte, Investitionsmaßnahmen von Herstellern ebenso wie neue Betreiberdienste hochgefahren wurden. Einige der anfänglich erfolgversprechenden Projekte sind mittlerweile kläglich gescheitert. Interessant ist vor allem auch, daß sich nur wenige Firmen aus den „günstig ausgestatteten“ Ländern Großbritannien, Frankreich und Deutschland wirklich nachhaltig im Markt positioniert haben. Demgegenüber haben sich Firmen aus kleineren Staaten Europas erfolgreich als globale Spieler durchgesetzt, die anfänglich nicht unbedingt eine besonders vorteilhafte Position innehatten.[20]

Entscheidend für den Prozeß der europäischen Kompetenzabsicherung war die enge Verknüpfung von technologischer Innovation, Lead-Marketing und innovationsförderlicher Regulierung. Skandinavische Länder boten anfänglich besonders günstige Bedingungen für eine hohe Penetrationsrate speziell der Mobilkommunikation (hohe Einkommen pro Kopf, hohe Innovationsbereitschaft, große geographische Distanzen bei geringer Bevölkerungsdichte). Hinzu kam die schnelle und entschiedene Festlegung auf einen Standard für die nordischen Länder. Firmen wie Ericsson und Nokia sprangen frühzeitig auf das sich formierende dominante Design. Sie bauten in mehreren Erstanwenderländern die entsprechenden F&E- und Produktionskompetenzen auf.

---

[20] Nokia war zunächst überhaupt nicht im Mobilfunkmarkt ausgewiesen. Ericsson kam eher aus anderen Bereichen der Informationstechnik und Telekommunikation, in denen z.T. eine krisenhafte Entwicklung durchlaufen wurde.

Stark begünstigend für den weiteren Durchsetzungsprozeß in Europa war die konsequente Einigung auf den GSM-Standard in nahezu allen wichtigen Märkten. Dies bot weitere Impulse für Kostensenkungen, komplementäre Innovationen und eine hohe Kundenakzeptanz. Im Verlauf der ersten Hälfte der 90er Jahre wurde der Markt völlig transformiert. Aus einem Investitionsgut wurde ein schnellebiges, der Mode unterworfenes Konsumgut, das in jedem Kaufhaus vertrieben wird.

Unternehmen, die rechtzeitig diesen Transformationsprozeß vollzogen haben und schnelle Produktinnovationen mit hohen Serien verbinden konnten, sind erfolgreich geworden. Andere, technologisch anfänglich durchaus führende Firmen, die nicht rechtzeitig von der ersten Welle der Primäranwendung auf die zweite Welle der Expansion umsteigen konnten, spielen heute keine nennenswerte Rolle mehr.[21] Ericsson und Nokia ist es gelungen, geschickt „auf beiden Wellen zu surfen“, und sie zählen heute zu den führenden Anbietern, denen der GSM-Standard auch die weitere internationale Expansion erleichtert hat. Beide Firmen sind im Bereich der Mobilkommunikation zu echten transnationalen Unternehmen herangereift. Sie unterhalten in mehreren Ländern in Europa parallel Forschungslabors, Produktionsstätten und ein besonders effizientes Netzwerk von Design-, Entwicklungs- und Vertriebsniederlassungen.

Europa ist durch die technologischen Entwicklung, durch Standardsetzung und durch seine hochentwickelten Lead-Märkte wieder zu einem anerkannten, weltweiten Kompetenzzentrum in der Mobilkommunikation geworden. Dies wird vor allem auch dadurch dokumentiert, daß Firmen wie Motorola, NEC und Sony weltweit führende Kompetenzzentren speziell auf diesem Gebiet in Europa aufbauen.

4.2 Beispiel Umweltmarkt: ein zweischneidiges Schwert

Ähnlich vielversprechende europäische Kompetenzfelder bieten sich in den stark regulierten Feldern Energie, Umwelt und Verkehr. Die neueren Analysen zur technologischen Wettbewerbsfähigkeit zeigen,

---

[21] Dies gilt zunächst für deutsche Hersteller wie AEG, Bosch und Alcatel-SEL, die zuerst eine Hochpreisstrategie gefahren haben und heute weitgehend nur noch als Markenanbieter mit geringer Wertschöpfungstiefe in diesem Markt tätig sind (d. h. wesentliche hochtechnologische Subsysteme werden weitgehend zugekauft).

daß gerade auf diesen Gebieten besonders günstige Positionen deutscher, aber auch anderer europäischer Anbieter erzielt werden.[22] Dennoch erscheint eine differenzierte Sicht des Innovations- und Internationalisierungsprozesses im Umweltmarkt unbedingt geboten, denn nicht alle Segmente dieses ausgesprochen heterogenen Sektors erfüllen die zeitweise recht hochgestellten Erwartungen. Folgende Faktoren setzen der Euphorie Grenzen:

- Viele Bereiche der Umwelttechnik setzen noch immer an End-of-pipe-Lösungen an; letztere behindern grundlegende Neuentwicklungen und integrierte Umwelttechnologien z.T. in erheblicher Weise.[23]
- Umweltschutz und Gesetzgebung richten sich oft zu sehr am Prozeß und am technischen Lösungsweg aus und sind zu wenig objekt- bzw. zielorientiert; der technologische Status quo wird dadurch oftmals zu frühzeitig und z.T. in innovationshemmender Weise festgeschrieben.
- Bei vielen Geschäftsfeldern handelt es sich um alimentierte und national (z.T. auch regional) geschützte Märkte, die häufig „austrocknen", sobald die Alimentierung wegfällt.
- Umweltregulierungen und -gesetzgebung sind noch immer national (z.T. regional) geprägt; die erarbeiteten technischen und industriellen Lösungen sind zu spezifisch und zu wenig auf Transferierbarkeit und Internationalisierung ausgelegt.
- Viele Bereiche des Umweltsektors sind noch immer durch den Charakter von Handwerks- und Manufakturbetrieben geprägt. Design-to-cost, hohe Serien und effiziente Dienstleistungskonzepte, die eine wesentliche Voraussetzung für die erfolgreiche Internationalisierung wären, haben sich in diesem Sektor noch zu wenig durchgesetzt.

Dennoch gibt es erfolgversprechende Felder der Europäisierung von Kompetenz auch im Bereich der Umwelttechnologien. Erfolge lassen sich häufig dadurch erklären, daß sich gemäß der Darstellung in Abb. 10.2:

- in einem bestimmten Land bzw. einer Region ein Lead-Markt auftut, der vorwärtstreibende Lösungen im Bereich der Umwelttechnologie „triggert".
- Anschließend muß sich aber in einem Primärmarkt ein erfolgversprechendes dominantes Design durchsetzen, das mit der Bildung

[22] Vgl. NIW et al. (1995) und *Gehrke/Legler* (1997).

[23] Vgl. dazu *Steger* (1992) und *Gerybadze* (1992).

kritischer Massen im Bereich von F&E, Ausbildung, Serienentwicklung, Produktion und Distribution einhergeht. Dieser Prozeß ist gleichzusetzen mit dem Übergang von Manufaktur- zu erfolgreichen Industrie- und Dienstleistungsunternehmen.

- In einem dritten Schritt kommt es darauf an, die gefundene technologische und organisatorische Lösung auf eine Vielzahl ähnlicher Märkte weltweit zu transponieren. Bei diesem Schritt kommt der Internationalisierungsprozeß im Umweltmarkt bislang leider noch zu oft ins Stocken.

Beispiele für nachhaltige Prozesse der Europäisierung von Kompetenz im Bereich der Umwelttechnik sind

- die Umstellung auf wasserlösliche Lacke im Bereich der Automobilindustrie, aber auch in anderen Sektoren (z. B. im Bauwesen). In besonders sensitiven Ländern und Marktsegmenten wurden wasserlösliche Lacke zuerst eingeführt. Hier wurden F&E-Investitionen und Verfahrensentwicklungen bei Lackherstellern, Anlagenanbietern und Automobilfirmen ausgelöst. Mittlerweile wurden entsprechende Lackierverfahren zu einem „Standard“ in wichtigen hochindustrialisierten Ländern und ermöglichen globale Wettbewerbsvorteile bei mehreren der beteiligten Anbieter.
- Die Umstellung auf PET-Flaschen setzte in einigen wenigen Ländern in Europa ein und stieß anfänglich auf vielfältige Probleme im Bereich der Distribution und des Recyclings. Primäranwendungen (z. B. in den Niederlanden und in der Schweiz) zogen Serviceinnovationen und eine Reihe von ergänzenden Innovationen bei Chemieherstellern und Anlagenbauern nach sich. Mittlerweile haben sich in mehreren europäischen Ländern effiziente Systeme der Entwicklung, Verpackung, Distribution und des Recycling herausgebildet.
- Im Bereich des Recycling von Personalcomputern wurden zunächst in mehreren europäischen Ländern unterschiedliche Systeme erprobt. PC-Hersteller haben bewußt einzelne Länder als Lead-Märkte ausgewählt und die hier gewonnenen Erfahrungen und Konzepte relativ schnell auf andere Märkte übertragen. Recycling von Elektronikschrott ist im europäischen PC-Markt innerhalb weniger Jahre „in den Griff gebracht“ worden, und gehört heute sozusagen zu einer Zusatzleistung, über die man kaum noch spricht.[24]

---

[24] Anfangs haben einige Hersteller noch durch den sog. „Umwelt-PC“ zu glänzen versucht. Dies ist mittlerweile kein Differenzierungskriterium mehr.

5 Neue Organisationsmodelle und Handlungsempfehlungen

Die führenden Innovationsunternehmen in Europa betreiben die Europäisierung von Kompetenz nicht als Pflege isolierter Kompetenzinseln, sondern sie bauen effiziente Kompetenzverbünde über Organisations- und Ländergrenzen hinweg auf. Forschung und Entwicklung und technologische Kompetenz wird nicht um ihrer selbst willen angestrebt oder um wissenschaftliche Reputation zu erlangen, sondern um Problemlösungen und Wertschöpfung auf attraktiven neuen Märkten sicherzustellen. Höchstentwickelte Produktionskompetenzen dienen nicht dem Zweck, durch Produktivitätskennziffern und Automatisierungsraten zu glänzen, sondern sind primär darauf ausgerichtet, eine hohe Vielfalt von Produkten genau zum richtigen Zeitpunkt und mit der vereinbarten Qualität bei denjenigen Kunden zu haben, die den höchsten Wertschöpfungsbeitrag ermöglichen. Umweltschutz wird nicht nur deshalb betrieben, weil es der Gesetzgeber vorschreibt oder weil man sich als umweltbewußtes Unternehmen darstellen will, sondern weil man dadurch neue Produkte und Lösungskonzepte erprobt, die langfristige Wettbewerbsvorteile versprechen.

Innovative Unternehmen gehen diese Bereiche bewußt offensiv und weniger mit einer Vermeidungsstrategie an. Firmen bündeln ihre Aktivitäten gezielt in denjenigen Ländermärkten,
- die die anspruchsvollsten Kunden und die sophistiziertesten Bedarfsanforderungen aufweisen;
- in denen die besten Wettbewerber sich gegenseitig „hochpeitschen" und die entsprechenden Stimuli für weitere Innovation auslösen;
- in denen die härtesten Anforderungen an den Umweltschutz und durch das regulatorische System gestellt werden;[25]
- in denen die größten Chancen für die Durchsetzung von Standards und dominanten Designs bestehen;
- in denen adäquate Voraussetzungen für den Aufbau von Produktions-, Distributions-, Logistik- und Zuliefererstrukturen bestehen und
- in denen auf ein möglichst effizientes System der Forschung, Ausbildung und auch der nationalen Technologiepolitik zurückgegriffen werden kann.

---

[25] Vgl. dazu die Thesen von *Porter* und *Van der Linde* (1995) zur „Green Competitiveness".

Unternehmen, die eine entsprechend vorwärtsgerichtete Strategie der Europäisierung von Kompetenz verfolgen, stellen gezielt folgende Fragen und nehmen diese zur Grundlage ihrer Investitions- und Standortentscheidungen.

- Gibt es einen europäischen Lead-Markt? Welche Charakteristiken weist dieser auf, und wie positioniere ich mich auf diesem Lead-Markt?
- Gibt es in diesem Markt das geeignete regulative System zur Durchsetzung eines dominanten Designs, einer überzeugenden und tragfähigen technischen und organisatorischen Lösung, der sich möglichst viele Kunden und Anbieter anschließen?
- Ist das in diesem Lead-Markt gefundene dominante Design in ähnlicher Weise übertragbar auf andere Ländermärkte in Europa bzw. sogar im globalen Maßstab?
- Verfügen wir über die entscheidenden Kompetenzen im Bereich der Produktion, aber auch im Bereich der Distribution, Logistik und beim Rückgriff auf ein hochentwickeltes Zuliefersystem?
- Verfügen wir über die entscheidenden Kompetenzen im Bereich der F&E, aber auch bei der Gewinnung qualifizierter Fachkräfte und beim Zugriff auf externe Forschungsleistungen und -systeme?

Die Europäisierung von Kompetenz setzt voraus, daß alle Fragen gleichzeitig möglichst positiv beantwortet werden können. Die in Abb.10.3 dargestellte ordinale Werteskala gibt Kriterien vor, die eine Bewertung ermöglichen, die von 1 (Kriterium sehr schlecht erfüllt) bis 5 (Kriterium sehr gut erfüllt) reichen. Innovative Firmen versuchen, möglichst für alle Kriterien einen Wert von mindestens vier, wenn möglich sogar fünf zu erzielen.[26]

Vorsicht ist insbesondere vor solchen Geschäftsfeldern und Standorten geboten, die in Abb. 10.3 durch das gestrichelte Profil gekennzeichnet sind. Firmen weisen in diesem Fall zwar ausgezeichnete Kompetenzen im F&E-Bereich auf; sie verfügen ferner auch über eine mittlere Position bei der Absicherung von Produktionskompetenzen. Es gibt jedoch keinen treibenden Lead-Markt in Europa. Entsprechend unvorteilhaft ist auch das regulatorische Umfeld in europäischen Ländern und es bestehen nur geringe Aussichten für die Durchsetzung eines dominanten Designs. Selbst wenn sich für bestimmte Anwendungen und europäische Ländermärkte ein nationaler Standard durchsetzen läßt, hat dieser kei-

[26] Dieses Bewertungsverfahren baut auf der Methodik **Distributed Competence Metric (DCM)** auf, die an der Forschungsstelle Internationales Management und Innovation in Hohenheim entwickelt wurde.

nen generischen Wert, d. h. er läßt sich nicht in einem europäischen oder gar internationalen Standard übersetzen.

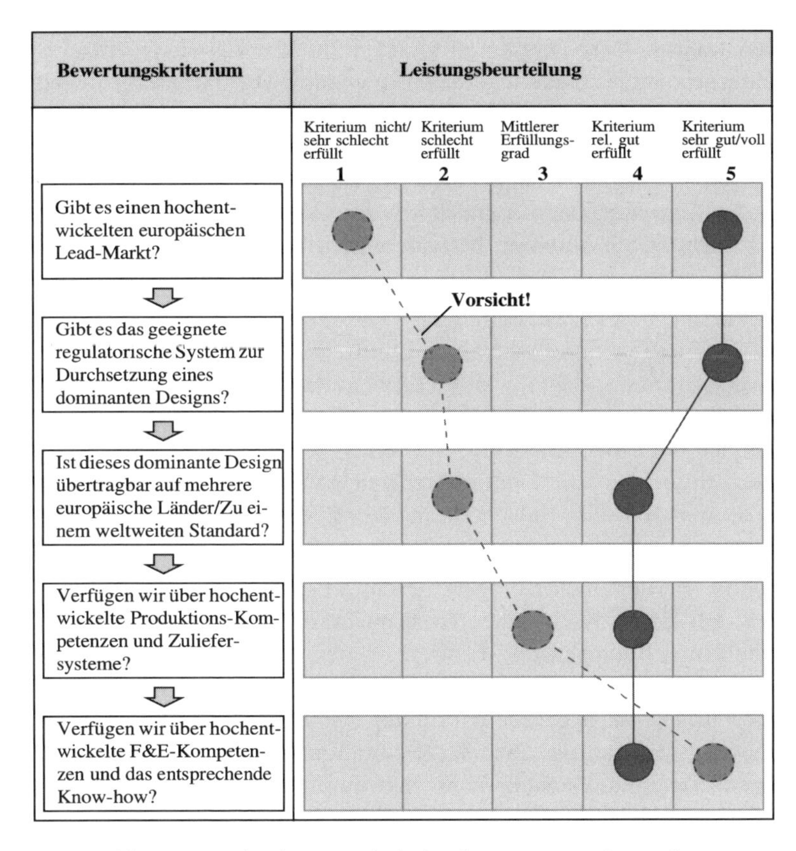

Abb. 10.3: Ordinale Werteskala für die Kompetenzbeurteilung europäischer Lead-Märkte und Kompetenzzentren

Eine solche Konstellation (exzellente Forschung, unzureichende Umsetzung im Markt) hat lange Zeit die Entwicklung vieler High-Tech-Märkte in Europa geprägt. Ein sehr gutes Beispiel ist die Entwicklung im Bereich Liquid Crystal Displays (LCD), bei dem wesentliche Innovationen von europäischen Anbietern ausgingen, der Markt und das gesamte Produktionssystem jedoch später nach Asien verlagert wurde.[27]

[27] Vgl. dazu die Fallstudie LCD in *Gerybadze/Meyer-Krahmer/Reger* (1997), Kapitel 3, sowie die detaillierten Analysen in *Miyazaki* (1995).

Jedes der fünf Bewertungskriterien aus Abb. 10.3 läßt sich gemäß der Methode der Distributed Competence Metric in mehrere Unterkriterien aufschlüsseln. Auf der Ebene der detaillierten Bewertungskriterien können Geschäftsbereiche und Standorte innerhalb einzelner Unternehmen miteinander verglichen werden. Die daraus abzuleitenden Kompetenzprofile sind Grundlage für die Bildung geeigneter lateraler Organisationsformen. Firmen bilden europäische (bzw. globale) Kompetenzzentren genau dort, wo die höchsten Bewertungen in der Kompetenzmetrik erzielt werden und wo möglichst mehrere der vorrangigen Kriterien besonders günstige Bewertungen aufweisen.

Auf hochentwickelten, innovativen Gebieten kann ein Standort häufig nicht alle erforderlichen Kompetenzen auf gleich hohem Niveau anbieten. Dies ist die Grundlage für neue, länderübergreifende Organisationsformen und Teambildungen. Transnational tätige Unternehmen wie ABB, Ericsson, Philips u. a. betreiben neue Formen der Parallelisierung von Kompetenzbereichen, wobei klar abgesteckt wird, wer „Leading-house" ist und wer über bestimmte Formen von Leistungsvereinbarungen eingebunden ist.[28]

Häufig werden auch Kompetenzen und Leistungsbereiche erforderlich, bei denen notwendigerweise mehrere Unternehmen aus verschiedenen Branchen und Ländern strategische Allianzen und Konsortial-Lösungen eingehen müssen. Dies ist gerade im Umweltsektor der Fall, in dem es gerade darauf ankommt, einen funktionierenden Leistungsverbund zwischen Werkstoffanbietern, Zulieferfirmen, Anlagenlieferanten, Herstellern, Service- und Entsorgungsbetrieben aufzubauen. Europäisierung von Kompetenz heißt in solchen Fällen, die jeweils Besten an den führenden Standorten so zu Wertschöpfungsgemeinschaften zusammenzuschweißen, daß langfristig tragfähige Strukturen aufgebaut werden können, die Win-win-Lösungen für alle ermöglichen.[29] Der komplette Leistungskranz muß abgedeckt werden unter Einbeziehung aller fünf oben genannten Kompetenzbereiche. Für jedes Kompetenzfeld sollten nur die besten Firmen

---

[28] Vgl. hierzu die detaillierten Darstellungen zu den sich in der Praxis herausbildenden neuen Organisationsformen in *Gerybadze/Meyer-Krahmer/Reger* (1996), Kapitel 4 und 5, sowie in *Gerybadze/Reger* (1997).

[29] Für die Erarbeitung entsprechender kooperativer Strategien eignet sich das in *Gerybadze* (1995a und b), und *Gerybadze* (1997, Kapitel 8) dargestellte Verfahren der Stukturierung von Kooperationsprojekten und strategischen Allianzen.

eingebunden werden, und es kommt für diese entscheidend auf die Erarbeitung einer funktionsfähigen Kooperationslösung an.

Die vorgeschlagene Vorgehensweise für die konsequente Europäisierung von Kompetenzen hat auch entscheidende Konsequenzen für die **europäische Forschungs- und Technologiepolitik.** In der Vergangenheit war diese zu sehr auf Forschung (im Gegensatz zur Marktdurchsetzung), auf Kohäsion (im Gegensatz zu singulären Spitzenleistungen), auf Pluralität (durch Einbeziehung von Partnern aus möglichst vielen Ländern) ausgerichtet und häufig durch Me-too-Strategien geprägt (typisches Ziel: „den Anschluß an USA und Japan halten"). In Zukunft wird es auch im Bereich europäischer Programme und Projekte stärker darauf ankommen,

- auf einzigartige europäische Kompetenzfelder zu entwickeln, in denen man sich bewußt von den anderen Innovationszentren der Welt abhebt;
- auf ausgewählte Lead-Märkte in Europa zu setzen, die wesentliche Impulse für nachhaltige Innovationsprozesse bieten;
- die Formierung von Standards und dominanten Designs auf europäischer Ebene gezielt zu unterstützen, die zugleich eine Trajektorie für weltweite Märkte bahnen;
- nur die Besten in den jeweils erforderlichen Kompetenzbereichen und an denjenigen Standorten in Europa zusammenzubringen, wo die günstigsten Vorraussetzungen für dynamische Entwicklungen erfüllt sind.

Aus den besonders erfolgreichen Projekten der Europäisierung von Kompetenz, die in den 80er und 90er Jahren durchgesetzt wurden, lassen sich interessante Schlüsse für die Restrukturierung von Unternehmen und europäischen Programmen ziehen. Die Chancen für besonders ergiebige Innovationsprozesse in den Schwerpunkten F&E, Produktion und Umweltschutz sind günstig. Sie erfordern jedoch das Verlassen der ausgetretenen Pfade der tradierten F&E-Organisation, der Forschungs- und Technologiepolitik ebenso wie der Umweltpolitik. Die derzeit etwas festgefahrene Globalisierungs- und Standortdebatte muß unter neuen Vorzeichen, d.h. unter Berücksichtigung der dargestellten Konzepte des Lead-Marktes und der innovativen Regulierung thematisiert werden.

Literatur

Arthur, W. B. (1989), Competing Technologies, Increasing Returns and Lock-in by Historical Events, Economic Journal 99, S. 116–131

Bartlett, C. H., Ghoshal, S. (1989), Managing Across Borders: The Multinational Solution, London 1989

Galbraith, J. R. (1994), Competing with Flexible Lateral Organizations, 2. ed., Reading, MA 1994

Gehrke, B., Grupp, H. (1994), Innovationspotential und Hochtechnologie: Technologische Position Deutschlands im internationalen Wettbewerb, 2. Auflage, Heidelberg 1994

Gehrke, B., Legler, H. (1997), Internationale Wettbewerbsfähigkeit forschungsintensiver Industrien am Standort Deutschland, Discussion Paper 97–02 der Forschungsstelle Internationales Management und Innovation, Stuttgart, März 1997.

Gerybadze, A. (1992), Umweltorientiertes Management von Forschung und Entwicklung, in: *Steger, U.* (Hrsg.), Handbuch des Umweltmanagements, Anforderungen und Leistungsprofile von Unternehmen und Gesellschaft, München 1992, S. 395–415

Gerybadze, A. (1994), Management von Verbundprojekten: Vergleich von Strategien und Organisationsmodellen – Deutschland, EG, Japan, in: *Zahn, E.* (Hrsg.), Handbuch Technologiemanagement, Stuttgart, S. 133–151

Gerybadze, A. (1995a), Strategic Alliances and Process Redesign: Effective Management and Restructuring of Cooperative Projects and Networks, Berlin, New York 1995

Gerybadze, A. (1995b), Management der Schnittstellen innerhalb von Technologie-Allianzen, in: *Zahn, E.* (Hrsg.), Technologiemanagement und Technologien für das Management, Stuttgart 1995, S. 469–488

Gerybadze, A. (1997), Technologie, Strategie und Organisation: Management von Technologiestrategien und Innovationsprozessen der Unternehmung, (in Vorbereitung) Wiesbaden 1997

Gerybadze, A., Meyer-Krahmer, F., Reger, G. (1997), Globales Management von Forschung und Innovation, Band 1 der Schriftenreihe „Internationales Management und Innovation", Stuttgart 1997

Gerybadze, A., Reger, G. (1997), Globalisation of R&D: Recent Changes in the Management of Innovation in Transnational Corporations, Discussion Paper 97–01, Center for International management and Innovation, Stuttgart, February 1997

Hamel, G., Prahalad, C. K. (1994), Competing for the Future, Cambridge, MA 1994

Hamel, G. (1996), Strategy as Revolution, Harvard Business Review, August-September 1996, S. 69–82

Harms, J. M. (1994), Technologiekoordination in einer High-Tech-Unternehmung, in: *Corsten, H., Reiß, M.* (Hrsg.) Handbuch Unternehmensführung. Konzepte-Instrumente- Schnittstellen, Wiesbaden 1994, S. 371–380

Herstatt, C. (1991), Anwender als Quellen für die Produktinnovation, Dissertation Universität Zürich, Zürich 1991

Miyazaki, K. (1995), Building Competences in the Firm: Lessons from Japanese and European Optoelectronics, New York 1995

NIW, DIW, ISI, ZEW (1995), Zur technologischen Leistungsfähigkeit Deutschlands. Erweiterte Berichterstattung 1995. Zusammenfassender Endbericht an das Bundesministerium für Bildung, Wissenschaft, Forschung und Technologie (BMBF); vorgelegt durch das Niedersächsische Institut für Wirtschaftsforschung (NIW), Deutsche Institut für Wirtschaftsforschung (DIW), Fraunhofer-Institut für Systemtechnik und Innovationsforschung (ISI), Zentrum für Europäische Wirtschaftsforschung (ZEW). Hannover et al. 1995

Porter, M. E., Van der Linde, C. (1995), Green and Competitive – Ending the Stalemate, Harvard Business Review, September-October 1995, S. 120–134

Sanchez, R., Heene, A., Thomas, H. (1996), Dynamics of Competence-Based Competition. Theory and Practice in the New Strategic management, Oxford, New York 1996

Schumpeter, J. A. (1934), Theorie der wirtschaftlichen Entwicklung, 3. Auflage, Berlin, München 1934

Steger, U. (Hrsg. 1992), Handbuch des Umweltmanagements, Anforderungen und Leistungsprofile von Unternehmen und Gesellschaft, München 1992

Teece, D. (1991), Technological Development and the Organization of Industry, in: OECD, Technology and Productivity-The Challenge for Economic Policy, Paris 1991

Van de Ven, A. et al. (1989), Research on the Management of Innovation: The Minnesota Studies, New York 1989

Von Hippel, E. A. (1977), Has a Customer Already Developed Your Next Product?, in: *Roberts, E. B.* (Ed.), Generating Technological Innovation, New York, Oxford 1977

Von Hippel, E. A. (1988), The Sources of Innovation, New York, Oxford 1988

Stichwortverzeichnis

Autorenverzeichnis

Azimont, Frank, Jg. 1962, Prof.

Im Marketingdepartment der ESC Lyon (Lyon Graduate School of Business) zuständig für die Gebiete „Verbraucherverhalten" und „Handelsmarketing"; Projektleiter im Bereich der Ernährungsindustrie für das von der EG finanzierte Projekt GROW (Global Real Order Web); langjährige Marketingerfahrung im europäischen Kontext bei führenden Markenartiklern (Unilever, SEB); ebenfalls tätig als Unternehmensberater im Bereich Handelsmarketing

Berger, Roland, Jg. 1937, Dipl.-Kaufmann

Vorsitzender der Geschäftsführung der Roland Berger & Partner GmbH International Management Consultants, München. Er ist Mitglied im nationalen Sachverständigenrat „Schlanker Staat", in der Kommission für Zukunftsfragen der Freistaaten Bayern und Sachsen sowie in mehreren nationalen und internationalen Aufsichts- und Beiräten. Seit 1992 ist er Vice-Chairman International der ACME, des Verbandes der großen amerikanischen Beratungsfirmen

Flecker, Jörg, Jg. 1959, Dr. rer. soc. oec.

Leiter der Forschungs- und Beratungsstelle Arbeitswelt in Wien und Lektor an der Wirtschaftsuniversität Wien; Forschungsarbeiten zu Fragen der Arbeitsorganisation, der Arbeitsbeziehungen und des Arbeitsmarktes, insbesondere im Zusammenhang mit der Internationalisierung der Wirtschaft

Gerum, Elmar, Jg. 1946, Dr. rer. pol., Univ.-Prof.

Inhaber des Lehrstuhls für Allgemeine Betriebswirtschaftslehre, Organisation und Personalwirtschaft an der Philipps-Universität Marburg

Gerybadze, Alexander, Jg. 1951, Dr. rer. pol., Univ.-Prof.

Inhaber des Lehrstuhls Internationales Management an der Universität Hohenheim und Leiter der Forschungsstelle Internationales Management und Innovation; Forschungsschwerpunkt: Transnationale Unternehmen, Technologie- und Innovationsmanagement, Kompetenzbasiertes Strategisches Management, langjährige Beratungstätigkeit für Industrieunternehmen und Ministerien im In- und Ausland

Macharzina, Klaus, Jg. 1939, Dr. oec. publ., Univ.-Prof.

Präsident der Universität Hohenheim, Stuttgart, Inhaber des Lehrstuhls für Unternehmensführung, Organisation und Personalwesen, Leiter der Forschungsstelle für Export- und Technologiemanagement (EXTEC) dieser Universität und Herausgeber der englischsprachigen Fachzeitschrift Management International Review; Mitglied mehrerer deutscher und internationaler wissenschaftlicher Gesellschaften; Mitglied des Vorstandes der Schmalenbach-Gesellschaft/Deutsche Gesellschaft für Betriebswirtschaft e. V.

Meller, Eberhard, Jg. 1945, Dr. jur.

Leiter der Vertretung des Bundesverbandes der deutschen Industrie e. V. bei der Europäischen Union und Ständiger Vertreter des BDI bei UNICE (Union of Industrial and Employers' Confederations of Europe – Vereinigung der nationalen Dachorganisationen von Industrie und Arbeitgebern)

Oesterle, Michael-Jörg, Jg. 1960, Dr. rer. oec.

Wissenschaftlicher Assistent und Habilitand am Lehrstuhl für Unternehmensführung, Organisation und Personalwesen von Univ.-Prof. Dr. K. Macharzina, Universität Hohenheim; Projektleiter an der universitätszugehörigen Forschungsstelle für Export- und Technologiemanagement (EXTEC)

Scholz, Christian, Jg. 1952, Dr. rer. pol., Univ.-Prof.

Inhaber des Lehrstuhls für Organisation, Personal- und Informationsmanagement und Direktor des Europa-Instituts, Abteilung BWL, an der Universität des Saarlandes in Saarbrücken; Honorarprofessor für Personalmanagement an der Universität Wien; Autor des Handbuchs „Personalmanagement" (Vahlen Verlag, 4. Aufl. 1994) sowie des Buches „Strategische Organisation – Prinzipien zur Vitalisierung und Virtualisierung" (Moderne Industrie 1996)

Schulten, Thorsten, Jg. 1966, Dipl.-Pol.

Doktorand an der Philipps-Universität Marburg, Stipendiat der Hans-Böckler-Stiftung, Mitarbeit beim Forschungskolleg „Globalisierung verstehen und gestalten" der Gottlieb Daimler- und Karl Benz-Stiftung, Ladenburg

Seidel, Fred, Jg. 1951, Prof.

Direktor der Abteilung „Interkulturelle Kommunikation und Linguistik" an der ESC Lyon (Lyon Graduate School of Business); Lehrinhalte und Forschungsarbeiten insbes. zu Problemen des internationalen und europäischen Managements sowie der Unternehmensethik; Veröffentlichungen schwerpunktmäßig zur interkulturellen Kommunikation und Unternehmensethik; auf diesen Gebieten ebenfalls Tätigkeit als Unternehmensberater

Steger, Ulrich, Jg. 1943, Dr. rer. pol., Prof.

Inhaber des Alcan Chair for Environmental Management und Direktor des International Program for Senior Executives am International Institute for Management Development (IMD), Lausanne; Leiter des Instituts für Ökologie und Unternehmensführung an der European Business School e. V.,

Oestrich-Winkel; Mitglied in mehreren – auch internationalen – Aufsichts- und Beiräten

Walter, Gregor, Jg. 1969, M. A.

Wissenschaftlicher Mitarbeiter am Institut für Interkulturelle und Internationale Studien, Universität Bremen

Wolf, Joachim, Jg. 1957, Dr. rer. oec.

Akademischer Rat und Habilitand am Lehrstuhl für Unternehmensführung, Organisation und Personalwesen von Univ.-Prof. Dr. K. Macharzina, Universität Hohenheim; Projektleiter an der universitätszugehörigen Forschungsstelle für Export- und Technologiemanagement (EXTEC)

Zentes, Joachim, Jg. 1947, Dr. rer. oec., Univ.-Prof.

Inhaber des Lehrstuhls für Betriebswirtschaftslehre, insbesondere Außenhandel und Internationales Management, Direktor des Instituts für Handel und Internationales Marketing und Geschäftsführender Direktor des Europa-Instituts, Abteilung Betriebswirtschaftslehre, der Universität des Saarlandes; Mitherausgeber der Zeitschrift „Marketing – Zeitschrift für Forschung und Praxis"; Mitglied in mehreren Beiräten und Aufsichtsräten

Zürn, Michael, Jg. 1959, Dr. rer. pol., Univ.-Prof.

Professor für Politikwissenschaft mit dem Schwerpunkt Internationale und Transnationale Beziehungen, Universität Bremen; Co-Leitung des Instituts für Interkulturelle und Internationale Studien und Research Scholar am Institute for Applied Systems Analysis, Laxenburg